ESCRAVIDÃO E DIREITO CÍVEL EM PITANGUI COLONIAL (1740 – 1799)
UM ESTUDO À LUZ DA TEORIA DOS SISTEMAS DE NIKLAS LUHMANN

Editora Appris Ltda.
1.ª Edição - Copyright© 2024 da autora
Direitos de Edição Reservados à Editora Appris Ltda.

Nenhuma parte desta obra poderá ser utilizada indevidamente, sem estar de acordo com a Lei nº 9.610/98. Se incorreções forem encontradas, serão de exclusiva responsabilidade de seus organizadores. Foi realizado o Depósito Legal na Fundação Biblioteca Nacional, de acordo com as Leis nos 10.994, de 14/12/2004, e 12.192, de 14/01/2010.

Catalogação na Fonte
Elaborado por: Josefina A. S. Guedes
Bibliotecária CRB 9/870

M672e
2024
	Miranda, Ana Caroline Carvalho
	    Escravidão e direito cível em Pitangui Colonial (1740 – 1799): um estudo à luz da teoria dos sistemas de Niklas Luhmann / Ana Caroline Carvalho Miranda.
	    1. ed. – Curitiba: Appris, 2024.
	    252 p. ; 23 cm. – (Ciências sociais. Seção história).
	
	    Inclui referências.
	    ISBN 978-65-250-5861-0
	
	    1. Escravidão – Brasil. 2. Direito civil. 3. Vila de Pitangui – Belo Horizonte (MG). 4. Justiça – Sociedade. 5. Escravos libertos. I. Título. II. Série.
	
	                                                                                          CDD – 306.36

Livro de acordo com a normalização técnica da ABNT

Appris editora

Editora e Livraria Appris Ltda.
Av. Manoel Ribas, 2265 – Mercês
Curitiba/PR – CEP: 80810-002
Tel. (41) 3156 - 4731
www.editoraappris.com.br

Printed in Brazil
Impresso no Brasil

Ana Caroline Carvalho Miranda

ESCRAVIDÃO E DIREITO CÍVEL EM PITANGUI COLONIAL (1740 – 1799)
UM ESTUDO À LUZ DA TEORIA DOS SISTEMAS DE NIKLAS LUHMANN

FICHA TÉCNICA

EDITORIAL	Augusto Coelho
	Sara C. de Andrade Coelho
COMITÊ EDITORIAL	Marli Caetano
	Andréa Barbosa Gouveia - UFPR
	Edmeire C. Pereira - UFPR
	Iraneide da Silva - UFC
	Jacques de Lima Ferreira - UP
SUPERVISOR DA PRODUÇÃO	Renata Cristina Lopes Miccelli
PRODUÇÃO EDITORIAL	William Rodrigues
REVISÃO	Isabela do Vale Poncio
DIAGRAMAÇÃO	Andrezza Libel
CAPA	Mateus de Andrade Porfírio
REVISÃO DE PROVA	Jibril Keddeh

COMITÊ CIENTÍFICO DA COLEÇÃO CIÊNCIAS SOCIAIS

DIREÇÃO CIENTÍFICA Fabiano Santos (UERJ-IESP)

CONSULTORES
- Alícia Ferreira Gonçalves (UFPB)
- Artur Perrusi (UFPB)
- Carlos Xavier de Azevedo Netto (UFPB)
- Charles Pessanha (UFRJ)
- Flávio Munhoz Sofiati (UFG)
- Elisandro Pires Frigo (UFPR-Palotina)
- Gabriel Augusto Miranda Setti (UnB)
- Helcimara de Souza Telles (UFMG)
- Iraneide Soares da Silva (UFC-UFPI)
- João Feres Junior (Uerj)
- Jordão Horta Nunes (UFG)
- José Henrique Artigas de Godoy (UFPB)
- Josilene Pinheiro Mariz (UFCG)
- Leticia Andrade (UEMS)
- Luiz Gonzaga Teixeira (USP)
- Marcelo Almeida Peloggio (UFC)
- Maurício Novaes Souza (IF Sudeste-MG)
- Michelle Sato Frigo (UFPR-Palotina)
- Revalino Freitas (UFG)
- Simone Wolff (UEL)

À Mirelly Gonçalves Ferreira (in memoriam).

AGRADECIMENTOS

Durante todos estes longos anos de trajetória acadêmica várias pessoas passaram em minha vida e contribuíram de alguma forma para que esta obra se concretizasse. Primeiramente, agradeço à Capes e à UFJF, financiadoras desta pesquisa, pois sem este apoio seria quase impossível realizá-la. À minha querida orientadora, Prof.ª Dr.ª Carla Almeida, pela acolhida do meu tema, pelos diálogos, pelo exemplo de profissional e, acima de tudo, de ser humano. Aos professores que compuseram a minha banca de qualificação, Prof.ª Dr.ª Ana Paula Pereira Costa, Prof.ª Dr.ª Cláudia Chaves, Prof. Dr. Nuno Camarinhas e Prof. Dr. Roberto Guedes, pelas leituras cuidadosas e motivadoras que fizeram.

Agradeço imensamente ao Prof. Dr. Francisco Andrade, por ter me sugerido e incentivado, desde a graduação, a trabalhar com o tema de minhas pesquisas. À minha orientadora da graduação e mestrado, Prof.ª Dr.ª Cláudia Chaves, pelo apoio e motivação durante todos estes anos. Aos excelentes professores que tive na UFOP: Prof.ª Dr.ª Andréa Lisly, Prof. Dr. Ângelo Carrara, Prof. Dr. Marcelo Abreu, Prof. Dr. Marcelo Rangel e em especial ao mestre dos mestres: Celso Taveira, pelo carinho e partilha em tantos momentos importantes, dentro e fora da universidade. Também agradeço a todos os professores que tive na UFJF, em especial, Prof.ª Dr.ª Beatriz Helena Domingues e Prof.ª Dr.ª Fernanda Thomaz.

Ao Thiago Paschoal Perpétuo, meu marido, companheiro de vida, com quem partilho a mesma profissão, sonhos, angústias e realizações. Agradeço por ser minha família, pelo afeto, amor, cumplicidade e, principalmente, pela paciência durante estes últimos meses e pela leitura crítica do texto. A meus pais, Sandra e Osvander, pelo apoio e cuidado ao longo desta vida. À minha irmã, Camila Miranda, exemplo de perseverança e bravura. Ao Lucas Marinho, pelo auxílio e convívio durante todos estes anos. Aos meus avós maternos, Sr. Lázaro e Dona Clarice, ao meu padrinho Wilson, à Tia Sônia e Tio Joel, ao Tio Ivanildo e demais tios e tias, primos e primas e demais familiares. Também agradeço à família do Thiago, em especial à Rosa, Marcela, Lucas, Bianca, Marina, Karen, Binho e Beto (*in memoriam*).

À Cristina Assis, amiga-irmã maravilhosa que a UFOP me deu, pelo carinho, ombro amigo, risadas e acolhidas no litoral. À minha querida e eterna amiga Mirelly Ferreira (*in memoriam*), por tantas alegrias e dores vividas juntas, e pela cumplicidade. Ao Elias Theodoro Mateus, pelas longas horas de nossos *cafés historiográficos,* pelo incentivo nesta pesquisa e pelas trocas sobre o conturbado século XVIII de Minas Gerais. Aos meus amigos de Arcos, Jéssica, Angélica, Rienny, Edmar, Rodrigo Maia, Francinara e Adriano.

Aos amigos de Mariana e Ouro Preto, Daniel Marcelo, Evandro, Dona Regina, Iury Belchior, Hebert, Anderson, Gabriel, Lilian, Renato, Fanny, Caroline Morato, Fabrício, Michele Rosado, Larissa Breder, Carolina Peres, Zeca, Bartholomeu, Luana Soncini, Isabel Kaiser, Mathias, Rhadson, Rodolfo, Marco Sávio, Digo, Paula Delfino, Desiré, Isabella, Samara, Nathália, Sara, Vitor, Talita Laira, Lucas Quadros, Caroles, Caio, Gleice, Natasha, Mirko. A todos os colegas das repúblicas Rocinha e Bu, onde morei, e também das outras repúblicas por onde passei. À Ana Cláudia Gonçalves, amiga querida desde a época da UFVJM de Diamantina. Aos amigos que Juiz de Fora me presenteou, Flávio, Leonor, Emila, Eugene, Aline, Dayana, Roseli e Cléo. Aos colegas que compuseram a minha turma de doutorado, pelas diversas trocas. Aos amigos que fiz em Lagoa da Prata, Adriana, Fernanda, Ragner, Tatiana e Anelise.

Muita gratidão também à Judith Viegas, querida amiga, pessoa que abriu as portas do Arquivo Histórico de Pitangui diversas vezes a mim. Aos demais funcionárias do arquivo, Dona Adelan, Brenda, Vandeir e Zezé. Ao Cássio, da Casa Setecentista de Mariana. À UFOP e à UFJF, minhas duas casas, e a todos os profissionais que nelas atuaram e atuam, por terem me propiciado educação pública de excelência, da qual muito me orgulho. Aos companheiros de área da qual mantive contato durante os eventos científicos, pelos intercâmbios de ideias e de experiência. Ao Mamede Queirós, em especial, colega de profissão com quem estabeleci diálogos teóricos.

Por fim, agradeço a todos os meus alunos e funcionários das escolas que atuei e que atualmente atuo, por todo carinho recebido nestes anos. E não menos importantes, à minha psicóloga Márcia Tostes e ao meu treinador Tarcísio Campos, do Crossfit Silver Lake.

[...] uma pobre negra contendendo com um homem rico e poderoso.

(Anotação realizada pelo escrivão à margem de uma página na ação cível de requerimento de vistoria iniciada por Páscoa de Magalhães, preta forra, contra Miguel de Souza Ferreira, na Vila de Pitangui, em 1764)

PREFÁCIO

Entre réus e suplicantes: a atuação de escravos e libertos em ações cíveis na vila de Pitangui e seu Termo (1740-1799)

Carla Maria Carvalho de Almeida[1]

Maria Leite, José da Costa Cabo Verde, Ana Crioula, Antônia Ganguela, Domingas e seu filho Vitoriano são alguns dos personagens cujas histórias ganham vida neste livro. Todos eles eram libertos que viveram no interior das Minas Gerais, na, nem sempre, pacata localidade de Pitangui. Ana Caroline Miranda só conseguiu resgatar suas histórias por terem estes personagens, precisado recorrer ao aparato judicial para demonstrar que, embora tivessem um passado ligado à escravização, eram pessoas cientes de seus direitos. Aliás, recorrer à justiça podia mesmo ser essencial para demarcar a condição de alforriados. Longe de figuras marcadas pela passividade, as mulheres e homens aqui apresentados tornaram-se sujeitos atuantes que, na medida do possível, tomaram sua história nas próprias mãos e buscaram (re)definir a dinâmica judicial e o direito para salvaguardar os seus bens ou a sua condição de libertos conseguidos a duras penas.

O estudo de Ana Caroline é fruto de muito empenho e muitos anos dedicados ao resgate de vestígios da vida da população cativa e liberta das Minas. Neste livro, a autora lançou mão de 165 processos de ações cíveis da localidade de Pitangui ao longo do século XVIII nas quais os réus ou suplicantes foram qualificados como forros. Numa sociedade com um longo e persistente passado escravista como o Brasil, em que ainda atualmente a condição de milhares de trabalhadores, notadamente das mulheres, espelha a falta de garantias de direitos básicos, da recorrência de maus tratos sofridos, da insalubridade e da precária remuneração, é reconfortante e potente tornar conhecida a história de pessoas que mesmo em situações muito adversas foram capazes de usar os poucos recursos dos quais dispunham para se defenderem ou fazerem valer aquilo que entendiam como seus direitos diante de um tribunal.

---

[1] Professora titular de História Moderna da UFJF. Pesquisadora do Conselho Nacional de Desenvolvimento Científico e Tecnológico (CNPq) e do Programa Pesquisador Mineiro da Fundação de Amparo à Pesquisa do Estado de Minas Gerais (Fapemig).

Nesse sentido, o livro de Ana Caroline Miranda pode ser definido como um olhar sobre o governo da justiça colonial ao rés do chão. Afinal, a autora busca entender a dinâmica judicial na América Portuguesa partindo do âmbito mais elementar do município e das demandas "dos de baixo", nesse caso, dos libertos e escravizados. No entanto, o livro é mais do que isso. Ainda que nas últimas décadas a historiografia tenha avançado significativamente na investigação do mundo dos escravizados e da estrutura judicial do Antigo Regime no reino e em suas áreas coloniais, ainda há muito para ser feito. Este estudo está na interseção entre a história social e a história da justiça e do direito. Nele, as normas e regras jurídicas, as múltiplas concepções do direito e o aparato judicial não são realidades inertes que se sobrepõem sujeitando os atores sociais. Pelo contrário, aqui podemos visualizar a dinâmica da justiça e o direito sendo moldados no cotidiano de uma vila colonial a partir da atuação e demandas das pessoas que ali viviam. Ou seja, a história do direito e da justiça aparecem aqui intrinsecamente ligados à vida social.

Embora nem sempre isso apareça explicitamente em seu trabalho, pode-se dizer que a autora cruza as inquietações de uma história social como aquela praticada por Natalie Zemon Davies, E.P. Thompson ou Simona Cerutti com o viés de uma história do direito e das instituições vista pelos olhos do grande historiador português, António Manuel Hespanha. Em artigo da década de 1990, Nathalie Zemon Davies preconizava a existência de uma nova história social e a caracterizava demarcando suas diferenças em contraposição à história social clássica, principalmente aquela ligada aos Annales[2]. De acordo com Davies, enquanto a história social clássica se aproximava da economia e da sociologia, a nova estava muito mais conectada com a antropologia e a literatura. Muito mais ligada, portanto, às questões culturais, e às interações entre os atores sociais. Enquanto a história social clássica se interessava pelos grupos, em especial pelas classes, a nova buscava demarcar a existência de agrupamentos de diversos tipos (idade, gênero, linhagem, raça, religião), preocupando-se em compreender como se formam e em que medida reforçam ou transpõem os limites da classe. Além disso, essa nova história social, se propunha a interpretar as relações como processos simultâneos e sistêmicos de dominação e resistência, de rivalidade e cumplicidade, de poder e intimidade, descrevendo tais relações como redes através das quais se fazem chegar, se recebem ou se intercambiam bens, ideias e influências diversas[3].

---

[2] DAVIS, N. Z., & GARRAYO, M. F. Las formas de la historia social. **Historia Social**, Nº. 10, Dos Décadas de Historia Social, Spring - Summer, 1991, p. 177–182.

[3] *Idem.*

Em um instigante e já clássico embate contra o estruturalismo de Louis Althusser, o historiador inglês E. P. Thompson alertava para a necessidade dos historiadores recuperarem os sujeitos históricos como pessoas que experimentam suas situações e relações produtivas determinadas como necessidades e interesses e como antagonismos, tratando essa experiência em sua consciência e sua cultura das mais diversas maneiras e em seguida agindo, sobre sua situação determinada[4]. Ao questionar a prioridade da análise das grandes estruturas, ao postular a busca da cultura e ao recolocar o lugar do sujeito no processo de transformação histórica, mais do que explicações baseadas nas deduções lógicas que as grandes sínteses teóricas da história social clássica produziam, prioriza-se a *experiência humana*, individual e coletiva, resgatada empiricamente. A noção de experiência defendida por Thompson inspiraria diversas gerações de historiadores e ajudaria a remodelar suas preocupações centrais

No bojo dessa renovação da história social pode também ser incluída a tradição da micro história italiana (sobretudo aquela ligada a autores como Giovani Levi, Edoardo Grendi ou Simona Cerruti). Numa análise que guarda interseções com a reflexão Thompsoniana, os micro historiadores italianos, inspirados pelo antropólogo Fredrik Barth, foram mais longe ao postularem uma metodologia de trabalho que tivesse por meta apreender as escolhas efetuadas pelos atores. Escolhas estas entendidas não como comportamentos mecanicamente determinados, mas como o uso que cada indivíduo faz da margem de manobra que lhe é acessível numa situação dada, diante de sua gama de possíveis[5]. Nessa perspectiva, a capacidade de escolha do indivíduo racional e motivado por objetivos específicos está inscrita nas relações sociais que ele mantém nas suas interações em diferentes contextos sociais[6]. Ou seja, o foco da análise passava a ser o processo social e não só as instituições.

Neste ponto, entram também em cena as análises de António Manuel Hespanha sobre a importância do direito efetivamente praticado nas localidades e das redes clientelares para a compreensão das sociedades de Antigo Regime. Conforme a proposição de Hespanha, "relações de natureza meramente institucional ou jurídica tinham tendência para se misturarem e coexistirem com

---

[4] THOMPSON, E.P. **A miséria da teoria ou um planetário de erros:** uma crítica ao pensamento de Althusser. Rio de Janeiro: Zahar, 1981, p.182.
[5] BARTH, Fredrik. **Process and form in social life.** Londres: Routlege & Kegan Paul, 1981.
[6] CERRUTI, Simona. "Processo e experiência: indivíduos, grupos e identidades em Turim no século XVII". *In:* **Jogos de Escalas: a experiência da microanálise,** org. REVEL, Jacques. 173-202. Rio de Janeiro: Editora da FGV, 1998.

outras relações paralelas, que se assumiam como tão ou mais importantes do que as primeiras, e se baseavam em critérios de amizade, parentesco, fidelidade, honra, serviço [...] relações que obedeciam a uma lógica clientelar"[7]. As ideias de Hespanha alterariam substancialmente o modo de pensar a relação metrópole/ colônia e a maneira de apreender o poder nestas sociedades. Inicialmente porque questionavam a centralidade do poder metropolitano e também por atribuírem às redes clientelares o papel de cimento das relações sociais, configurando uma espiral que estruturava as relações de poder desde os grupos subalternos até o Rei. Nessa perspectiva, tais redes se configuravam como "o lugar privilegiado de troca, de exercícios da interdependência diferenciada que os aproximava e os afastava conforme as circunstâncias específicas de uma dada situação"[8]. Os estudos de António Manuel Hespanha indicaram também que, quando estas relações tecidas em rede se esgarçavam e era necessário recorrer ao aparato judicial para mediar os conflitos, as decisões dos tribunais se assentavam nos sentimentos, na moral cristã e nas práticas sociais definidas localmente, muito mais do que nas regras formais definidas pelas normas do aparelho público.

Paralelamente a essa renovação da história social, que certamente inspira o trabalho de Ana Caroline Miranda, outra referência perceptível no livro é a tradição que, pelo menos desde a década de 1980, tem se firmado na historiografia brasileira nos estudos sobre os mundos do trabalho. Muitos dos historiadores ligados a essa corrente têm recorrido às fontes judiciais para compreender o universo do trabalho tanto do nosso passado escravista quanto do início da república. Processos criminais e ações cíveis tem servido para estes estudiosos não exclusivamente como instrumento para apreender o aparato judicial ou a criminalidade, mas principalmente como forma de resgatar as relações entre senhores e escravizados, patrões e empregados, além dos valores confrontantes defendidos pelos personagens atuantes nestes processos[9].

Tendo estas tradições historiográficas como referências, a autora usa os processos judiciais de Pitangui para trazer à tona a percepção dos cativos e libertos sobre aquilo que consideravam seus direitos e o entendimento que tinham sobre sua condição, o que nos permite também compreender

---

[7] HESPANHA, António Manuel e XAVIER, Ângela Barreto. As redes clientelares. In: HESPANHA, António Manuel (coord.). **História de Portugal – Antigo Regime,** vol.4. Lisboa: Editorial Estampa, 1998, p. 339.

[8] COUVÊA, Maria de Fátima. Diálogos historiográficos e cultura política na formação da América Ibérica. In: SOIHET, Raquel, BICALHO, Maria Fernanda B. e GOUVÊA, Maria de Fátima (orgs.). **Culturas políticas:** ensaios de história cultural, história política e ensino de história. Rio de Janeiro: Mauad, 2005, p. 79.

[9] Para uma análise mais detida desta linhagem historiográfica ver: LARA, Silvia H. E MENDONÇA, Joseli Maria Nunes (orgs.). Apresentação. **In: Direitos e justiças no Brasil:** ensaios de história social. Campinas: Editora da UNICAMP, 2006.

como estes sujeitos percebiam a sociedade escravista. O principal conjunto documental utilizado, as ações cíveis de diferentes tipos, permitem à autora conhecer e reconstituir as redes socioeconômicas estabelecidas pelos libertos e escravizados ao longo de suas vidas. Do mesmo modo, permitem compreender as circunstâncias que os colocaram em conflito com pessoas próximas ou não, superiores ou não na hierarquia estamental daquela sociedade, obrigando-os a recorrem aos tribunais para dirimirem tais situações de tensão. Ademais, nas palavras da autora, esta documentação permitiu lançar luz "sobre a importância do convívio e das relações de reciprocidade entre os libertos, seus pares e pessoas influentes, onde estes poderiam atuar como testemunhas favoráveis e advogados nas petições, muitas vezes decisivo para os vereditos finais dos juízes". Ou seja, uma análise que permitiu ligar e reconstituir as relações existentes entre diferentes atores, ocupantes de posições diversas na hierarquia e na dinâmica social de uma vila no interior das Minas Gerais.

Finalmente, outro mérito deste estudo é ter contribuído para a preservação e divulgação de uma documentação inédita e com sérios riscos de deterioração e/ou desaparecimento, como tantas existentes pelo interior do Brasil. Além da atividade mineradora, no avançar do século XVIII a vila de Pitangui se transformou numa importante área de produção de alimentos direcionada para abastecer tanto outras regiões de Minas Gerais quanto outras capitanias fronteiriças, notadamente o Rio de Janeiro. Grande parte dos trabalhadores responsáveis por essa produção era composta por escravizados e por um crescente número de alforriados. Ou seja, os arquivos locais de Pitangui guardam registros de uma importante e dinâmica população de alforriados em constante crescimento ao longo da segunda metade do século XVIII. Apesar disso, grande parte dos acervos que registram a vida desta população ou não estavam organizados ou em risco permanente de serem perdidos. Em 2017, o local que abrigava este importante acervo documental foi atingido por um incêndio, que por pouco não o destruiu. Ao se propor a investigar esta documentação, a pesquisa de Ana Caroline funcionou também como um incentivo às autoridades locais para o melhor ordenamento e preservação dessa documentação, que hoje encontra-se abrigada e organizada na nova sede do Instituto Histórico de Pitangui, inaugurada em dezembro de 2023.

O livro de Ana Caroline Miranda é uma agradável leitura para aqueles que desejarem conhecer um pouco mais sobre a vida dos libertos de distintas procedências que vivenciaram um passado como escravizados na capitania das Minas do Ouro e das relações que estabeleceram entre si e com atores de outras condições sociais.

LISTA DE ABREVIATURAS

AHP   Arquivo Histórico de Pitangui
AHU   Arquivo Histórico Ultramarino
APM   Arquivo Público Mineiro
IHP   Instituto Histórico de Pitangui

SUMÁRIO

INTRODUÇÃO 21

CAPÍTULO 1
O SISTEMA JURÍDICO PORTUGUÊS E A SUA APLICAÇÃO NA VILA DE PITANGUI DURANTE O SÉCULO XVIII. 31
    1.1 A arquitetura do sistema jurídico português e a sua aplicação na América Portuguesa..31
    1.2 Histórico de ocupação da Vila Pitangui: as rivalidades gestadas 47
    1.3 A instalação e funcionamento da Câmara na vila de Pitangui................... 64
    1.4 Portugal e a colonização: sociedades heterogêneas, estatutos jurídicos heterogêneos ...75

CAPÍTULO 2
OS LIBERTOS E A JUSTIÇA: LEGISLAÇÕES E MODOS DE ACESSO 81
    2.1 Escravos e libertos na jurisdição portuguesa: uma visão geral 81
    2.2 Escravos e libertos nas Leis Extravagantes, Avisos, Alvarás e Decretos relativos à América Portuguesa... 106
    2.3 Escravos e libertos como objeto de investigação histórica 112
    2.4 Escravos e libertos nas demandas judiciais na vila de Pitangui durante o século XVIII: dados gerais quantitativos... 119

CAPÍTULO 3
ENTRE OS SUPLICANTES: OS LIBERTOS COMO AUTORES NAS DEMANDAS CÍVEIS NA VILA DE PITANGUI DURANTE O SÉCULO XVIII. 129
    3.1 Ações iniciadas para cobrança de dívidas ou favores 134
    3.2 Ações envolvendo escravização, reescravização, conservação da liberdade e honra ..146
    3.3 Ações envolvendo a defesa de propriedade imóvel 164

CAPÍTULO 4
ENTRE OS RÉUS: ESCRAVOS E LIBERTOS CHAMADOS A RESPONDER ÀS DEMANDAS NA VILA DE PITANGUI NO SÉCULO XVIII 181
    4.1 Conflitos cotidianos judicializados: as principais motivações das ações respondidas pelos escravos e libertos de Pitangui 182

CONCLUSÃO 221

FONTES 227

BIBLIOGRAFIA 239

INTRODUÇÃO

A presente obra é fruto de investigações que se iniciaram em 2013, ainda na graduação, quando tive acesso a rico fundo documental em posse do Arquivo Histórico de Pitangui, composto por inventários *post mortem*, testamentos e ações cíveis diversas. Desde o início, me dediquei a pesquisar sobre as formas de atuação das populações escrava e liberta na vila de Pitangui e seu Termo. Os meus artigos publicados em revistas e periódicos, minha dissertação de mestrado e a atual pesquisa de doutorado são os primeiros trabalhos dedicados ao tema para a região e, portanto, os primeiros a utilizar fontes inéditas. Além disso, esta obra inova ao utilizar diversas tipologias de ações cíveis ainda não trabalhadas em outras investigações.

Neste livro, tenho como cerne a investigação acerca do acesso à justiça pelas populações escrava e liberta na vila de Pitangui, durante o período de 1740 a 1799. Por meio de fontes primárias, ações cíveis de diversas tipologias, busquei compreender quais foram os principais motivadores dos problemas enfrentados por estes sujeitos levados aos tribunais, parte das relações pretéritas que possivelmente influenciaram na judicialização dos conflitos, como os cativos e manumitidos eram tratados frente a seus pares, adversários e oficiais de justiça, e como autodenominavam-se. Também busquei entender o perfil e variáveis dos cativos e alforriados que iniciaram e que responderam às ações, como cor, naturalidade e gênero, bem como perceber os fragmentos das relações sociais estabelecidas por eles durante suas vidas, diante do contexto espacial e temporal a que pertenciam e atuavam.

Fruto da expansão do domínio ultramarino e da busca por metais e pedras preciosas, Pitangui foi povoada no fim do século XVII e a vila foi erigida no início do XVIII, no ano de 1715. A quantidade de ouro encontrada foi pouca em relação às demais vilas da Capitania e extinguiu-se rapidamente, fato que motivou o desenvolvimento de outras atividades para sustentação da economia da vila, como a agricultura e pecuária. Tais atividades foram importantes para a prosperidade da região, bem como para o abastecimento das regiões mineradoras com grande fluxo de pessoas, como Vila Rica e Mariana. Além disso, na segunda metade do setecentos, parte do excedente agropastoril também era direcionado ao Rio de Janeiro para a manutenção das populações que por lá passavam e habitavam.[10]

---

[10] DINIZ, Sílvio Gabriel. **Pesquisando a história de Pitangui**. Belo Horizonte: [s.n.], 1965, p. 20-23. VASCONCELOS, Diogo. **História Média de Minas Gerais**. Belo Horizonte: Itatiaia, 1974. CARRARA, Ângelo Alves. **Currais e Minas**: produção rural e mercado interno em Minas Gerais (1674-1807). Juiz de Fora: Editora UFJF, 2007, p. 321-323.

Desde a criação da vila, escravizados e libertos atuaram em diversos ofícios em Pitangui e em seu Termo: na abertura de novos caminhos e desbravamento do território, na busca e extração do ouro, na agricultura e venda de alimentos, na construção civil, no transporte de cargas e outros. Estes dados podem ser verificados a partir dos indícios das fontes como inventários *post mortem*, testamentos, requerimentos enviados à Coroa, ações cíveis e impostos de capitação pagos pelos senhores por seus escravos.[11] Portanto, estes segmentos sociais participaram ativamente da sociedade e economia, estabeleceram laços de solidariedade com pessoas do mesmo segmento social e de segmentos mais elevados, bem como conflitos de diversas ordens.

A região, igualmente, fora conhecida durante o século XVIII como local de gente intratável e revoltosa, insubmissos ao governo metropolitano.[12] Desde o processo de povoamento, que fora realizado pelos *paulistas* que haviam perdido a Guerra dos Emboabas, ocorreram diversos motins em torno da distribuição de terras, exploração das datas e pagamento de impostos. Em estudos recentes, verifica-se que parte destes conflitos estavam relacionados, igualmente, à rivalidade entre portugueses e espanhóis, visto que parte dos moradores que se instalaram na vila era de origem *castelhana*. Portanto, o antagonismo ibérico reproduzira-se também em Pitangui e perpassava parte das relações sociais, políticas e econômicas.[13]

Participantes deste ambiente litigioso, os escravizados e libertos também tomaram partido ao lado de seus senhores e pessoas a quem mantinham laços de lealdade, sem deixarem, é claro, de também agir conforme os seus interesses imediatos. Esta questão pode ser confirmada pelos inventários *post mortem*, testamentos e da alta produção de ações cíveis em Pitangui durante todo o período de minha análise. Em relação às petições cíveis, a localidade destacou-se como uma das maiores produtoras de petições desta natureza durante o período colonial e imperial, se comparada aos números de outras regiões de Minas Gerais.[14]

---

[11] LUNA, Francisco Vidal. **Minas Gerais: escravos e senhores.** Análise da estrutura populacional e econômica de alguns núcleos mineratórios (1718-1804). São Paulo, FEA-USP, 1980.

[12] AMANTINO, Márcia. **O mundo das feras**: os moradores do sertão oeste de Minas Gerais – século XVIII. 2001. Tese (Doutorado em História) – UFRJ, Rio de Janeiro, 2001; ANASTASIA, Carla. Colonos de inaudita pretensão: os motins de Pitangui; CUNHA, Vagner da Silva. As sedições de Pitangui (1709-1721). **Pitangui Colonial: história e memória.** Leandro Pena Catão (org.). Belo Horizonte: Crisálida, 2011.

[13] BARBOSA, Faber Clayton. **Pitangui entre Impérios: Conquistas e partidos de poder nos sertões Oeste das Minas Gerais,** 1720-1765. 2015. Dissertação (Mestrado em História) – Universidade Federal de Ouro Preto, Ouro Preto, 2015.

[14] CATÃO, Leandro Pena. **Pitangui colonial: história e memória.** Editora Crisálida: Belo Horizonte, 2011, p. 16-17.

Para a compreensão do acesso à justiça por parte dos escravos e libertos, entendo que também se faz necessária a assimilação da arquitetura e funcionamento do sistema jurídico europeu implantado em Pitangui. A aplicação da justiça era um dos pilares da monarquia portuguesa durante o período moderno, eixo centralizador do Estado. Herdado do Direito Romano, o Direito Comum abarcava a metrópole e demais possessões lusas e tinha como objetivo unificar os diversos estatutos jurídicos existentes: o direito eclesiástico, os direitos locais e o direito dos reinos. Este direito plural em sua raiz foi sintetizado por meio das Ordenações do Reino, compiladas a partir do século XV. Nelas, inseriam-se o direito civil e criminal, visando a manutenção da ordem, disciplina e correição.[15]

Para a aplicação das normas e garantia da administração dos vassalos em todas as áreas de domínio, a monarquia portuguesa atuou por meio de seus representantes nas câmaras municipais, ouvidorias, secretarias e tribunais. Tais representantes eram nomeados pelo próprio rei e poderiam ser desde pessoas de sua confiança, enviadas da sede do governo, até indivíduos locais, abrindo-se, em certa medida, às necessidades dos povos e aos princípios jurídicos regionais.[16]

Do ponto de vista teórico, utilizei a *Teoria dos Sistemas Autopoiéticos*, elaborada pelo sociólogo alemão Niklas Luhmann, para lançar luz sobre a constituição do sistema jurídico português e sobre a aplicação da justiça em terras lusas e coloniais. Inspirado nos trabalhos dos biólogos chilenos Francisco Varela e Humberto Maturana, o autor dedicou-se ao longo de sua vida a compreender a relação entre sociedade (ou sistema social), que é definida como *ambiente*, e os demais *subsistemas sociais*, como, por exemplo, o *subsistema do Direito*. O *ambiente* é caracterizado pela diversidade, contingência e complexidade, dotado de subjetividades. À vista disso, o subsistema jurídico fecha-se para tratar a complexidade e reduzi-la, diferenciando-se do social e estabelecendo, desta forma, a *autopoiese*. Um sistema autopoiético é definido como uma unidade individual fechada em si mesma, que por meio das suas estruturas internas se autoproduz, assim como por meio do paradoxo da diferença.[17]

---

[15] HESPANHA, António Manuel. **História das Instituições:** épocas medieval e moderna. Editora Almedina, Coimbra. 1982.
[16] HESPANHA, António Manuel. **As vésperas do Leviathan:** Instituições e poder político. Portugal – séc. XVII. Coimbra. Editora Almedina. 1994.
[17] LUHMANN, Niklas. **O Direito da Sociedade**. Tradução de Saulo Krieger. São Paulo: Editora Martins Fontes, 2016, p. 40 a 47.

O paradoxo é central nesta teoria e se realiza a partir do *fechamento operativo* e *abertura cognitiva* ao ambiente.[18] O fechamento se dá por meio da autonomia do sistema em determinar o que é Direito e o que não é, o que pertence a seu universo operacional e o que não pertence, e de estabelecer limites de atuação fundados no código que lhe é próprio, ou seja, na *autorreferência* a partir das normas e leis. Do ponto de vista biológico, na qual a teoria luhmaniana dialoga, a célula nervosa é um sistema fechado operacionalmente, possui uma identidade a partir dos elementos que a constitui e diferencia-se de seu entorno a partir de sua fronteira celular. Nesse sentido, este corre com as células ao se diferenciarem dos órgãos, dos órgãos em relação ao sistema orgânico, do sistema orgânico ao sistema psíquico e do sistema psíquico ao sistema social, ambos por meio de seus limites.[19] Este fato é reproduzido por todos os sistemas autopoiéticos, inclusive pela sociedade, que também o é, e pelo sistema do Direito.[20]

O sistema do direito se auto-observa e se descreve, desenvolve as suas teorias e se estabelece, deste modo, como *sistema construtivista*. Ele efetua um corte na própria sociedade e por meio deste corte surge o local do direito interno a ela, realizando, assim, a diferenciação entre sistema social e sistema jurídico. E a abertura ao *ambiente* ocorre justamente porque todas as operações deste sistema são operações na sociedade e, igualmente, operações *da* sociedade. Portanto, tudo o que o sistema recebe do exterior, ao ser absorvido, é redefinido, transformado e recriado a partir da gramática do sistema. Deste modo, embora haja uma abertura no sistema, a própria existência de um sistema dotado de uma gramática própria implica em seu fechamento: eis a noção de paradoxo. Em suma, podemos dizer que se trata de uma abertura *infra-sistêmica* correspondente a um *fechamento sistêmico*.[21]

Diante disso, o sistema seleciona e acolhe as demandas e informações que chegam do social sob o crivo da própria codificação jurídica, demandas que, por sua vez, são entendidas como *comunicações*.[22] A *comunicação*, operação base dos sistemas autopoiéticos, é produzida por meio do contato entre os indivíduos – sistemas biológicos e psíquicos – e a sociedade, operando, desta forma, de modo dinâmico e interdependente. *Comunicação*, para

---

[18] LUHMANN, Niklas. **Sistemas sociais**: esboço de uma teoria geral. Tradução de Antonio C. Luz Costa, Roberto Dutra Torres Junior e Marco Antonio dos Santos Casanova. Petrópolis: Editora Vozes, 2016, p. 202 a 208.

[19] QUEIROZ, Mamede Dias. **Imperador ou tirano**: comunicação e formas sociopolíticas sob(re) o Principado de Domiciano (81-96). 2019. Tese (Doutorado em História) – Universidade Federal de Ouro Preto, Ouro Preto, 2019, p. 78.

[20] LUHMANN, Niklas. **Theory of Society.** (Vol. 1). Stanford: Stanford University. 2012, p. 19 e 20.

[21] HESPANHA, António Manuel. **Cultura jurídica europeia**: síntese de um milênio. Edição 2018, Reimpressão 2020: Editora Almedina, p. 507-512.

[22] LUHMANN, Niklas. **O direito da sociedade**. p. 45.

Luhmann, não é apenas uma forma de remeter informação a outrem, mas, sobretudo, o meio pelo qual os subsistemas sociais selecionam as informações e as remetem.[23] Tanto as pessoas quanto as organizações são passíveis de introduzir comunicações ao sistema do direito, mas cabe apenas a ele, de acordo com a sua estruturação interna e normas próprias, abrir-se ou fechar-se a elas, abarcá-las ou repeli-las, ou seja, verificar se estão inseridos dentro da *validade jurídica*[24]. Validade, neste caso, diz respeito à forma com que as operações fazem referência ao pertencimento, ou não, de dadas *comunicações* ao sistema, pois sem validade nada se efetua no sistema jurídico.

A função do sistema jurídico é gerar um arcabouço de expectativas generalizadas para a contenção de decepções e de problemas futuros.[25] Para acolher as contingências, casualidades, instabilidades e desapontamentos dos indivíduos, ele arquiteta-se por meio do código binário *lícito* e *ilícito*, arcabouço composto pelas *operações,* que são as sentenças, pareceres e demais atos jurídicos, e pelos *programas,* que são as normas. A partir desta *autorreferência*, visa a generalização e a redução das expectativas de modo a garantir minimamente a segurança sobre o comportamento coletivo. Prescreve o que é desviante e o que é conforme ao Direito, define quais operações fazem parte de si, o que se relaciona a outros subsistemas sociais como o da economia, educação, religião, política, arte e ciência, e o que pertence a seu *ambiente*. Isso garante que o sistema jurídico se estabeleça como um sistema em constante intercâmbio junto à sociedade.[26]

Tudo o que acontece no *ambiente* e no sistema jurídico ocorre ao mesmo tempo. No período moderno em específico, com a *evolução*[27] da sociedade surge a positividade do direito. Isso se deu em razão da necessidade de estabilização dos valores sociais frente à complexidade crescente do ambiente, resultado das múltiplas *comunicações* que dali emergiam a partir da *linguagem* escrita ou oral, da propagação de ideias por meio de conversas cotidianas, da leitura e do surgimento da imprensa.[28]

---

[23] LUHMANN, Niklas. **Sistemas sociais**... p. 163-164.
[24] LUHMANN, Niklas. **O direito da sociedade**. p. 97-141.
[25] LUHMANN, Niklas. **Sociologia do Direito I**. Tradução de Gustavo Bayer. Rio de Janeiro. Editora Tempo Brasileiro, 1983, p. 32-34.
[26] · LUHMANN, Niklas. **O direito da sociedade**. Tradução de Saulo Krieger. São Paulo: Editora Martins Fontes, 2016, p. 15-60.
[27] Evolução, para Luhmann, não possui conotação moral ou ética. Remete, especificamente, ao crescimento do fluxo das comunicações e informações trazidas a partir do período moderno. Neste caso, o sistema jurídico precisou adaptar-se às demandas trazidas por estas comunicações e produzir mais normas que as abarcasse. Portanto, só há uma evolução na teoria luhmaniana no sentido de aumento de complexidade.
[28] LUHMANN, Niklas. **O direito da sociedade**. p. 75-76.

Luhmann dividiu as sociedades ao longo do tempo em três níveis: *sociedades segmentárias, estratificadas e as funcionalmente diferenciadas*, de acordo com o nível de complexidade que se produziu em cada uma. As sociedades segmentárias eram pautadas no parentesco e na hierarquia familiar, onde o homem era o núcleo irradiador de poder e os demais integrantes atuavam abaixo e dependentes dele, compondo, portanto, o *sistema familiar*. As sociedades estratificadas, diferentes das segmentárias, consolidaram-se fora das fronteiras familiares, incluindo e excluindo indivíduos por meio de novas diferenças: estamento e estatuto jurídico, acumulação de riqueza, ofício desempenhado, religião etc. A partir disso, o nível de complexidade social é acrescido e, consequentemente, as *comunicações* para promoção de exclusão e inclusão também. Por último, as sociedades *funcionalmente diferenciadas*, estruturadas a partir do período contemporâneo, são dotadas de alto nível de complexidade, imprevisibilidade e contingência, marcadas pela diferenciação entre os subsistemas: jurídico, econômico, religioso, científico e político.

A sociedade que ora se analisa, dentro desta teoria, enquadra-se nas sociedades estratificadas, pois não havia a diferenciação prática entre o subsistema jurídico e os demais subsistemas sociais, como o político, econômico e religioso. Na Europa, a partir da modernidade, diante do aumento da complexidade social, econômica e política, e por meio da circulação de ideias e do desenvolvimento da imprensa, o sistema jurídico se organizou para abarcar as contingências advindas da sociedade. Ou seja, na medida em que a sociedade se modificava e se torna mais rica de possibilidades, ele se fazia cada vez mais necessário e devia ser compatível com as novas situações e eventos. Por isso, o direito como um *subsistema social* é histórico, dinâmico e se atualiza mediante as necessidades e conjunturas do presente.[29]

António Manuel Hespanha, igualmente baseado nos estudos de Luhmann, salienta que para melhor assimilação das redes sociais, econômicas e políticas estabelecidas entre a metrópole e a colônia é necessária a compreensão da própria constituição do *sistema comunicativo* inerente a elas. Para o historiador português, os *meios de comunicação* compõem-se como elemento decisivo de seleção dos emissores e dos destinatários, definem o quanto a rede é eficiente e o campo de objetos que ela própria permite falar. A partir disso, compreender as redes de comunicação é também perceber o seu funcionamento, ou seja, quais as regras de legitimação dos participan-

---

[29] LUHMANN, Niklas. **O direito da sociedade.** p. 102.

tes, como é a *abertura* e *fechamento* em relação ao seu exterior (ambiente), e como estas regras podem ser modificadas ou mantidas perante a ação do exterior, ou em outras palavras, a partir da *heterorreferência*.[30]

Entendo que a monarquia lusa se constituiu como pluricontinental, polissinodal e corporativa, de base Católica. O poder Real concorria e negociava com as outras instâncias de poder, como a religião, as câmaras municipais e o meio doméstico, dentro e fora de Portugal. Dentro porque haviam interesses diversos entre a administração metropolitana, e fora porque a monarquia e a nobreza portuguesa dependiam financeiramente das suas colônias e de seus representantes, de suas possessões tirava o sustento e acumulava riqueza.[31] Isto posto, o sistema jurídico abria-se às sugestões do *ambiente* e atualizava-se, a fim de consolidar-se e permanecer-se estável.[32] Portanto, considero que o sistema político, assim como o sistema jurídico português, era *fechado operacionalmente*, mas *aberto cognitivamente* ao social. E o social é complexo, composto de subjetividades e contingências.

O direito português moderno, plural em sua raiz, fez-se maleável e dinâmico diante das demandas surgidas durante o avanço do processo de colonização, principalmente no que tange à produção de leis para abranger os povos conquistados. Na medida em que surgiam novas situações incontidas nas *Ordenações do Reino*, legislações vigentes no período, o sistema jurídico as acolhia e as incorporava. Um exemplo disso foi a criação das *Leis Extravagantes, Decretos e Alvarás* para abranger as necessidades que emergiam nas colônias. As próprias Ordenações possibilitavam o diálogo direto entre o rei e seus súditos a partir do envio de cartas e requerimentos, visto que as principais funções do soberano era "fazer justiça, atribuir a cada um o que lhe é devido e proteção dos vassalos".[33]

A partir da analogia biológica proposta por Luhmann para interpretar os fenômenos sociais, o sistema jurídico atua como sistema imunológico da sociedade e tem como cerne a interceptação e neutralização de pertur-

---

[30] HESPANHA, António Manuel. Prefácio. *In:* FRAGOSO, João; MONTEIRO, Nuno Gonçalo. **Um reino e suas repúblicas no Atlântico:** Comunicações políticas entre Portugal, Brasil e Angola nos séculos XVII e XVIII. 1. ed. Civilização Brasileira, 2017. p. 10-11.

[31] FRAGOSO, João. Poderes e mercês nas conquistas americanas de Portugal (séculos XVII e XVIII): apontamentos sobre as relações centro e periferia na monarquia pluricontinental lusa. FRAGOSO, João; MONTEIRO, Nuno Gonçalo. **Um reino e suas repúblicas no Atlântico:** Comunicações políticas entre Portugal, Brasil e Angola nos séculos XVII e XVIII. 1. ed. Civilização Brasileira, 2017. p. 51 e 52.

[32] LUHMANN, Niklas. O direito da sociedade. Tradução de Saulo Krieger. São Paulo: Editora Martins Fontes, 2016, p. 108.

[33] HESPANHA, António Manuel. Justiça e Administração entre o Antigo Regime e a Revolução *In:* HESPANHA, António Manuel. (org.). **Justiça e Litigiosidade:** história e Prospectiva. Lisboa: Fundação Calouste Gulbenkian, 1993, p. 385.

bações, que são tidas como parasitas. Nas ocasiões de conflito, o Direito acolhe a problemática e a remonta ao código normativo em busca de sua autorreferência, o que pode ser entendido como uma espécie de aquisição de anticorpos. Diante disso, o sistema imunológico armazena registros ao próprio sistema, visando utilizações futuras.[34] Os advogados seriam os *insiders* do sistema, observadores de segunda ordem, ou em outras palavras, sujeitos que analisam as normas e a estrutura interna do sistema, direcionando as comunicações de seus clientes ao sistema jurídico para conseguir o que lhes cabia e perpetuar a *autopoiese* do próprio sistema.

À vista disso, ressalto nesta obra a dinamicidade e maleabilidade do sistema jurídico português no processo de acolhida dos diversos estratos sociais que habitavam a América Portuguesa. Para além dos estatutos jurídicos dos escravos e dos livres, havia as problemáticas envolvendo o convívio dos quartados e dos libertos que forçaram as autoridades locais e metropolitanas a refletirem sobre as suas demandas e, em alguns casos, a produzirem novas leis ou emendas que as incorporassem e os controlassem. Como exemplo disso, o leitor verá o meu destaque à produção de Decretos, Avisos, Alvarás e Leis Extravagantes relacionadas aos escravos e alforriados na América Portuguesa durante o período colonial e imperial, que tinham como objetivo a contenção de problemas e as contingências relativas a estes segmentos sociais.

Além da conjuntura social geral da América Portuguesa ocasionadora dos aditamentos das Ordenações, ocorreram situações a nível local protagonizadas pelos escravos e libertos de Pitangui durante o século XVIII que forçaram os oficiais camarários a repensarem as demandas e limite de atuação destes segmentos. Dentre elas, como poderá ser visto ao longo dos capítulos, destaca-se a problemática acerca da autonomia dos escravos realizarem tratos mercantis, iniciarem ações e possuírem bens, tal como os pedidos de exceção de justiça e as interpretações feitas pelos advogados dos cativos e dos alforriados sobre as leis escravistas para os defenderem e adquirir "o seu direito e justiça".[35] Estas questões são interpretadas por nós como referências do *ambiente* trazidas ao sistema jurídico. Nas palavras de Luhmann, podem sem entendidas como *heterorreferências* ou *irritações*, ou seja, como questões externas ao sistema, produzidas pelo social, que forçam o próprio sistema a abrir-se para assimilá-las e englobá-las.

---

[34] LUHMANN, Niklas. **O Direito da Sociedade**. Tradução de Saulo Krieger. São Paulo: Editora Martins Fontes, 2016, p. 766.

[35] Termo muito utilizado durante a defesa dos escravos e libertos feita por seus advogados.

A partir da Teoria dos sistemas, proponho que as *irritações* dos escravos e libertos ao sistema jurídico podem ser classificadas como *voluntárias* e *involuntárias*, manifestando-se de três maneiras. A primeira, a partir da iniciativa dos alforriados ao serem intimados como réus nas petições da vila de Pitangui e perceberem que a legislação que se inseriam nem sempre fazia menção às questões desenroladas em seus cotidianos, obrigando, desta forma, o sistema a acolhê-las, rechaçá-las ou readaptá-las. A segunda, por meio da reação da própria monarquia lusa e de seus oficiais, ao entenderem que a atuação destes segmentos sociais na América Portuguesa extrapolava o previsto durante o projeto de expansão colonial, fazendo-se necessária a produção de novas leis e decretos. E a terceira, quando os alforriados desejavam obter determinados serviços e honrarias não previstos na jurisdição e estatuto a qual pertenciam, mas que já haviam sido cedidos a seus pares em outras regiões.

Nesse sentido, acredito que o sistema se abria ou negava-se a receber as demandas destes indivíduos. E como o ambiente e o sistema jurídico mantinham a relação de interdependência, era viável e esperado que a Coroa Portuguesa acolhesse parcela das solicitações dos manumitidos, tanto para tornar as relações menos problemáticas – visto que esses indivíduos representavam grande parte da população e poderiam rebelar-se – quanto para monitorá-los e controlá-los. Portanto, a hipótese central desta obra é a de que os escravizados e libertos atuaram e contribuíram efetivamente para a reconfiguração e aplicação do Direito na vila de Pitangui e, consequentemente, modificaram os quadros jurídicos mais amplos da América Portuguesa, fosse pela dinâmica da vivência cotidiana, fosse pela participação destes segmentos no aparato burocrático e nos tribunais. Assim, o sistema jurídico e a sociedade mantinham uma relação dinâmica e de interdependência: o sistema abria-se para acolher às demandas dos alforriados e fechava-se para manter a sua operacionalidade, estabilidade e autoridade sobre tais sujeitos.

Este livro é dividido em quatro capítulos, o primeiro intitula-se *O sistema jurídico português e a sua aplicação na vila de Pitangui durante o século XVIII*. Nele apresento, de forma geral, como fora arquitetado o aparato burocrático português moderno, como ocorreu a sua instalação na América Portuguesa e na vila de Pitangui e os principais grupos atuantes no processo de ocupação da vila. Igualmente, menciono as formas de inserção dos escravos e libertos nestes contextos e sobre os estatutos jurídicos aos quais pertenciam.

No segundo capítulo, nomeado como *Escravos, libertos e a justiça: legislações e modos de acesso*, abordo as formas como estes sujeitos foram mencionados nas jurisdições da época e como estas leis foram aplicadas na América Portuguesa e na vila de Pitangui. Também trago o debate geral sobre a relevância das pesquisas sobre as populações escravizadas e egressas do cativeiro, assim como os dados gerais quantitativos sobre as fontes desta pesquisa, como: número geral de ações utilizadas, décadas de maior ocorrência das demandas, tipologias de ações mais encontradas e gênero, cor/condição dos alforriados e dos cativos presentes nos tribunais.

No terceiro capítulo, intitulado *Entre os suplicantes: escravos e libertos como autores nas demandas cíveis na vila de Pitangui durante o século XVIII*, adentro às ações cíveis iniciadas pelos escravos e alforriados. Tais demandas tiveram como cerne problemas cotidianos como cobrança de dívidas e favores, escravização, reescravização e conservação da liberdade. Outra motivação levada aos tribunais pelos escravos e libertos de Pitangui a ser apresentada neste capítulo é a defesa da posse de moradias e dos limites das propriedades que a eles pertenciam. Desta forma, apresento como estes indivíduos, seus adversários, advogados, e testemunhas manifestaram-se frente aos oficiais camarários e como mutuamente se tratavam.

Por fim, no quarto e último capítulo, chamado *Entre os réus: escravos e libertos chamados a responder às demandas na vila de Pitangui no século XVIII*, discorro sobre os principais problemas enfrentados por estas pessoas nos tribunais, como comportaram-se frente aos rivais e corpo operacional das petições. As questões motivadoras das demandas respondidas pelos cativos e libertos foram variadas, dentre elas, o endividamento pela compra da própria liberdade, de escravos, de vestuário e de secos e molhados, alugueis de casas, escravos e jornais de negros. Uma questão cotidiana específica que foi judicializada e que apresentarei é a disputa pela paternidade entre um liberto e o padrinho de uma criança.

Diante disso, pretendo, ao longo desta tese, contribuir com os estudos sobre a localidade em questão, visto que não há muitos trabalhos publicados e, de forma semelhante, acrescentar algo ao tema relativo a estes segmentos sociais e sobre a aplicação da justiça na América Portuguesa.

CAPÍTULO 1

O SISTEMA JURÍDICO PORTUGUÊS E A SUA APLICAÇÃO NA VILA DE PITANGUI DURANTE O SÉCULO XVIII

1.1 A arquitetura do sistema jurídico português e a sua aplicação na América Portuguesa

Administrar, zelar e ordenar a sociedade são características da prática jurídica europeia no Período Moderno. Preocupada em erigir um Estado centralizado e diminuir o poder dos demais grupos sociais, a monarquia portuguesa investiu na justiça como elemento norteador de seu governo, tanto em solo luso quanto no ultramar. O *direito comum*, base do direito português, foi herdado do direito romano e tinha como objetivo uniformizar os vários estatutos jurídicos: o direito dos reinos, os direitos locais e o direito canônico. Este direito plural, fundado entre os séculos XII e XVII no ocidente europeu, tinha como premissa a elaboração de uma justiça normatizada, amparada no direito acadêmico e no latim como idioma universal. A formação acadêmica homogênea dos oficiais que atuavam em uma justiça baseada em métodos, leituras e retóricas semelhantes – além do fato do ensino do direito ser fundamentado na justiça canônica e romana até o século XVIII–, auxiliariam na regulamentação de um código jurídico comum.[36]

No plano político, a retomada do Império de Carlos Magno no século IX da era comum e, posteriormente, do Sacro Império Romano-Germânico no século X, contribuíram para a idealização de uma norma jurídica europeia única, devido ao pressuposto de que estes impérios sucederam o já idealizado Império Romano. A fé na excelência do direito romano se sustentava no princípio de que havia padrões comuns de justiça nas relações humanas e que estes padrões se aproximavam em suas correlações, em outras palavras, existiriam normas jurídicas atemporais.

---
[36] HESPANHA, António Manuel. **Cultura jurídica europeia. Síntese de um milênio.** Editora Almedina. 2012, p. 114-115.

No plano religioso, o pressuposto da Igreja Católica como crença universal abarcando todo o mundo cristão legitimou a concepção de "uma religião, um império e um direito".[37] Neste quadro, os poderes espiritual e temporal conviviam simultaneamente e sustentavam o ordenamento jurídico.

De acordo com António Manuel Hespanha, a tentativa de consubstanciar a justiça no meio acadêmico em busca de sua unificação e padronização chocava-se, rotineiramente, com as culturas jurídicas populares e leigas, muito devido às áreas sociais em que o direito culto não se cumpria. Esta unificação não alcançava as especificações jurídicas regionais, permitindo que um direito popular se desenvolvesse nestas regiões. A Igreja Católica, assim como o poder Real, reconhecia a limitação do direito comum no que tangia à sua aplicação nas comunidades mais afastadas, bem como tinha consciência dos conflitos e tensões desencadeados por esta falta de comunicação entre a justiça local e a universal.[38]

Em Portugal do século XIV, já se registravam conflitos entre os juízes locais que se contrapunham ao direito romano e canônico, bem como as divergências entre as propostas de ensino do direito comum nas universidades e os juristas que lecionavam nelas. Por conseguinte, o desenvolvimento do direito comum só foi possível por meio da conciliação com as demais ordens jurídicas: senhorial, corporativa, Real, eclesiástica e local. Nos pequenos condados e vilas prevalecia a justiça própria em detrimento desse direito comum, sendo utilizado mais como um recurso secundário e tido como parâmetro geral para os juristas sanarem dúvidas pontuais.

Além dos conflitos gerados entre o poder régio e os poderes locais, existiam, no seio do direito comum, dissidências entre a Coroa e os clérigos. Responsável pelo domínio da cultura escrita durante séculos, a Igreja Católica competia pela supremacia política nas cidades e vilas, principalmente nos locais em que a jurisdição Real não chegava. Em vista disso, o direito eclesiástico impunha-se como poder paralelo ao régio ao dispor da capacidade de criar decretos, constituições pontifícias, encíclicas, breves e bulas.[39]

A justiça canônica regia a vida íntima dos indivíduos, as relações entre casais, nascimentos e óbitos, ritos fúnebres, contratos, sucessões testamentárias, processos inquisitórios e confirmação de boa-fé diante dos processos cotidianos envolvendo questões materiais. Tais procedimentos

---

[37] HESPANHA, António Manuel. *Idem*, p. 116.
[38] HESPANHA, António Manuel. *Idem*, p. 133.
[39] HESPANHA, António Manuel. *Idem*.

se punham como superiores à justiça do rei, uma vez que esta última era feita pelos homens e falha em sua essência; já a primeira era baseada nas escrituras, revelada por Deus e digna de subordinação. A superioridade das normas propostas pela Igreja tinha raízes na doutrina jurídica de Santo Agostinho e fora a base dos primeiros canonistas do século XI e XII. Essa doutrina salientava que a esfera temporal tinha seus objetivos próprios, e que, por sua vez, não tinham proximidade com os assuntos sobrenaturais, relacionados à salvação da alma, o poder eclesiástico deveria agir quando a ordem natural comprometia a ordem atemporal, ou seja, o *post mortem*.[40]

Em decorrência dos conflitos de jurisdições, magistrados e clérigos buscaram estabelecer o limite de atuação dos dois direitos: o civil e o canônico. Em Portugal, ainda no século XIV, o rei elaborou políticas de restrição como forma de contenção ao avanço jurídico da Igreja. Essas restrições foram registradas no *Livro de leis e posturas* e nas *Ordenações Afonsinas e Manuelinas*. Posterior a este período, as *Ordenações Filipina*s regulamentaram o limite de atuação do direito eclesiástico, em que este se estenderia aos assuntos puramente espirituais, agora claramente submetido ao poder temporal. Ainda assim, a Igreja teria foro privilegiado em algumas matérias temporais, patrimoniais e penais. Tais medidas perduraram até o século XIX, de modo que somente em 1824, com a nova constituição do Brasil, o direito canônico perdeu os privilégios de foro.[41]

A permanência de diferentes normas reguladoras, nem sempre conciliatórias entre si e disputando legitimidade em um mesmo espaço social resultou, então, neste direito plural. Se cada parte do direito, civil ou canônico, tinha como objetivo manter a ordem, a disciplina e regular as atitudes dos indivíduos, os juristas seriam os responsáveis pela manutenção e retificação da estrutura normativa, reconhecidos como guardiães da justiça. De acordo com Hespanha, suas atribuições resumiam-se a:

> [...] observar, anotar, inquirir, sentir, crer, lembrar, ruminar e interpretar ordens existentes, interiores e exteriores, acima ou abaixo do humano. É com eles, por outras palavras, levar a cabo uma hermenêutica ilimitada de Deus, dos homens e da natureza. E explicar os resultados deste trabalho de interpretação em fórmula que reunissem o consenso da comunidade.[42]

---

[40] HESPANHA, António Manuel. *Idem*, p. 144.
[41] HESPANHA, António Manuel. *Idem*, p. 147.
[42] HESPANHA, António Manuel. *Idem*, p. 150.

Como representantes de Deus na terra e possuidores de grande prestígio social, os juristas "conseguiam com as letras coisas que os outros não conseguiam com as armas".[43] Deveriam ser justos e agir com complacência em relação à população, uma vez que sem uma atuação prudencial em busca de consenso e apaziguamento de conflitos cotidianos, não seria fácil a manutenção do poder em relação aos demais indivíduos. Outrossim, a aplicação do direito comum em áreas afastadas das metrópoles estava sujeita aos princípios jurídicos locais, de acordo com conjunturas específicas. Cada povo possui suas regras e estatutos para governar os homens e as posses, em cada localidade é possível observar o direito civil, baseado geralmente na razão natural e nas leis firmadas ou adaptadas de acordo com as suas necessidades.[44]

Em uma sociedade de Antigo Regime, cujas leis se assentavam nos sentimentos e na moral cristã, era comum os fatores privados se sobreporem às regras propostas pelo aparelho público. Do nicho familiar nasciam os direitos e deveres dos *paters familias*, regulamentando suas posses: parentes, dependentes e escravos. Da graça surgia à mercê – ou *beneficium* –, tida como direito à mercê; da misericórdia nascia o perdão, entendido como direito à absolvição. Da *fraternitas* surgia o dever de acertar-se de forma amigável, de esquecer as diferenças que levaram as partes ao litígio.[45]

A *graça*, pautada no subjetivismo, acompanhava as decisões jurídicas e por meio dela o monarca e os juristas determinavam o que era justo e injusto. Em outras palavras, a graça, ou à *mercê*, representavam a informalidade da justiça frente aos deveres morais contraídos entre os súditos e governantes. Estas relações permeavam todos os níveis de poder, desde o central: Desembargo do Paço, a Mesa da Consciência, Casa de Suplicação e os Tribunais da Relação; até o local: como nas Câmaras, a partir da figura dos escrivães, vereadores, secretários e juízes ordinários.[46]

Apesar de a cultura jurídica europeia ter como base a tradição do direito romano, a prática do direito no local era pautada nos hábitos cotidianos da população. Havia as manifestações formais do direito nos tribunais, baseadas no direito comum, e as manifestações não formais do direito, executadas pelos oficiais locais, seguindo certos costumes e convenções.

---

[43] HESPANHA, António Manuel. **As vésperas do Leviathan:** Instituições e poder político. Portugal – séc. XVII. Coimbra. Editora Almedina. 1994. p. 12.
[44] HESPANHA, António Manuel. **Cultura jurídica europeia...** p. 157.
[45] HESPANHA, António Manuel. **Cultura jurídica europeia...** p. 158.
[46] SCHWARTZ, Stuart B. **Burocracia e sociedade no Brasil Colonial:** o Tribunal Superior da Bahia e seus desembargadores, 1609-1751. São Paulo: Editora Perspectiva, 1979.

Como resultado disso, faz-se notória a distribuição de poder no que tange à justiça em Portugal no período moderno: quanto mais afastado do espaço de produção e irradiação do poder tradicional, mais propício era o desenvolvimento do poder autônomo e regional.[47]

Segundo Hespanha, além do fator geográfico, os elementos demográfico, político, econômico e administrativo também corroboravam para a estruturação e execução das justiças. A diferença populacional de cada região interferia no número de vassalos sob o poder Real, ou vivendo à margem do governo. A delimitação das fronteiras denotava a maneira pela qual o governo desejava que seu território fosse organizado, de forma a favorecer determinados grupos sociais e facilitar a inspeção das áreas limítrofes. A estrutura econômica e orçamentária influenciava o social e as dinâmicas de poder, pois cada modelo orçamentário se apresentava por meio de uma proposta política e cada proposta administrativa se encerrava nos oficiais que eram responsáveis pela aplicação da justiça[48]. Por conseguinte, todos estes elementos contribuíram para a formação de uma justiça que se pretendia única em suas origens, porém corporativa e particularista em suas manifestações.[49]

A aplicação do poder central reduzia-se frente a todos os limites postos pelos poderes, fronteiras e direitos adquiridos pelos povos e indivíduos privilegiados. O direito português no período moderno era entendido por meio da razão, e esta, por sua vez, estava acima da vontade do rei. Isso decorria porque o direito era anterior ao monarca e existia independente dele, logo, o rei deveria comportar-se em comum acordo com o estatuto jurídico e com os que o auxiliavam na aplicação da justiça: os juristas. Os tribunais de justiça zelavam, inclusive, sobre a atuação do governante, de modo a garantir um governo probo. O rei não governava sozinho, necessitava sempre do amparo dos oficiais e dos concelhos para tomar decisões. A identidade estatutária portuguesa, em suma, era plural e composta de processos de distinção juridicamente institucionalizados, reforçados pelas práticas sociais espontâneas demasiadamente interiorizadas.

No plano material, a estrutura jurídica portuguesa compunha-se de tribunais locais nas câmaras e tribunais de apelação. A partir do momento em que as vilas eram erigidas, criavam-se os tribunais locais para implementar a justiça e administração, nelas e nos arraiais pertencentes, bem

---

[47] HESPANHA, António Manuel. **As vésperas do Leviathan...** p. 66.
[48] HESPANHA, *Idem*, p. 62, 64,66, 85, 110, 112 e 160.
[49] SUBTIL, José. Os poderes do Centro. (coord.). HESPANHA, António Manuel. (coord.). MATTOSO, José. **História de Portugal: o Antigo Regime (1620-1807).** v. IV, Lisboa: Editorial Estampa. p. 174.

como em seus Termos. Já os Tribunais da Relação, ou Casas da Relação, eram tribunais de apelação que operavam em Portugal e nas colônias. O da Suplicação e a Casa do Cível também eram de apelação e situavam-se em terras lusas; o primeiro era superior ao segundo. Além deles, havia o Tribunal da Relação em Goa na Índia, no momento, colônia portuguesa. Os três tribunais estavam plenamente ativos em 1580.[50]

Tais tribunais representavam instâncias superiores se comparados aos tribunais das vilas em Portugal e no ultramar. A Casa do Cível comportava todas as causas cíveis em Portugal e geralmente era responsável pelos conflitos vinculados aos pequenos valores; os relativos à valores mais altos eram encaminhados à Casa de Suplicação. A Suplicação, por sua vez, atendia às causas criminais de Portugal e às apelações das colônias e servia de modelo aos demais tribunais. Os oficiais que compunham a Casa de Suplicação eram desembargadores extravagantes e desembargadores de agravo, divididos em duas mesas: a do cível e a do crime. Os ocupantes destes cargos em tribunais deveriam ser obrigatoriamente nobres importantes ou membros do alto escalão eclesiástico; nas colônias, os vice-reis ou governadores das capitanias eram escolhidos para tanto.

Dentro da estrutura jurídica do Antigo Regime Português funcionava também o Desembargo do Paço e a Mesa da Consciência. O primeiro, criado no fim do século XV, tinha a função de dar suporte ao rei nos assuntos de justiça e administração legal, tornando-se o principal instrumento jurídico da burocracia lusa no período moderno. Ao Desembargo cabia a indicação dos oficiais que representariam o rei em Portugal e nas colônias, assim como a correição das leis e da situação política do Estado. Além disso, tinha como função avaliar os possíveis conflitos entre os tribunais que a ele estavam subordinados.

A Mesa da Consciência, por seu turno, decidia sobre os assuntos judiciais e todos os demais assuntos que tangiam ao binômio moralidade/imoralidade da população. Era composta por clérigos e advogados civis que orientavam o rei sobre as pautas que lesariam a Igreja e os seguimentos a ela ligados. Os membros de ordens militares, cavaleiros e aqueles que desejavam recorrer às decisões enviavam os seus pedidos à Mesa da Consciência.[51]

Os oficiais do governo eram escolhidos por meio dos concelhos. Ao nível local, nas câmaras, os oficiais eram vereadores, almotacés, juízes e o procurador do concelho. Nos locais próximos aos grandes centros de

---

[50] SCHWARTZ, Stuart B. *Idem*, p. 7.
[51] SCHWARTZ, Stuart B. *Idem*, p. 11.

irradiação de poder Real, os oficiais geralmente eram escolhidos pelos homens bons do concelho, ato frequentemente realizado pelo Desembargo do Paço. Já nas localidades longe dos grandes centros, prevalecia a eleição dos moradores. Estes cargos não eram de carreira e no início nem sempre eram remunerados. A disposição para desempenhar tais ofícios geralmente estava unida à notoriedade que os indivíduos auferiam na sociedade, ou seja, para além dos ganhos apenas econômicos havia os sociais e políticos.[52]

Na medida em que Portugal ampliava as suas possessões, tornar-se-ia necessária a instalação da burocracia e dos mecanismos de correição. Exemplo disso é visto em Goa, na Índia, quando em 1544 foi criado o primeiro Tribunal de Apelação no além-mar. No Brasil, o Tribunal da Relação foi consolidado em 1609 em Salvador, Bahia. Em ambos os casos, a justiça se fez indispensável devido ao grande número de demandas que se tornavam rotineiras, e à incapacidade da Coroa Lusa em acompanhar todos os casos de forma precisa. No caso brasileiro, pouco tempo depois, o tribunal foi extinto em razão dos gastos para mantê-lo e à eminente invasão holandesa. Apenas em 1652, com o fim dos conflitos, a Relação da Bahia voltaria a operar e todas as capitanias, com exceção a do Maranhão, estavam submetidas a ela.[53]

De acordo com Isabele de Matos Pereira de Mello, a reinstituição do Tribunal na Bahia denotava a necessidade de aplicação da justiça no território brasileiro somada à gradativa importância que as possessões ultramarinas americanas adquiriam para Portugal ao longo dos anos. O tribunal se situava no principal centro comercial da colônia, local de escoamento da produção açucareira e demais gêneros enviados à Metrópole.[54] Com a descoberta do ouro em Minas Gerais no final do século XVII, o olhar da Coroa, assim como o de seus súditos, voltaram-se para a região. Por decisão Real, em fevereiro de 1751 foi determinada a criação de outro tribunal no Brasil, a Relação do Rio de Janeiro.

Inicialmente, 13 comarcas ficaram sob a jurisdição da Relação do Rio de Janeiro: a do Rio de Janeiro, São Paulo, Ouro Preto, Rio das Mortes, Sabará, Rio das Velhas, Serro do Frio, Cuiabá, Goiases, Pernaguá, Espírito Santo, Campos de Goitacases e Ilha de Santa Catarina.[55] Arno Wehling e

---

[52] HESPANHA, António Manuel. **As vésperas do Leviathan...**p. 165-166.
[53] MELLO, Isabele de Matos P. de. Instâncias de poder & justiça: os primeiros tribunais da Relação (Bahia, Rio de Janeiro e Maranhão). **Tempo.** Revista do Departamento de História da UFF, v. 24, ago/2017, p. 91-92.
[54] MELLO, Isabele de Matos P. de. *Idem.* p. 92.
[55] VALIM, Patrícia. O Tribunal da Relação da Bahia no final do século XVIII: politização da justiça e cultura jurídica na Conjuração Baiana de 1798. **Revista Tempo.** Dossiê: O governo da Justiça e os magistrados no mundo luso-brasileiro. v. 24 n. 1. jan./abr. 2018. p. 118.

Maria José Wehling ressaltam que a necessidade de agilizar as demandas e tornar mais efetiva a aplicação da justiça foram importantes motivos para a instituição do novo tribunal recursal no Rio. Entretanto, para os autores, havia também outras justificativas para a instalação da Relação no Rio de Janeiro:

> A criação do tribunal desta natureza, com jurisdição sobre as regiões central e sul do Brasil, era um ato político nitidamente centralizador e não apenas o atendimento a uma reivindicação de aperfeiçoamento da justiça. As responsabilidades dos tribunais da Relação não se restringiam à prestação jurisdicional no Antigo Regime, onde inexistia a divisão de poderes do constitucionalismo. Eram elas também de natureza política e administrativa, além de judicial.[56]

A importância que Minas Gerais representava para a economia portuguesa, assim como o avanço rumo às regiões de São Paulo, Mato Grosso, Rio Grande do Sul e Goiás, justificava o estabelecimento da força centralizadora do Reino para controlar os litígios que se instalavam rotineiramente na colônia. Ora, a região sul e o Rio de Janeiro tornaram-se substanciais para a coroa por ser um dos principais entrepostos comerciais do Atlântico Sul, conectando a África, Europa e América Portuguesa e mantendo as rotas do ouro e da prata.[57]

Outro aspecto relevante para legitimar a criação do segundo tribunal brasileiro foi o crescente número de conflitos entre os oficiais responsáveis pela execução da justiça nas regiões central e sul e a Coroa. Guardas-mores, tabeliães, ouvidores, advogados e juízes mores reivindicavam direitos, envolviam-se financeiramente com as partes dos litígios que executavam, excediam os expedientes dos processos, arrecadavam impostos indevidos e causavam perturbações à ordem social devido à parcialidade nas demandas. Aliados a estes fatores, havia o interesse por parte das elites locais na ampliação do quadro de funcionários régios na colônia, afinal, fazer parte do aparato burocrático possibilitava o acúmulo de riqueza e incrementação do *status* social.[58]

Parte dos oficiais responsáveis pela execução da justiça local, tanto em Portugal quanto nas colônias, era iletrada e pautava as suas sentenças na moralidade ou nas experiências do direito costumeiro. Isto gerou conflitos

---

[56] WEHLING, Maria José e Maria José. **Direito e justiça no Brasil colonial:** o tribunal da Relação do Rio de Janeiro (1751-1808). Rio de Janeiro: Renovar, 2004, p. 124.

[57] MELLO, Isabele de Matos P. *Idem*, p. 94.

[58] WEHLING, Maria José e Maria José. *Idem*, p. 131.

entre os juízes *práticos*, que se baseavam na tradição costumeira, e os juízes acadêmicos, possuidores de uma formação oficial que se supunha completa. Os primeiros eram encarados como incultos e parciais pelos universitários, os segundos, eram caracterizados como racionais e técnicos pelos juízes locais. A própria população das localidades periféricas legitimava o poder dos juízes locais com a justificativa de que apenas eles conheciam o cotidiano da região e tinham probidade para julgá-lo.[59]

Os juristas que se baseavam em tradições locais se perpetuaram ao longo dos séculos na cultura jurídica portuguesa e só passaram a ser questionados pelos governos a partir da admissão do direito romano e do avanço do ensino de direito nas universidades. Mesmo com a adoção de uma justiça cada vez mais profissional, a partir dos oficiais formados nas academias, o direito popular, pautado ainda na justiça costumeira, permaneceria ao longo dos anos orientando muitas decisões dos aparatos judiciais locais.[60]

Para agregar as jurisdições locais à central foram criadas as Ordenações do Reino, baseadas nos nomes dos reis que governavam no momento: Afonsinas, em 1446-1447; Manuelinas, em 1512-1514 e Filipinas, em 1603. Elas foram divididas em cinco livros: o primeiro, compreendia a esfera administrativa, jurídica, fiscal e econômica; o segundo, remetia às relações entre a Igreja e as elites com a Coroa; o terceiro, era relativo aos processos; o quarto, dizia sobre parte do direito cível; e o quinto, versava sobre o direito penal. Além delas, a partir do século XVI, criou-se a *Legislação Extravagante* para tratar especificamente sobre os temas administrativos, financeiros, judicial, penal e de polícia. Estes códigos jurídicos deixavam claro como os indivíduos deveriam se comportar em sociedade, como seriam as suas punições caso infringissem as leis e como o ordenamento social deveria ser mantido. Ademais, tratava das possessões coloniais à medida que avançava o domínio ultramarino.

As *Ordenações Filipinas* foi o código legal mais duradouro, utilizado do século XVII ao XIX em Portugal e também nas colônias. No que tange ao direito civil, as ordenações vigeram no Brasil até o ano de 1916. Estes conjuntos de leis e decretos, juntamente às *Leis Extravagantes*, emergiram como superiores ao direito comum, embora tais códigos não conseguissem cingir todas as demandas reais e de seus vassalos. Sendo assim, os juristas formados nas academias, que tinham como base o direito romano e

---

[59] HESPANHA, António Manuel. **As vésperas do Leviathan...** p. 66.
[60] HESPANHA, António Manuel. **Cultura jurídica europeia...** p. 175.

canônico, por vezes, afastavam-se do direito pátrio em direção ao direito comum para atender às suas necessidades.[61] Como as ordenações tinham caráter geral, foram criados alvarás e decretos para suprir as demandas não alcançadas e as particularidades dos casos específicos que exigiam a aplicação da justiça. As situações que mais necessitaram da criação de leis foram as que ocorreram nos locais mais distantes do Império Luso e nas colônias conquistadas.[62]

Com o processo de ocupação das regiões no ultramar a partir do século XV, foi preciso que Portugal adequasse as ordenações às diferentes realidades encontradas. Como fora do solo luso havia uma multiplicidade de organizações sociais, jurídicas, religiosas, culturais e econômicas, a Coroa adaptou o estatuto jurídico e político para os povos naturais e também para os colonos que desembarcavam nas novas terras portuguesas, no intuito de manter o domínio sobre suas novas possessões. Mas, apesar de todo o esforço para conservar a máquina de controle em harmonia, as particularidades de cada localidade ocupada pelos portugueses dificultavam a perfeita execução das leis. Além disso, o monarca enfrentava problemas com parte de seus vassalos portugueses contemplados com alguma função no além-mar, pois estes tinham seus próprios interesses, que nem sempre coadunavam com os seus. A soma de todos estes fatores demonstra, como visto, a dificuldade de aplicação do direito culto oficial frente aos novos territórios, às subjetividades dos oficiais que representavam a Coroa e à resistência dos indivíduos naturais destas terras.

Em síntese, territórios esparsos, a longa distância da metrópole e oficiais pouco interessados na aplicação da justiça oficial, tornaria mais complexa a execução dos planos Reais. Como exemplo ilustrativo, Stuart B. Schwartz ressalta que até meados de 1530 não havia uma legislação sistemática para a América Portuguesa e a justiça ficava a cargo dos capitães dos navios e dos líderes militares. Nesta fase de reconhecimento do solo, dos habitantes, da fauna e da flora para a exploração, poucos portugueses ali permaneceram, limitando-se às regiões costeiras onde aplicavam apenas a justiça de fronteira[63]. As questões concernentes ao comércio, disputas e abastecimento dos navios que atracavam no Brasil eram levadas ao juiz da Índia e Guiné.

---

[61] HESPANHA, António Manuel. **O direito dos letrados no Império Português**. Florianópolis: Fundação Boiteux, 2006, p. 140.

[62] HESPANHA, António Manuel. **Cultura jurídica europeia...** p. 175-176.

[63] SCHWARTZ, Stuart B. **Burocracia e sociedade no Brasil colonial**. São Paulo: Editora Perspectiva, 1979, p. 19.

Na década de 1530, Martim Afonso de Sousa embarcou para a América Portuguesa para o estabelecimento e permanência dos colonos nas novas terras. Um dos motivos que levou a coroa a realizar tal feito foi a eminente ameaça francesa de ocupação do território recém-colonizado. Os franceses também tinham interesse no local e se fizeram presentes nas regiões costeiras no mesmo período, sendo necessário que Dom João III enviasse grande apoio militar para a efetivação da posse da América Lusa. Martim Afonso de Sousa se tornou o primeiro capitão-mor e recebeu amplos poderes, quais sejam o poder judicial, civil e militar, para exercer sobre aqueles que desembarcavam no novo território. Como comandante superior, ele tinha autoridade sobre todos os membros da expedição, inclusive lhe foi concedido o poder para nomear os seus subordinados e as pessoas que seriam responsáveis pela administração da justiça na colônia em que nasciam.[64]

Inicialmente, o território foi fracionado em 15 capitanias donatárias, doadas a 12 fidalgos lusos. Esse sistema de distribuição em sesmarias era o mesmo utilizado nos arquipélagos de Açores e Madeira, de forma a conferir a responsabilidade da colonização igualmente aos designados pelo Rei. Ao receberem as terras, cada capitão donatário herdava a carta que comprovava a sua posse e o foral, contendo os encargos em relação ao território e a população que o habitaria. O estabelecimento deste modelo de divisão do território, bem como o consequente desenvolvimento das cidades de acordo com o padrão português, tinha como objetivo recriar as instituições jurídicas em voga.

Aqueles que recebiam as terras doadas pela Coroa tinham autonomia jurídica sobre os que conviviam no mesmo espaço. Poderiam decidir tanto os assuntos cíveis quanto os criminais e, para isso, escolhiam oficiais para lhes ajudar: ouvidores, corregedores, escrivães, tabeliães, meirinhos e alcaides. De acordo com o verbete do período, ouvidor era o oficial "que ouvia e despachava conforme o regimento de sua ouvidoria; havia três tipos de ouvidores: o do crime, o da alfândega e o que foi posto pelo rei em algum lugar"[65]. Os corregedores se incumbiam de levar os criminosos ao julgamento, verificavam a execução de serviços públicos e conferiam se os decretos reais estavam sendo cumpridos nas vilas e arraiais. O escrivão responsabilizava-se pelos atos públicos, era o "oficial da pena, ganhava a vida com a ponta dos dedos".[66] O tabelião fazia as "escrituras, cartas de compra

---

[64] SCHWARTZ, Stuart B. *Idem*, p. 20.
[65] BLUTEAU, Raphael. **Vocabulario portuguez & latino: aulico, anatomico, architectonico**... Coimbra: Collegio das Artes da Companhia de Jesus, 1712-1728. v. 6, p. 162.
[66] BLUTEAU, Raphael. *Idem*. v.3, p. 228.

e venda, escambos, arrendamentos, aforamentos, testamentos, codicilos, inventários, instrumentos de notificação, requerimentos, protestos, citações, entrega de preços, etc."[67]

O meirinho tinha "o poder para administrar e fazer a justiça em alguma vila ou terra; era o oficial de justiça que cita, prende e penhora como o alcaide".[68] E o alcaide era "aquele que prendia"[69], que tinha o poder para capturar aqueles que estavam sob suspeita ou sentença judicial. A diferença entre o meirinho e o alcaide é que o primeiro estava relacionado aos ouvidores, corregedores e provedores; já os segundos subordinavam-se aos juízes ordinários e juízes de fora.[70]

O juiz ordinário era o oficial que se destinava ao julgamento das questões locais, ou seja, das vilas e dos arraiais erigidos, em Portugal e no além-mar. Os indivíduos que aceitavam este encargo se mantinham no poder por um ano e grande parte deles não possuía a formação na área de jurisprudência. Como os juízes ordinários eram escolhidos pela própria população local, por meio dos concelhos, eles nem sempre conseguiam agradar a todas as demandas, o que acarretava diversos conflitos.

Para reter as contendas e auxiliar no aumento da arrecadação dos direitos régios administrados pelas câmaras, implementou-se o cargo de juiz de fora. No Brasil, esta função foi exigida primeiro na Bahia, em 1696, depois Pernambuco, em 1700, no Rio de Janeiro, em 1701 e em Itu, em 1726.[71] A presença do juiz de fora na administração colonial está diretamente ligada à necessidade da metrópole de controlar o poder e a autonomia das câmaras. A partir da descoberta aurífera, a fiscalização fez-se ainda mais urgente e o cargo de juiz de fora ficaria responsável por inspecionar as questões econômicas, administrativas e políticas locais, além de zelar pelos possíveis descaminhos do metal precioso. Entretanto, apesar de todos os atributos legados a estes juízes, a sua eficácia, na prática, nem sempre ocorria como o que era esperado pela Coroa.

Um dos principais fatores que corroboraram para a não eficácia da atuação dos juízes de fora, tanto em solo luso, quanto em solo brasileiro, foi exatamente o pequeno número de nomeação destes cargos pelo poder

---

[67] BLUTEAU, Raphael. Idem. v. 8, p. 6.
[68] BLUTEAU, Raphael. Idem. v. 5, p. 399.
[69] BLUTEAU, Raphael. Idem. v. 1, p. 216.
[70] BLUTEAU, Raphael. Idem. v. 5, p. 399.
[71] GOUVÊA, Maria de Fátima; FRAZÃO, Gabriel Almeida; SANTOS, Marília Nogueira dos. Redes de poder e conhecimento na governação do Império Português (1688-1735). **Revista Topoi**, v. 5, n. 8, jan./jun. 2004, p. 101.

Real. De acordo com António Manuel Hespanha, no início do século XVII existiam 65 juízes de fora para os 850 concelhos em Portugal, desta forma, apenas 8% das terras com jurisdição separada tinham justiça de carreira. A partir da segunda metade do século XVIII houve certo crescimento no número destes oficiais, mas isso não representava mais que 20% do total. Portanto, nos concelhos portugueses predominava a figura dos dois juízes previstos na Ordenação, não letrados e honorários.

Mariane Alves Simões, em seu trabalho sobre a atuação da magistratura em Vila do Carmo, Minas Gerais, durante as primeiras décadas do século XVIII, também ressalta a baixa nomeação de juízes de fora para a América Portuguesa. Na localidade estudada pela autora, importante núcleo minerador à época, apenas em 1730 foi criado este cargo, a pedido de Dom Lourenço de Almeida.[72] Além disso, autores como Russel J. Wood e Charles Boxer destacam que os juízes de fora nem sempre atuaram de modo a garantir a correição Real, havendo casos em que se evolveram com as elites locais, defendendo os seus próprios interesses.[73]

Além dos juízes de fora, durante o século XVII, os ouvidores e os corregedores foram os principais representantes régios responsáveis pela justiça na metrópole e no ultramar. Havia dois tipos de ouvidores: os das comarcas, escolhidos pelo rei, e os das capitanias, designados pelos capitães donatários. Nas comarcas, a aplicação da justiça por parte dos ouvidores estava restrita às capitanias que estes faziam parte, não possuindo autonomia para além delas. Além disso, estes oficiais tinham atribuições semelhantes às dos corregedores das comarcas metropolitanas, embora dispusessem de uma alçada superior: 20$000 réis para os bens móveis e 16$000 para os bens imóveis.[74]

As apelações resultantes das primeiras instâncias, ou seja, das instâncias locais, eram geralmente enviadas ao ouvidor da comarca; caso a contenda não fosse solucionada, seguia para o ouvidor da capitania, e se ainda houvesse possibilidade de apelação, seguiam para o ouvidor-geral do Brasil – a última instância –, localizada nos Tribunais da Relação. Havia um ouvidor para o cível e um para o crime, geralmente eram magistrados pertencentes aos Tribunais da Bahia e do Rio de Janeiro e possuíam o *status* de desembargadores. Estes cargos, diferentemente dos ouvidores-gerais

---

[72] SIMÕES. Mariane Alves. **A Câmara de Vila do Carmo e seus juízes ordinários (1711- 1731)**. 2015. Dissertação (Mestrado em História) – UFJF, Juiz de Fora, 2015, p. 46.

[73] RUSSEL-WOOD, J. Centro e Periferia no mundo lusobrasileiro, 1500-1808. **Revista Brasileira de História**, v. 18, n. 36, 1998. BOXER, Charles. Portuguese society in the tropics. Madison: The University of Wisconsin Press, 1965.

[74] CAMARINHAS, Nuno. O aparelho judicial ultramarino português. O caso do Brasil (1620-1800). **Almanack Braziliense**, n. 9, maio 2009. p. 86.

e os ouvidores das capitanias, não podiam acumular alçada no cível e no crime.[75] Ao lado da estrutura jurídica foram criados os órgãos responsáveis pela gestão da Fazenda e dos assuntos administrativos. A *Casa dos Contos* foi um deles e teve como função principal organizar e fiscalizar as receitas e despesas do Império Português.

Havia a mesma instituição em Lisboa, responsável pelas contas do Reino; a Casa do Contos de El' Rei, que tratava das contas da casa Real; e, com o avanço no ultramar, foram criadas as de Goa e do Brasil. Para cuidar especificamente sobre os assuntos coloniais, foi criado em 1642 o Conselho Ultramarino. Para ele ficava a função de fiscalizar o Brasil, a Índia, a Guiné, São Tomé e Cabo Verde no que diz respeito às questões fiscais, administrativas e jurídicas, com exceção das questões espirituais que se mantinham sob responsabilidade da Mesa da Consciência e Ordens.[76]

No século XVIII, mais especificamente durante a sua segunda metade, foram criadas as *secretarias* para centralizar as decisões administrativas régias. De acordo com Graça Salgado, esta centralização pôde ser mais visível na área da Fazenda com a criação do *Erário Régio,* mantedor da administração fazendária do Reino e do ultramar. As secretarias eram incumbidas de realizar toda a administração econômica do reino e das colônias e eram geridas por um inspetor-geral. No Brasil, elas eram divididas em contadorias gerais: a do Estado do Maranhão, que também era responsável pelas localidades que faziam parte da Relação da Bahia; e a do Rio de Janeiro, que abarcava todas as capitanias sob a sua jurisdição.

Todas estas instituições tinham como objetivo manter a correição, a justiça e a administração sobre as terras exploradas por Portugal, em solo luso e no ultramar. Com o avanço sobre as terras colonizadas, fez-se necessária a criação de mais cargos para que a monarquia lusa mantivesse o seu domínio e excluísse possíveis interesses divergentes. O impacto do achado aurífero na América Portuguesa, por exemplo, exigiu que a Coroa Lusa voltasse o seu olhar essencialmente para os mecanismos de correição e administração de sua principal colônia no momento. A cada década crescia o contingente de pessoas desejosas pelo metal preciso e pelas vantagens de ocupar cargos de prestígio social. Além disso, a produção agrícola em expansão para atender à população envolvida na extração mineral era outra preocupação Real.

---

[75] MELLO, Isabele de Matos P. Os ministros da justiça na América Portuguesa: ouvidores-gerais e juízes de fora na administração colonial. **Rev. Hist.** São Paulo, n. 171, p. 351-381, jul./dez., 2014. p. 356.

[76] SALGADO, Graça. *Idem*, p. 39-42.

Nuno Camarinhas, em sua investigação sobre a instalação do aparelho judicial português no Brasil, dividiu-a em duas fases: a primeira, no momento da chegada dos portugueses e estabelecimento no território, e a segunda, a partir da descoberta do ouro. No início, o objetivo era controlar as regiões principais e criar as ouvidorias de caráter mais amplo, pois a extensão de terras era grande e com pouca concentração populacional. Após o achado aurífero, instituíram-se as novas ouvidorias para atender a "um âmbito extremamente localizado e, ao mesmo tempo, uma missão bastante específica de manutenção da ordem e do funcionamento da extração e do envio da produção para a metrópole."[77] A exploração do metal precioso influenciou, sobretudo, na entrada dos magistrados no continente americano. A seguir, o mapa com os dados sobre o período em que as localidades receberam a magistratura durante os séculos XVII e XVIII.

Mapa 1 – Criação de magistraturas de natureza territorial durante os séculos XVII e XVIII

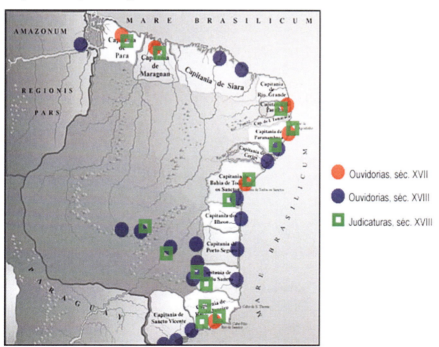

Fonte: CAMARINHAS, Nuno. **O aparelho judicial ultramarino português.** O caso do Brasil (1620- 1800). **Almanack Braziliense,** n. 9, maio 2009. p. 88

---
[77] CAMARINHAS, Nuno. *Idem*, p. 87.

A partir da análise do mapa acima, nota-se um aumento do número de ouvidorias na América Portuguesa durante o século XVIII. Na medida em que as regiões mineradoras e de produção agrícola abrigavam um contingente populacional em evolução, crescia, nas mesmas regiões, o percentual de cobrança de impostos e de contravenções às leis Reais. Consequentemente, fez-se necessária a presença mais acentuada da justiça, de forma a melhor fiscalizar o que se produzia nas terras e minas, bem como aplicar a justiça sobre os indivíduos que permaneciam nestas regiões.

Os "tentáculos" da Coroa deveriam se projetar sobre todas as suas possessões. O monarca era a cabeça e o centro das jurisdições das várias partes que compunham o corpo social, no reino e no ultramar. João Fragoso destaca também o papel da administração central, composta por representantes palacianos como o Conselho Ultramarino e o Tribunal da Fazenda, atuando acima dos demais poderes concorrentes na escala de hierarquia. Era a função da Coroa a regência soberana da *graça* e das mercês. A concessão de benesses tinha como objetivo oferecer o *dom* e receber em troca o *contradom*, revertido em fidelidade dos súditos para com o seu soberano. Seguindo a hierarquia, estava o poder local significado por meio das Câmaras Municipais, bem como outras agremiações: irmandades leigas, ordens terceiras, organizações de comerciantes e grupos de agricultores. E por fim, situava-se o poder doméstico, exemplificado a partir das práticas cotidianas da família nos lares, compostos por casais, laços consanguíneos ou não, agregados e cativos. Neste último poder, encontrava-se a produção da riqueza social. Nele, achavam-se as relações mais estreitas entre indivíduos de diferentes segmentos sociais; como exemplo, figuram-se os numerosos pedidos de provimentos régios e mercês enviados à Coroa, de Portugal e das suas colônias.[78]

Com o passar das décadas, o propósito de reproduzir de forma exata as mesmas instituições jurídico-administrativas na principal colônia portuguesa demonstrou-se dificultoso e inaplicável. Os oficiais que desembarcaram no Brasil não deixaram de estabelecer laços sociais, políticos e econômicos com os oficiais locais. Parte deles casavam-se com as filhas dos colonos, tinham relações com as indígenas e aceitavam suborno[79] das partes envolvidas nos litígios. Além disso, acumulavam funções que não eram de suas alçadas, tanto no nível local com os juízes de vintena e ordinários, quanto no geral, com os corregedores, ouvidores e juízes de fora.

---

[78] FRAGOSO, João. *Idem*, p. 54-55.
[79] ROMEIRO, Adriana. **Corrupção e Poder no Brasil:** uma História, Séculos XVI a XVIII. Autêntica, 2017.

Um exemplo da situação acima elencada foi o caso de Brás Fragoso, ouvidor geral atuante entre o período de 1549 a 1609, na Bahia. Ele acumulou trabalhos administrativos, burocráticos, fiscais e militares, exercendo a função de ouvidor-geral, provedor-mor e ainda liderava expedições militares contra os índios. Para Stuart Schwartz, a soma de todos estes cargos sobre os magistrados auxiliou na insuficiência da aplicação da justiça, uma vez que estes desviavam a atenção do desempenho de sua principal função: a correição[80]. Para os indivíduos que tinham interesse em auxiliar nesta empreitada foram cedidas mercês e privilégios duradouros. Entretanto, a implementação das funções administrativas e jurídicas para a execução das normas régias chocava-se, rotineiramente, com os interesses pessoais dos representantes régios.

Na monarquia portuguesa, assim como em outras monarquias do Antigo Regime, as noções de público e privado consubstanciavam-se. Devido a isso, mesmo que as legislações fossem claras, os seus limites não eram, fator que provocou mútuas ingerências e personalismos.[81] Estas características denotam e afirmam o pluralismo jurídico-administrativo que habitava o mesmo governo; pluralismo este marcado pela *periferização* do poder, resultante do modelo político corporativo, gerado pela abertura do direito às normas locais e costumeiras.

1.2 Histórico de ocupação da Vila Pitangui: as rivalidades gestadas

No ano de 1670, Pedro II, então rei de Portugal, enviou uma carta a Fernão Dias Paes Leme solicitando-lhe que liderasse a busca por pedras preciosas no Brasil. Em troca, o rei fornecer-lhe-ia mercês, títulos nobiliárquicos e terras onde encontrasse os metais. Inicialmente, Fernão Dias e seus subordinados não encontraram o que buscavam, apenas anos depois conseguiram esmeraldas no sertão[82] baiano. Com o falecimento do líder, Borba Gato, seu genro, continuou a busca e em suas mãos ficaram as pedras preciosas já angariadas. As esmeraldas seriam

---
[80] SCHWARTZ, Stuart B. *Idem*, p. 22-23.
[81] SALGADO, Graça. *Idem*, p. 19.
[82] De acordo com Cláudia Damasceno Fonseca, a origem do termo *sertão* está intimamente relacionada à empresa colonial. A palavra foi usada no começo da expansão marítima portuguesa, no início do século XV, para designar o interior colonial desconhecido, selvagem e mítico. *Sertão*, desta forma, se opunha ao termo *território*, ou seja, o primeiro termo tratava de locais com limites imprecisos e espaços vazios, a serem povoados. FONSECA, Cláudia Damasceno. **Arraiais e vilas d'el rei**: espaço e poder nas Minas setecentistas. Tradução de Maria Juliana Gambogi Teixeira. Belo Horizonte: Editora UFMG, 2011, p. 51-52.

enviadas ao rei para, em troca, obter a honraria de *marquês de Minas*. Entretanto, Dom Rodrigo de Castelo Branco desembarcou no Brasil e exigiu que Borba Gato lhe entregasse as pedras, a pedido do rei. Como não as entregou, foi travada longa briga que resultou na morte de Dom Rodrigo. Para fugir do crime que acabara de cometer, Borba Gato não retornou à São Paulo[83].

Borba Gato manteve as buscas durante 12 anos até que em 1698 encontrou ouro na região nomeada de *Sabará*. Em virtude disso, ele recebeu o perdão da Coroa pelo crime e recebeu o título de guarda-mor das minas, ficando encarregado de inspecionar todas as regiões mineradoras das Minas Gerais, bem como conceder as *datas* para os colonos que ali instalavam. As datas, pequenas porções de terra, eram concedidas pelo rei ou por seus representantes para que seus súditos realizassem a mineração. Elas eram menores que as sesmarias, possuíam "trinta varas de cinco palmos por diante do lugar em que a veia foi assinalada e outros trinta por detrás e quatro varas de largura para a direita e quatro para a esquerda." Entretanto, nas áreas de exploração das minas o critério adotado para a delimitação das datas foi de acordo com a força de trabalho, ou seja, proporcional ao contingente de escravos empregado nelas.[84]

A partir deste momento, também foram encontrados metais preciosos em outras regiões de Minas. A permanência das populações ao arredor dos locais de mineração resultou nos primeiros povoados, arraiais e vilas erigidas pela Coroa. A corrida em busca do ouro havia começado: milhares de pessoas vindas da metrópole e de outras regiões do Brasil se aventuraram sertões a dentro em busca de enriquecimento, privilégios, títulos e novas oportunidades econômicas. O poder régio não tardou a manifestar-se, criando os primeiros concelhos, vilas e dividindo as comarcas para melhor organização político-administrativa do território. A seguir, o mapa com o período de surgimento das primeiras vilas na Capitania de Minas Gerais.

---

[83] MESGRAVIS, Laima. **História do Brasil colônia.** 1.ed. São Paulo: Editora Contexto, 2015, p. 81. Coleção História na Universidade.

[84] ROMEIRO, Adriana; BOTELHO, Angela Vianna. **Dicionário histórico das Minas Gerais:** período colonial. 3.ed. – Belo Horizonte: Autêntica Editora, 2013, p. 130-131.

Mapa 2 – As primeiras vilas criadas em Minas Gerais

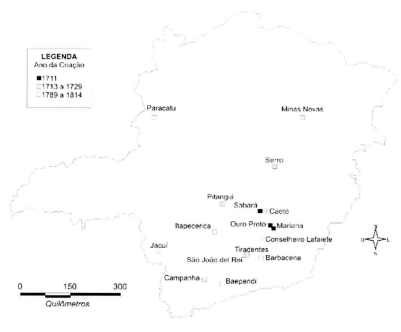

Fonte: CHAVES, Edneila Rodrigues. Criação de vilas em Minas Gerais no início do regime monárquico a região Norte. **VARIA HISTÓRIA**, Belo Horizonte, v. 29, n. 51, p. 817-845, set./dez. 2013, p. 827

No momento em que era autorizado o estabelecimento das vilas pela coroa portuguesa, os oficiais régios instalavam os órgãos administrativos e jurídicos: a Casa de Câmara e Cadeia e o Pelourinho. O intuito era controlar e fiscalizar a população que vivia no local e as pessoas que circulavam nestes espaços, de modo a garantir o seguimento das leis e dos "bons costumes" prezados pela Corte.

O histórico de ocupação da vila de Pitangui pertence a este contexto: momento de procura por mais fontes de riquezas que favorecessem a metrópole e de fixação dos reinóis nos territórios recém-descobertos. Com o avanço dos bandeirantes no interior do Brasil, os "sertões" passaram a ser ocupados. No caso de Pitangui, o estabelecimento no território começou no final do século XVII a partir do desbravamento do oeste mineiro, região cortada pelo rio São Francisco e rio da Prata.[85] Inicialmente, o achado

---
[85] ANDRADE, Francisco Eduardo de. Fronteira e instituição de capelas nas Minas: América Portuguesa. *In*: **América Latina en la Historia Económica**, n. 35, México, jan./jun. 2011, p. 280-281.

aurífero foi o fator que justificava o povoamento da região; entretanto, em seguida, as atividades agropastoris que vieram a se desenvolver tornaram-se igualmente importantes para alavancar a economia.

Pitangui, posteriormente conhecida como a "sétima vila do ouro das geraes", tem o nome de origem indígena *tupi*, que significa "de pele tenra, corado, vermelho"; ou como substantivo, "criança e rio, rio das pitangas", ou "rio das crianças". De acordo com Sílvio Gabriel Diniz, historiador que pesquisou sobre a origem e povoamento da localidade, a justificativa para este nome se dá em razão de no momento da chegada no local os bandeirantes terem avistado próximo ao rio várias mulheres indígenas e suas crianças. Ao perceberem a presença deles, as índias correram e deixaram as crianças para trás. Desta forma, teria assim ficado o nome do local.[86]

A *sétima vila do ouro* fazia parte do *sertão oeste mineiro*, que por sua vez inseria-se na macrorregião denominada Campo Grande, área com cerca de 860 km². Esta extensão de terras abarcava duas comarcas: a do Rio das Velhas, banhada pelo Rio São Francisco na qual Pitangui fazia parte, e a do Rio das Mortes, ao sul da capitania.[87] A vila de Pitangui localizava-se longe do poder metropolitano que se instalara nas Minas e foi inicialmente ocupada no final do século XVII.[88] Os primeiros colonizadores a se estabelecerem no local eram provenientes de São Paulo e Serra Acima, parte deles com participação na Guerra dos Emboabas: Bartolomeu Bueno da Silva, Domingos Rodrigues do Prado, Amador Bueno da Veiga e os irmãos Valentim Pedroso de Barros e Jerônimo Pedroso de Barros.[89]

A fixação na região de Pitangui se deu por volta de 1709. Os primeiros exploradores inicialmente mantiveram silêncio sobre o ouro e apenas nos anos de 1713 a 1717 o rei de Portugal recebeu a notícia da descoberta do metal na região.[90] A princípio, acreditava-se que estas minas seriam tão frutíferas quanto as de Vila Rica e Vila do Carmo. Depois dos primeiros anos de ocupação, tanto os moradores quanto os representantes régios

---

[86] DINIZ, Sílvio Gabriel. **Pesquisando a história de Pitangui**. Belo Horizonte: [s.n.], 1965, p. 20-23.

[87] AMANTINO, Márcia. **O mundo das feras:** os moradores do sertão oeste de Minas Gerais – século XVIII. 2001. Tese (Doutorado em História) – UFRJ, Rio de Janeiro, 2001, p. 285.

[88] ELLIS JÚNIOR, Alfredo. **O bandeirantismo paulista e o recuo do meridiano**. 3. ed., São Paulo: Nacional, 1938; VASCONCELOS, Diogo. **História média de Minas Gerais**. Belo Horizonte: Itatiaia, 1974.

[89] CUNHA, Vagner da Silva. As sedições de Pitangui (1709-1721). **Pitangui Colonial**: história e memória. Leandro Pena Catão (org.). Belo Horizonte: Crisálida, 2011, p. 85.

[90] CUNHA, Vagner da Silva. *Idem*, p. 86.

concluíram que elas não renderiam por muito tempo. A saída seria o investimento em outras atividades para manutenção da economia local, tais como a agropecuária e as manufaturas têxteis.

No ano de 1715, depois de duas petições por parte dos moradores, erigiu-se a vila de Nossa Senhora da Piedade de Pitangui. Os seguintes arraiais faziam parte do seu Termo: Onça, Santo Antônio do Rio de São João, Patafufo, Santana do Rio de São João Acima, Espírito Santo de Itapecerica, São Gonçalo do Pará, Nossa Senhora do Bom Despacho do Picão, Saúde, Dores do Indaiá, Conceição do Pará, Brumado e São Joanico.[91] No período de extração do ouro, estas localidades tinham como prioridade promover o abastecimento da população que se instalava nas minas.

Para além da questão do ouro e de produção de alimentos de primeira necessidade, Pitangui tornou-se importante para a Coroa por estar situada em um local estratégico: a entrada para o sertão oeste. O local era uma passagem obrigatória para os indivíduos que desejavam deslocar-se entre Minas e Goiás e um caminho para os tropeiros que levavam gado e outros produtos da Bahia para abastecimento das regiões mineradoras da capitania mineira. Em outras palavras, a vila desenvolvera-se como região de *fronteira*, um local com intenso trânsito de pessoas, de trocas comerciais, culturais e sociais.[92]

O estabelecimento dos paulistas na localidade não se deu de forma harmoniosa, muito pelo contrário, vários conflitos e disputas marcaram o processo de divisão de terras e minas entre os anos de 1710 e 1711.[93] Em 1714, membros da elite local como Bartolomeu Bueno da Silva, Domingos Rodrigues do Prado, Francisco Jorge da Silva e Jerônimo Pedroso de Barros seriam encarregados do governo de Pitangui, cuja designação fora realizada por D. Brás Baltazar da Silveira. Apesar das medidas que seriam tomadas pelo governo local, o controle da região demonstrou-se de difícil manutenção, muito devido a não aceitação do pagamento dos impostos referentes à extração aurífera por parte da população. Este foi o motivo principal que demandou a instalação do aparato jurídico-administrativo no local e a criação da vila.[94]

---

[91] CARRARA, Ângelo Alves. **Currais e Minas:** produção rural e mercado interno em Minas Gerais (1674-1807). Juiz de Fora: Editora UFJF, 2007, p. 321-323.

[92] Entendo o termo *fronteira* como Maria Fernanda Bicalho propõe: não apenas como uma região limitadora do espaço físico e geográfico, mas, principalmente, como local de diversos tratos entre os indivíduos, sejam eles econômicos, sociais e culturais. BICALHO, Maria Fernanda. **Sertão de estrelas:** a delimitação das latitudes e das fronteiras na América Portuguesa. Varia História, 1999, p. 81-82.

[93] ANASTASIA, Carla. Colonos de inaudita pretensão: os motins de Pitangui. **Pitangui Colonial**: história e memória. Leandro Pena Catão (org.). Belo Horizonte: Crisálida, 2011, p. 52-53.

[94] ANASTASIA, Carla. **Vassalos Rebeldes:** violência coletiva nas Minas na primeira metade do século XVIII. Belo Horizonte: C/ Arte, 1998, p. 88-89.

Assim, no dia 9 de junho de 1715 foi erigida em Pitangui a primeira Câmara, concomitante à elevação do povoado à condição de vila. Manuel de Souza Coutinho foi eleito como o primeiro escrivão da Câmara, exercendo, também, o cargo de almotacés; e Luís de Sousa ficou incumbido do tabelionato do público judicial. Diferentemente dos outros locais de mineração, um único tabelião realizava o exercício do judicial e o de notas. Além de realizar o trabalho de escrivão camarário, exercia, igualmente, o ofício de escrivão dos órfãos. Os primeiros ocupantes dos cargos públicos foram os paulistas, grupo ao qual a Coroa Portuguesa pretendia reafirmar sua autoridade exigindo tacitamente obediência ao atribuir-lhes funções jurídico-administrativas. De acordo com Francisco Eduardo de Andrade, a Câmara de São Paulo gerenciava e fiscalizava as decisões concernentes às regiões povoadas pelos paulistas.[95] O desejo dos paulistas não era apenas o reconhecimento material, como terras minerais e ouro, mas também títulos e mercês cedidos pelo rei.

Anterior ao ano de fundação, existia em Pitangui um grupo responsável pelos assuntos camarários, liderado por Antônio Pires de Ávila. Ainda em junho de 1715, houve a eleição dos juízes, procuradores e vereadores para atuar na localidade. Apesar do cargo de capitão-mor não ter sido criado naquele momento, Domingos Rodrigues do Prado, o famoso revoltoso, o ocupou em dezembro do mesmo ano. Além dele, nos cinco anos subsequentes, outros paulistas dominariam o cenário político da vila, tais como Fernando Dias Falcão e Lourenço Franco do Prado, que exerceram a função de juízes ordinários; Bartolomeu Bueno da Silva, Francisco Jorge da Silva, Jerônimo Pedroso de Barros, Antônio Rodrigues Velho, Antônio Leme do Prado, José de Campos Bicudo, Miguel de Faria Sodré e José Rodrigues Betim, sendo que os cinco últimos citados participaram ativamente de motins que ocorreram na região, ao lado do Conde de Assumar, como o motim contra estanco de aguardente em Pitangui, ocorrido em 1719.[96]

Atuar em alguma função nas câmaras municipais conferia aos indivíduos prestígio social, político e econômico, não apenas pelas relações que obrigatoriamente deveriam manter com os seus pares, mas, principalmente, pelas inesgotáveis possibilidades de trato com diferentes estamentos sociais

---

[95] ANDRADE, Francisco Eduardo. A vila na rota do sertão: Pitangui, século XVIII. CHAVES, Cláudia Maria das Graças; GONÇALVES, Andréa Lisly; VENÂNCIO, Renato Pinto. **Administrando impérios:** Portugal e Brasil nos séculos XVIII e XIX. Editora UFOP, Ouro Preto, 2010.
[96] BARBOSA, Faber Clayton. **Pitangui entre Impérios:** Conquistas e partidos de poder nos sertões Oeste das Minas Gerais, 1720-1765. 2015. Dissertação (Mestrado em História) – Universidade Federal de Ouro Preto, Ouro Preto, 2015, p. 61.

na vida cotidiana. Em relação a isso, os representantes régios carregavam e alimentavam amizades e antipatias, afeições e rivalidades, permitindo, desta forma, a existência de uma administração e aplicação de justiça subjetiva. Vale lembrar que, antes de desempenharem as atividades públicas em foco, eles possuíam posicionamentos políticos, redes clientelares e sociais próprias que nem sempre iam ao encontro dos interesses coletivos e da Coroa.

Em se tratando de sociedades de Antigo Regime, como já mencionei, o público e o privado se confundiam e o espaço político era composto por um emaranhado de relações pessoais. Em razão disso, o direito oficial e a administração pública partilham o universo normativo com outras ordens morais, como a econômica e a eclesiástica. Com isso, normas informais incidiam, estruturavam e condicionavam o aparelho administrativo e jurídico. Estas outras instâncias de poder arquitetaram o modo de agir e de pensar dos indivíduos, influenciando as práticas sociais costumeiras.[97] O cenário social e político da vila de Pitangui constituiu-se desta forma, com indivíduos conscientes de suas vontades particulares, – ou seja, independentes das ordens régias – inventores e reinventores de seus direitos de conquista e exploração da região.

A permanência e manutenção do poder na vila de Pitangui, assim como nas demais regiões de exploração mineral na Capitania de Minas, estruturou-se como fruto do direito de conquista português. Os paulistas demonstraram-se em desacordo com as normas trazidas pelos representantes da Coroa e afirmavam que a prioridade para exploração e administração da região seria deles, por terem sido os primeiros a chegar na região. Questionaram os direitos régios sobre o destino das riquezas retiradas da terra, sobre a forma como a arrecadação de impostos era feita, e sobre a ocupação de cargos e patentes militares, afirmando que a coleta dos tributos – do quinto principalmente - deveria ser feita pelos descobridores. Além disso, reforçaram que o direito de divisão das datas e terras minerais deveria ser prerrogativa deles, pois apenas eles sabiam do cotidiano nas minas e do seu entorno e, desta forma, teriam prioridade para contornar quaisquer conflitos com a população.[98]

As reivindicações feitas pelos paulistas objetivavam ao reconhecimento do direito de conquista perante o rei e toda Corte. Desejavam não apenas o poder político sobre a localidade, mas, especialmente, sobre as questões

---

[97] •HESPANHA, António Manuel; XAVIER, Ângela Barreto. As redes clientelares. (coord.). MATTOSO, José. **História de Portugal...**, p. 339.

[98] ROMEIRO, Adriana. Pitangui em chamas: rebeldia e cultura política no século XVIII. **Pitangui Colonial**: história e memória. Leandro Pena Catão (org.). Belo Horizonte: Crisálida, 2011, p. 39-40.

jurídicas. Como os pedidos enviados à Coroa foram negados, o sentimento de revolta envolveu os descobridores e originou diversos conflitos com os representantes Reais. Os paulistas negaram-se a seguir as ordens metropolitanas, a pagar o quinto e, além disso, desejaram isolar-se politicamente da capitania de Minas, abrindo uma rota para ligar o arraial à vila de São Paulo, com o objetivo de colocá-lo sob jurisdição da comarca de mesmo nome.[99]

Vários motins ocorreram durante os primeiros anos de ocupação da região de Pitangui. De um lado, os paulistas, ainda receosos e desgostosos diante do resultado da Guerra dos Emboabas, exigindo a administração da nova localidade; de outro, os reinóis, implacáveis diante da postura austera dos paulistas, da tentativa de cisão política e geográfica de Pitangui e do não pagamento do quinto. Para contrabalancear o clima hostil, o Conde de Assumar nomeou Manoel Dias da Silva ao posto de capitão-mor da localidade, nome escolhido pelos potentados locais, e retirou João Lobo de Macedo, que havia sido eleito ao cargo pelo governador. De acordo com Adriana Romeiro, esta foi a tática utilizada por Assumar em resposta à pressão sofrida por ele e pelos demais representantes régios diante das retaliações sofridas. Para acrescentar um elemento de dissensão diante da Coroa, havia a figura de Domingos Rodrigues do Prado, que exigia ser chamado de monarca por todos que estavam abaixo de si na sociedade de Pitangui, negando qualquer intervenção da Coroa.[100]

A população que acompanhava a todos estes conflitos apoiou os potentados locais, pois viam neles representantes de seus direitos e pessoas de maior confiança, uma vez que eram os líderes locais paulistas que conviviam com os habitantes e sabiam de suas principais demandas cotidianas. Nesse sentido, o poder dos paulistas crescia e constituía-se como resistência frente ao poder régio. Figuraram-se como uma soberania fragmentada e independente, onde o poder concentrava-se nas mãos dos indivíduos que habitavam a região e não nas dos representantes metropolitanos, que eram alheios às necessidades dos primeiros.[101] Em suma, o que estava envolvido não era apenas a questão econômica, como distribuição das datas, terras minerais, sesmarias e escravos, mas, sobretudo, a questão da honra dos que ali instalaram-se. Com o sentimento de revanche alimentado durante anos, os paulistas não abririam mão de suas prerrogativas.

---

[99] ROMEIRO, Adriana. *Idem*, p. 41.
[100] ROMEIRO, Adriana. *Idem*, p. 43.
[101] ANASTASIA, Carla. **Vassalos Rebeldes**... p. 90-91.

Como forma de resistir às imposições Reais, parte dos paulistas e dos habitantes de Pitangui despovoaram a região durante as primeiras décadas, deixando as lavras e terras cultiváveis abandonadas. Esta atitude pareceria um recado à Coroa, já que era melhor abrir mão de algo conquistado do que seguir ordens injustas. Após a retirada do local, os revoltosos seguiram para outras regiões a serem povoadas.[102] Os que permaneceram em Pitangui continuaram com uma postura rígida frente aos mandos e desmandos metropolitanos. Vários motins foram realizados, o que resultou em várias mortes e feridos, de ambos os lados. Como exemplo da não aceitação das normas impostas, Valentim Pedroso, responsável pelo recolhimento do quinto na localidade, foi assassinado, assim como parte de seus familiares. Além das mortes, Jerônimo Pedroso, irmão de Valentim e então juiz ordinário da vila foi gravemente ferido.[103]

De acordo com Adriana Romeiro, os motins de Pitangui tiveram caráter mais radical que a Guerra dos Emboabas por três variáveis:

> Em primeiro lugar, a experiência da derrota sofrida nas mãos dos emboabas, e, depois, consolidada pela atuação de Antônio de Albuquerque, conduziria naturalmente a um espírito de revanche, conformando uma reação política mais exasperada. Em segundo lugar, o fato de que as dimensões mais reduzidas do arraial – e depois vila – favoreciam um confronto direto com as autoridades locais, ao contrário do que havia se passado na luta contra os emboabas, na qual a superioridade destes, na maioria dos povoados e arraiais, desempenhou um papel decisivo na fraca resistência paulista. E, por fim, a presença quase maciça de paulistas, os responsáveis pela descoberta do ouro na região, concorreu para formar uma coalizão mais homogênea e cerrada, capaz de fazer frente ao avanço do poder metropolitano.[104]

Para coibir as decisões da Coroa, Domingos Rodrigues do Prado, como já mencionei, encabeçou as decisões concernentes à Pitangui. Além dele, o Senado da Câmara mostrou-se rígido diante das ordens recebidas de Portugal. Apenas em 1717, com a saída de Domingos do Prado à São Paulo, o Conde de Assumar sentiu-se mais confiante para fortalecer o poder luso sobre a vila e regulamentar a cobrança dos impostos. As primeiras medidas adotadas por ele seriam a nomeação de um novo Provedor dos quintos do ouro e do novo interventor, Brigadeiro João Lobo de Macedo.[105]

---

[102] ROMEIRO, Adriana. *Idem*, p. 44.
[103] ANASTASIA, Carla. **Colonos de inaudita pretensão**..., p. 55.
[104] ROMEIRO, Adriana. *Ibidem*, p. 44.
[105] BARBOSA, Faber Clayton. *Ibidem*, p. 46.

Assumar enviou diversas recomendações para que o Brigadeiro, no momento de chegada na Sétima Vila do Ouro, se precavesse de mais prejuízos e desordens. Indicou que João Lobo se apresentasse ao Senado da Câmara com a patente que lhe concedia permissão para auxiliar nos assuntos jurídicos da localidade e de seus arraiais. Tal recomendação assinalava, igualmente, a necessidade do Brigadeiro em elogiar os paulistas e demais potentados locais no que concerne aos bons serviços prestados à Majestade nas Minas. Além disso, alertava ao novo interventor sobre a urgência de controle sobre os moradores daquela região, pois estes eram demasiadamente "indolentes"; mas este controle deveria ser feito com cuidado, pois como é sabido, "os paulistas são naturalmente temerosos" e que muito "facilmente se receiam de qualquer coisa e por isso é necessário desassombrá-los".[106]

Prosseguindo com o intuito de apaziguar o clima em Pitangui, o governador concedeu perdão aos líderes revoltosos e aos criminosos, amenizando as taxas dos impostos e concedendo patentes militares e títulos nobiliárquicos aos potentados locais. Com isso, Assumar tentou estreitar as relações e fazer com que os paulistas aceitassem o controle da localidade pelos representantes régios. Alianças também não foram descartadas, afinal, o governador já esperava certa resistência por parte dos poderosos locais em relação às novas medidas trazidas pelos representantes metropolitanos. Um exemplo disso foi a tentativa de aproximação de Assumar junto a José Rodrigues Betim, então liderança local, como forma de melhorar a aceitação de Brigadeiro João Lobo de Macedo frente aos líderes locais.

Além de Betim, Francisco Bueno de Camargo, genro de José Rodrigues Betim, José dos Campos Bicudo, e seu sogro, o juiz ordinário Antônio Rodrigues Velho, José Ferraz de Araújo, Miguel de Faria Sodré, Manoel Dias da Silva e Diogo da Costa Fonseca foram outros indivíduos dos quais o governador das Minas tentaria aproximar-se. De acordo com Sílvio Gabriel Diniz, Assumar também manteve contato com Suplício Pedroso Xavier e Bartolomeu Bueno Calhamares, indivíduos que aderiram aos motins liderados por Domingos Rodrigues do Prado.[107]

O governador das Minas enviou cartas endereçadas a Betim e a Gaspar Barreto, outra liderança da vila de Pitangui, na qual foi bem enfático: queria o apoio dos homens importantes da vila para controlar

---

[106] CUNHA, Vagner da Silva. **A "Rochela" das Minas do Ouro?** Paulistas na Vila de Pitangui (1709-1721). 2009. Dissertação (Mestrado em História) – Universidade Federal de Minas Gerais, Minas Gerais, 2009, 61-62.

[107] DINIZ, Silvio Gabriel. **Pesquisando a história de Pitangui.** Belo Horizonte, Edição Comemorativa do 250º aniversário de Pitangui. 1965, p. 72-82.

a petulância da população. Como troca, Assumar solicitaria à Coroa diversas mercês para aqueles que o auxiliasse. Nas correspondências emitidas a Barreto no ano de 1718, foram citados os nomes de outros importantes povoadores da região como: Lourenço Franco do Prado, vereador em Pitangui em 1718, Júlio César Moreira, Antônio Leme do Prado, seu genro Manoel Preto Rodrigues, Miguel de Faria Sodré, além de Luís Alves Colaça, Antônio Ribeiro da Silva, esses dois últimos, genros de José Rodrigues Betim.[108]

Ao localizar os primeiros povoadores da região de Pitangui, percebi que estes indivíduos compartilhavam algumas semelhanças. Uma delas é a naturalidade, já que grande parte do contingente era proveniente de vilas e arraiais de São Paulo ou eram descendentes de pessoas procedentes daquela região. Manoel Preto Rodrigues, por exemplo, era descendente de Manoel Preto, conhecido pelos ataques aos jesuítas do Guairá, no sul da América Ibérica no início século XVII; e Manoel, por sua vez, descendia de Antônio Preto, morador de São Paulo na década de 1580, aportando na América junto de Diogo Flores Valdès. José Rodrigues Betim, também paulista, descendia de Geraldo Betting (Betim), morador de São Paulo do Piratininga no começo do século XVII. Junto a estes nomes, somava-se Miguel de Faria Sodré, conhecido do mesmo Antônio Preto, sobrinho do Padre Faria e parente próximo de José da Silva Ortiz, Bartolomeu Paes e Bento Paes da Silva, principais nomes nas descobertas das minas de Goiás, junto a Bartolomeu Bueno da Silva.[109]

Além destes indivíduos, os sobrenomes Camargo, Furquim, Velho e Pires também são frequentes ao se realizar pesquisa sobre a entrada dos colonizadores na região. Francisco Bueno de Camargo era neto do castelhano José Ortiz de Camargo; Luis Furquim e Estevão Furquim Camargo eram membros da família Furquim, descendentes de Cláudio Furquim, natural da França; Antônio Rodrigues Velho, nascido na vila de Curitiba, era filho de Garcia Rodrigues Velho, procedente de Paranaguá, localizada ao sul da Capitania de São Vicente. Garcia era irmão de Maria Garcia Betim, casada com Fernão Dias Paes. O pai dele era irmão de José Rodrigues Betim, eleito pelo Conde de Assumar como capitão-mor da vila de Pitangui. Os Pires, família tradicional de origem paulista, foram os fundadores da vila de Taubaté após conflitos em São Paulo.

---

[108] BARBOSA, Faber Clayton. *Idem*, p. 48.
[109] BARBOSA, Faber Clayton. *Idem*, p. 49.

Estes indivíduos se tornaram grandes rivais durante o século XVIII, reverberando, inclusive, nas clivagens em Pitangui, pois foram os mesmos que povoaram a região: taubateanos e paulistas. Domingos Rodrigues do Prado, um dos maiores rebeldes da vila era de Taubaté, casado com Felipa de Siqueira e Albuquerque Camargo.[110] Ao pesquisar as tramas políticas na vila de Pitangui, Faber Clayton Barbosa destaca que a ocupação da região se deu como resultante de acontecimentos relacionados às guerras pelo poder em São Paulo e nos territórios adjacentes. Outro fator fundamental que incidiu sobre o povoamento da vila foi o antagonismo entre portugueses e *castelhanos*. Esse antagonismo desencadeou diversos conflitos durante as primeiras décadas de povoamento da vila e em outras regiões colonizadas por estes povos durante o século XVIII. Os limites fluidos e imprecisos das possessões demonstraram-se como pontos centrais das divergências ocorridas entre os ibéricos; um exemplo disso são os choques pela posse do rio da Prata e da colônia de Sacramento. Deste modo, as dissidências gestadas durante o período de união ibérica refletiram, inclusive, na constituição do cenário político nas regiões mais afastadas dos domínios luso e espanhol.[111]

Os homens que apoiaram a Coroa em Pitangui eram oriundos do planalto paulista e auxiliaram-na contra os motins ocorridos na vila desde as primeiras décadas de seu povoamento. Como agradecimento, o rei concedeu a estes homens diversas mercês e cargos na Câmara da vila. Miguel de Faria Sodré, Manoel Preto Rodrigues e Antônio Rodrigues Velho foram alguns dos indivíduos que fizeram alianças para ajudar a Coroa no controle dos conflitos. Para consagrar estas alianças, surgiram casamentos entre as famílias para a manutenção do poder, como foi o caso de Gertrudes de Campos, filha de Antônio Velho, que se enlaçou com capitão-mor João Veloso de Carvalho e, após a morte deste, casou-se com o capitão-mor João Pedro de Carvalho.[112]

Os casamentos, acordos e solicitações de mercês junto à Coroa sugerem a intenção dos colonizadores da vila de Pitangui de governarem a região e garantirem a manutenção do status quo a partir de seus familiares e descendentes. Configurava-se assim uma nobreza da terra, criada a partir das redes de famílias e agregados. Estes sujeitos buscavam privilégios e transmissão de patrimônio, material e imaterial: material, em relação ao

---

[110] BARBOSA, Faber Clayton. *Idem*, p. 50.
[111] BARBOSA, Faber Clayton. *Idem*, p. 57.
[112] AHP, Inventário de Dona Gertrudes de Campos, Cx. 023, Doc. 004, 1790, p. 43.

acúmulo de capital, bens móveis e imóveis, animais e cativos; imaterial, em relação ao prestígio social e a conservação do nome da família, ou seja, o poder simbólico.[113]

De acordo com os dados levantados por Faber Barbosa, em ações de alma como fontes primárias, de 1720 até 1760, Antônio Rodrigues Velho, José Rodrigues Betim, Lourenço Franco do Prado, Manoel Preto Rodrigues, Miguel de Faria Sodré, Francisco Leite de Faria e João de Morais Navarro foram os paulistas que ocuparam os cargos de juízes ordinários e vereadores na vila de Pitangui. Os dois últimos eram descentes diretos de Miguel de Faria Sodré e Manoel Preto Rodrigues.[114] Outras fontes que atestam a política dos entrelaçamentos familiares na governança de Pitangui são os requerimentos de mercês enviados à Coroa durante todo o século XVIII. João Veloso de Carvalho, citado anteriormente como genro de Antônio Velho, recebeu de Dom João V o cargo de Capitão-mor das Ordenanças da vila de Pitangui no ano de 1733, como consta a seguir:

> Dom João por graça de Deus Rei de Portugal e dos Algarves de quem é d'além mar em África Senhor de Guiné e da conquista navegação comércio de Etiópia Arábia Pérsia e da Índia. Faço saber aos que esta minha carta patente virem que tendo respeito a João Velho de Carvalho se achar provido por Dom Lourenço de Almeida governador e capitão-general que foi da Capitania das Minas no posto de capitão-mor das ordenanças da vila de Nossa Senhora da Piedade de Pitangui que vagou por ausência de Miguel de Araújo Velho que o exercia atendendo ao dito João Veloso de Carvalho se achar com merecimento e mais requisitos para bem exercitar o dito posto e ser das principais pessoas daquela vila. E por esperar dele que em tudo o de que forem encarregado do meu serviço se haverá com satisfação, conforme a confiança que faço de sua pessoa. Hei por bem fazer-lhe mercê de o nomear, como por esta nomeio no dito posto de Capitão-mor das Ordenações da vila de Nossa Senhora da Piedade de Pitangui que vagou por ausência de Miguel de Araújo Velho que exercia, em que o proveu Dom Lourenço de Almeida governador e capitão-general que foi da Capitania das Minas, para que sirva por tempo de três anos, no fim dos quais se lhe tirará residência, com qual posto não haverá soldo algum de minha fazenda, mas gozará de todas as honras privilégios e liberdades, isenções e franquezas que em razão dele lhes pertencerem. Pelo que

---
[113] BOURDIEU, Pierre. **O poder simbólico**. Tradução de Fernando Tomaz. Editora Bertrand Brasil. 1989.
[114] BARBOSA, Faber Clayton. *Idem*, p. 103.

mando ao meu governador e capitão-general da Capitania das Minas conheça ao dito João Veloso de Carvalho por capitão das ordenações da dita vila, e como tal o honre e estime, deixe servir e exercitar debaixo da mesma posse e juramento que se lhe deu quando nele entrou, e aos oficiais e soldados da dita vila ordeno também que em tudo lhe obedeçam e cumpram suas ordens por escrito e de palavra como devem e são obrigados; e por firmeza por despacho do Conselho Ultramarino de outubro de mil setecentos e trinta e três.[115]

Em documentos posteriores à nomeação de João Veloso de Carvalho ao cargo, é possível ver a presença deste sujeito atuando na Câmara juntamente a Antônio Rodrigues Velho, Miguel de Faria Sodré, Francisco Ferreira da Silva, Miguel de Faria Morato e Antônio Rodrigues Nogueira. Juntos, em 3 de março de 1734 no Senado, assinaram uma certidão confirmando o registro publicado por Dom João V, na qual o rei proibia a abertura de novos caminhos para as Minas onde já houvesse arrecadação da Fazenda Real.[116] É importante ressaltar que todos estes sujeitos legaram a seus descendentes cargos na Câmara da vila de Pitangui.

A partir da segunda década dos setecentos, com o parcial resfriamento dos conflitos entre os grupos paulistas na vila, intensificaram-se as rivalidades entre os partidários lusos e castelhanos.[117] Tanto do lado português, quanto do espanhol, predominavam grupos compostos de familiares e parentes próximos, perpetuando as relações de *dom e contra dom* e as redes clientelares. Estas relações interferiram, igualmente, na ocupação das regiões que vieram posteriormente a ser chamadas de Goiás e Cuiabá, também povoadas em virtude do achado aurífero. Ou seja, estes tratos repercutiram na configuração política, social e econômica não apenas da vila de Pitangui e da capitania de Minas Gerais, mas de toda a América Portuguesa.[118]

No tocante à rivalidade entre portugueses e castelhanos na vila de Pitangui durante o século XVIII, nota-se a presença de um poder eclesiástico atuante. Um dos atores principais nestes conflitos foi o vigário encomendado

---

[115] AHU - Projeto Resgate - Minas Gerais (1680-1832). Carta patente incompleta de Dom João V, nomeando João Veloso de Carvalho ao posto de capitão-mor das ordenanças da vila de Nossa Senhora da Piedade de Pitangui. 1733. Cx 25/Dc 58.

[116] AHU –Projeto Resgate - Minas Gerais (1680-1832). Certidão dos oficiais da Câmara da vila de Pitangui confirmando o registro e publicação da lei pela qual Dom João V proíbe a abertura de novos caminhos ou picadas para as Minas, onde já houver a arrecadação da Fazenda Real. 1734. Cx26/Dc 09.

[117] ANDRADE, Francisco Eduardo de. **A invenção das Minas Gerais:** empresas, descobrimentos e entrada nos sertões do ouro da América portuguesa. Belo Horizonte: Autêntica Editora, 2008.p. 172. (Coleção Historiografia de Minas Gerais. Série Universidade).

[118] BARBOSA, Faber Clayton. *Idem,* p. 58.

Caetano Mendes de Proença, natural de Portugal, que se destacou por se manter contra os princípios definidos pela Coroa em relação à cobrança do quinto do ouro. Além disso, o mesmo padre auxiliou o grupo dos castelhanos ao lado do Capitão-mor Antônio Dias Teixeira das Neves contra os lusos. Ambos os sujeitos foram responsáveis por aguçar grandes desordens e amotinações na região.[119]

Dia 23 de maio de 1766 foi feita uma certidão das cartas e ordens acerca dos abusos e problemas que o vigário Caetano e Antônio Dias estavam causando, há tempos, na vila de Pitangui. Nela, o desembargador Manoel da Fonseca Brandão, junto com o Conde de Bobadela, alertaram a Coroa sobre os dois indivíduos, descrevendo a situação da seguinte forma:

> [...] os abusos, procedimentos e insultos com que o Reverendo Caetano Mendes da Proença, vigário da vara, e Antônio Dias Teixeira das Neves, Capitão-mor da dita vila, e outros seus aderentes têm perturbado o sossego público dos habitantes daquela vila e seus respectivos distritos, matando, ferindo e soltando da cadeia os presos que lhes pareçam sem temor de Deus e da justiça; e porque os referidos insultos sendo verificados como foram expostos devem ser punidos com castigos exemplares, e que façais cessar o escândalo que tem causado e o mesmo Senhor servido mandar-me em carta firmar a da sua Real a vinte e quatro de outubro do ano próximo.
> [...] São públicos nesta vila muitos homicídios, ferimentos, pancadas e semelhantes delitos em que em por mandato ou por conselho do dito reverendo vigário da vara se tem por muitas vezes visto totalmente ultrajado todo o respeito da justiça e alterada a aquietação e por pública sem punição dos réus [...], não havendo sagrado que a sua arrogante temeridade não faça ser declarado no termo e violência com que ameaça e castiga a uns e outros oficiais do público.[120]

Neste documento, os oficiais responsáveis pelo governo da capitania de Minas Gerais pedem ao poder régio que seja criada uma devassa para a investigação de todos os delitos feitos a mando dos dois sujeitos. Como testemunha da certidão estava Cláudio Manoel da Costa, advogado no

---

[119] BARBOSA, Faber Clayton. Idem, p. 103.
[120] AHU – Projeto Resgate - Minas Gerais (1680-1832). Certidão das várias cartas e ordens acerca dos abusos e insultos com que o reverendo Caetano Mendes da Proença, vigário da vara e o capitão-mor da vila, Antônio Dias das Neves e demais aderentes têm perturbado o sossego público dos habitantes da mesma vila. Cx 87/Dc 100, p. 3/Verso.

momento. Além disso, havia duas listas, um dos indivíduos que eram do partido castelhano, outra dos portugueses. Desta certidão foi aprovada a devassa levantada sobre os réus e a investigação ocorrera no mesmo ano.

A função prioritária dada pela Coroa aos clérigos em auxiliar a boa ordem, a moralidade e os bons costumes tornou-se comprometida diante dos interesses pessoais existentes. A influência do segmento eclesiástico na sociedade colonial pode ser notada por meio dos interesses políticos e administrativos dos capelães e párocos também em regiões mineradoras da Capitania de Minas Gerais. Em relação à cobrança dos impostos, os religiosos ganharam a fama de grandes extraviadores de ouro e sonegadores. Essa percepção em relação aos religiosos nas Minas Gerais possivelmente contribuiu para a visão de que o clero extorquia os fiéis com taxas e emolumentos abusivos. Com isso, torna-se claro que estes indivíduos buscavam, para além do poder espiritual sobre os fiéis, a garantia da estabilidade econômica e política em sociedade.[121]

Cláudia Damasceno Fonseca ressalta que os assuntos concernentes à religião, à construção dos templos e à parcial remuneração dos funcionários eclesiásticos eram encargos da Igreja Católica, não da Coroa. Os vigários encomendados, tidos como temporários e que posteriormente seriam substituídos pelos vigários colados, ou seja, pelos permanentes, não recebiam côngruas do Rei. Apenas os que eram designados pela Coroa recebiam os benefícios. De acordo com as Constituições Primeiras do Arcebispado da Bahia, os bispos possuíam a autonomia de decidir sobre os párocos encomendados que exerceriam funções nas freguesias coladas, em situações em que o vigário colado estivesse doente, ausente ou em virtude de falecimento deste. Fonseca destaca, ainda, que os padres encomendados exerciam funções em paróquias que não recebiam vigários permanentes ou colados, como foi o caso das Minas, que em 1778 das 102 freguesias apenas 52 possuíam vigários colados.[122]

A falta de vigários permanentes nomeados pelo Rei resultou na criação de paróquias sustentadas pelos próprios leigos, a partir das cobranças dos dízimos e serviços religiosos em geral. Além dos assuntos vinculados à ordem da fé, os eclesiásticos envolveram-se em diversos tratos sociais

---

[121] MILAGRE, Marcela Soares. **Entre a bolsa e o púlpito: eclesiásticos e homens do século nas Minas de Pitangui (1745-1793). 2011.** Dissertação (Mestrado em História) – Universidade Federal de São João Del – Rei, Minas Gerais. Departamento de Ciências Sociais, Política e Jurídicas. 2011.

[122] FONSECA, Cláudia Damasceno. **Arraiais e vilas d´el rei: espaço e poder nas Minas setecentista.** Trad. Maria Juliana Gambogi Teixiera, Cláudia Damasceno Fonseca Belo Horizonte: Editora UFMG, 2011, p. 70-120.

e econômicos nas Minas Gerais, como foi o caso dos vigários da vila de Pitangui, demonstrado a partir das ações de alma e de crédito registradas na Câmara.[123] O próprio padre Caetano Mendes, durante os anos de 1749 a 1763, esteve presente em 10 ações, que envolviam empréstimos ou dívidas de valores. Na maioria delas ele era usurário, emprestando dinheiro a juros a pessoas de diferentes segmentos sociais, como forros, capitães e outros padres.[124] Além de cativos e ouro, o vigário Caetano possuiu bens imóveis na vila de Pitangui. Solicitou a confirmação da sesmaria na paragem do Ribeiro das Arcas, Termo da mesma vila, por meio de requerimento enviado a Dom José no dia 26 de junho de 1766.

Outros representantes do segmento eclesiástico tornaram-se figuras principais na política local de Pitangui durante o setecentos. Simão da Silveira, também vigário encomendado, foi descrito pela população como *pessoa de gênio forte* e promotor de várias discórdias entre os moradores da vila. De acordo com os seus contemporâneos, ele envolvia-se nos assuntos políticos referentes à localidade de forma totalmente parcial, influenciando a justiça secular e a eclesiástica. Os conflitos protagonizados pelo vigário começaram ainda nos primeiros anos em que fora para a região, de acordo com a carta de José Antônio Forte de Magalhães, juiz ordinário da vila de Pitangui em 1745, enviada ao rei:

> Senhor, aos reses ouvidos de *Vossa Majestade* expõem o juiz ordinário da *vila* de Pitangui, Comarca do Sabará José *Antônio* Forte de Magalhães a consternação em *que* se acham os moradores dela, pelo ânimo ferino do seu *Reverendo* Vigário o *Doutor* Simão da *Silveira que* também o é da Vara do mesmo distrito; pois devendo este como pastor conciliar as inimizades *que* entre os seus *filhos* espirituais houvessem, como lhe advertem os Sagrados Cânones e mais *diante de Deus*; o fez *pelo* contrário, que ele é a causa e motor de toda a discórdia *que* este povo padece, há mais de dois anos e continuará se a Real piedade de *Vossa Majestade* lhe não der providencia.[125]

Na sequência do manuscrito, o juiz ordinário ressalta à Coroa que Simão era famoso por sua postura excessiva também em outras localidades que trabalhara, como em Vila Rica do Ouro Preto. As queixas maiores envol-

---

[123] MILAGRE, Marcela Soares. Idem, p. 32-34.
[124] MILAGRE, Marcela Soares. Idem, p. 95-97.
[125] AHU –Projeto Resgate - Minas Gerais (1680-1832). Carta de José Antonio Forte de Magalhães, juiz ordinário da vila de Pitangui, queixando-se do mal estar que havia entre os moradores da vila e o vigário Simão da Silveira. 1745, Cx45/Dc 85, p. 1. grifos meus.

viam excomunhões e prisões injustas de *pessoas nobres e honestas*, como foi o caso de Dona Thereza de Jesus, viúva do Sargento-mor Francisco Nogueira. Neste caso, o vigário Simão encomendou a prisão da mulher em menos de 15 dias após a morte do marido, com a justificativa de que ela não possuía bens para pagar os trâmites do enterro. Em resposta a esta situação, dada como injusta pelo juiz ordinário da vila, este avisou à Coroa que a soltasse e pedia ao rei a permissão para assim fazer, pois a viúva permanecia em constantes abusos e ameaças feitas pelo padre. O capitão-mor descreveu Simão como *causador de vexames e ambicioso, tal como lobo faminto que quer tirar a pele de suas ovelhas.*[126]

A rejeição de Simão chegou ao ponto de alguns indivíduos invadirem sua morada na noite do dia 21 de julho de 1741 para agredi-lo. Por sorte do vigário, ele não se encontrava no local. Parte dos revoltosos que reclamava da postura do pároco se intitulava como *portugueses*. Ao invadirem a casa, ressaltaram que a outra parte dos indivíduos que os acompanhava era *castelhana* e taxara-os de forma pejorativa por debandarem no meio do ato.[127] Nota-se a referência às rivalidades ibéricas no seio da vila de Pitangui também por parte da população em geral, e não apenas entre os ocupantes de cargos públicos.

1.3 A instalação e funcionamento da Câmara na vila de Pitangui

Criadas entre o século XII e XIII, as câmaras municipais eram responsáveis pela organização político-administrativa dos territórios lusos. A partir delas, o rei almejava a manutenção do controle social, administrativo, jurídico e econômico, a nível local. Com o avanço colonial, Portugal também adotou este modelo de gerência sobre os territórios e povos conquistados. O corpo de oficiais que formava as câmaras municipais, tanto na metrópole quanto nas colônias, geralmente constituía-se de juízes ordinários, o principal cargo, ou um juiz de fora; oficiais camaristas, vereadores, alcaides, quadrilheiros, meirinhos, almotacés, escrivães, tesoureiro e procurador, todos escolhidos a partir de votação anual e depois confirmados pela Coroa.[128]

---

[126] AHU - Projeto Resgate - Minas Gerais (1680-1832). Carta de José Antonio Forte de Magalhães... *Idem*, p. 2. grifos meus.

[127] BARBOSA, Faber Clayton. *Idem*, p. 105.

[128] HESPANHA, António Manuel. **História das Instituições:** Épocas medieval e moderna. Coimbra: Editora Almedina, 1982.

Uma das funções dos componentes das câmaras era a escolha do capitão-mor e sargento-mor das Ordenanças nas vilas, bem como o almotacé, encarregado de fiscalizar o abastecimento de gêneros e obras.[129] Além destes, a Coroa criava outros cargos por meio de nomeação, de forma vitalícia ou hereditária, tornando-se aspiração de muitos indivíduos que desejavam comprá-los.[130]

As câmaras representavam a jurisdição na primeira instância. Os vereadores, procuradores e juízes ordinários eleitos a cada três anos para ocupar os cargos neste nível deveriam exercer o mandato de um ano, e no fim deste período ocorreriam novas eleições, previstas nas Ordenações Filipinas:

> Antes que os oficiais do derradeiro ano da eleição passada acabem de servir, nas oitavas do Natal do mesmo ano sejam juntos em Câmara com homens bons e povo, chamado a Concelho, e o juiz mais velho lhe requererá que nomeiem seis homens para eleitores; os quais lhe serão nomeados secretamente, nomeando-lhe cada um seis homens para isso mais aptos, os quais tomará em escrito o escrivão da Câmara, andando por todo com o dito juiz sem outrem ouvir o voto de cada um.[131]

Nas localidades mais afastadas que não se constituíam como município, com número de 20 a 50 moradores, quem executava a justiça era o juiz de vintena, escolhido pela câmara da vila mais próxima. Grande parte destes oficiais não possuíam formação jurídica, prevalecendo, nestes casos, a prática da justiça fundamentada na tradição local.

Todas as áreas pertencentes à coroa portuguesa deveriam, em tese, ser geridas pelas *Ordenações do Reino* e pelas *Leis Extravagantes*[132], mas o que se nota era o choque rotineiro dos interesses dos colonos que fixaram-se nas regiões mais abastadas, longe do domínio metropolitano, com as proposições legais oficiais.[133] O que pode ser justificado em razão do Brasil e das demais colônias portuguesas serem territórios de grandes dimensões, se comparadas a Portugal e, por conseguinte, de

---

[129] SALGADO, Graça. *Idem*, p. 70-71.
[130] MONTEIRO, Nuno. Os concelhos e as comunidades. In HESPANHA, António Manuel. (coord.). MATTOSO, José. **História de Portugal: o Antigo Regime (1620-1807).** v. IV, Lisboa: Editorial Estampa, p. 270-271.
[131] **ORDENAÇÕES FILIPINAS,** Livro I, Título LXVII, p. 153-154.
[132] As Ordenações Filipinas e Leis Extravagantes serão abordados com maior minúcia em nosso segundo capítulo.
[133] CHAVES, Cláudia Maria das Graças; PIRES, Maria do Carmo; MAGALHÃES, Sônia Maria de. **Casa de Vereança de Mariana:** 300 anos de História da Câmara Municipal. Ouro Preto, Editora UFOP, 2012, p. 12.

difícil inspeção, distante do poder central. Além disso, nem sempre os representantes régios tinham os mesmos interesses político-administrativos que a Coroa.

Tais questões permitiram nas colônias, talvez bem mais que no Reino, a predominância do direito e da administração permeados de regras locais, ou seja, de acordo com Luhmann, do ambiente, onde as leis expostas pela administração central foram adaptadas à realidade então encontrada. Um exemplo disso foi a variação do quadro de funcionários das câmaras coloniais, pois não havia uma homogeneidade; cada localidade adotava o que era necessário para a administração da justiça e o número de oficiais, de acordo com o universo político existente.[134]

Maria Fernanda Bicalho, por meio de suas pesquisas sobre a justiça no período colonial brasileiro, mostra a resistência do poder local das câmaras durante o período colonial brasileiro, no que tange à quitação de tributos à Coroa. Maria do Carmo Pires e Luciano Figueiredo também pesquisaram a instalação e governo das câmaras na América Portuguesa e notaram a forte tendência à autonomia das mesmas em relação ao poder régio, por meio da negação do pagamento dos impostos, da nomeação de pessoal sem consulta ao monarca e das revoltas.[135] Estas atitudes por parte dos colonos reforçavam o poder local e afirmavam o desejo de autonomia das vilas e arraiais em relação à metrópole, gerando muitos conflitos entre os representantes régios e os representantes locais.

Inúmeros requerimentos eram enviados à Coroa rotineiramente provindos das colônias solicitando questões particulares dos governantes e para o bem público de cada localidade. O poder régio tentava mediar os seus interesses juntos às demandas solicitadas pelos colonos, sem deixar de garantir a permanente inspeção e jurisdição sobre as áreas dominadas. O objetivo do Rei era manter as suas posses e garantir bons vassalos, e, para isso, havia as negociações e as concessões de mercês. As últimas eram frequentemente usuais nas áreas mais afastadas do domínio luso, onde predominava o direito costumeiro, baseado nas tradições de cada localidade.

---

[134] BICALHO, Maria F. **As Câmaras Municipais no Império Português:** o exemplo do Rio de Janeiro. Revista Brasileira de História. São Paulo, v. 18, n. 36, 1998, p. 38-52.

[135] BICALHO, Maria F. *Idem.* PIRES, Maria do Carmo. MAGALHÃES, Sônia Maria de. Câmara Municipal: um pequeno histórico. *In:* CHAVES, Cláudia Maria das Graças; PIRES, Maria do Carmo; MAGALHÃES, Sônia Maria de. **Casa de Vereança de Mariana:** 300 anos de História da Câmara Municipal. Editora UFOP, 2012. FIGUEIREDO, Luciano. Revoltas, fiscalidade e identidade colonial na América Portuguesa: Rio de Janeiro, Bahia e Minas Gerais. 1996. Tese (Doutorado em História) –Faculdade de Filosofia, Letras e Ciências Humanas, USP, São Paulo, 1996.

Esta situação impossibilitou a existência de um direito uniforme, pautado de forma única nas disposições metropolitanas, pois cada localidade possuía diferentes conjunturas econômicas, sociais e políticas.[136]

Na tentativa de manter a política metropolitana centralizadora e barrar o avanço do poder local frente à jurisdição lusa, o poder régio inseriu o cargo de juiz de fora nas colônias, como foi mencionado anteriormente. Este oficial era o agente direto da Coroa e, desde o fim do século XVII, tornou-se o presidente das câmaras municipais. Com esta atitude, o monarca interferiria nas decisões das Câmaras e aumentaria a sua influência nos assuntos de domínio local. A justiça, neste momento, significava, além do cumprimento das leis, do controle de abusos e crimes, a gestão do corpo de oficiais régios, com olhares à manutenção do poder absolutista monárquico e do enriquecimento do Império Português.[137]

No que concerne à realidade da administração da justiça na vila de Pitangui, devemos inicialmente nos reportar ao momento de criação da comarca de Sabará, também conhecida como comarca do Rio das Velhas, na qual Pitangui fazia parte e, posteriormente, ao momento de criação da câmara de Pitangui. As comarcas eram divisões judiciais das capitanias e possuíam um ouvidor próprio, responsável para correição das localidades incluídas na jurisdição. Após a primeira instância de poder que era a Câmara Municipal, havia a segunda, a sede da comarca; em seguida estava a sede da capitania, que também possuía ouvidores, geralmente nomeados pelo governador. E por último na escala de hierarquia jurisdicional encontrava-se o ouvidor-geral, responsável máximo pela aplicação da justiça na colônia, abaixo administrativamente apenas do governador-geral. O ouvidor-geral decidia sobre os problemas tidos nas capitanias e tinha o poder de fiscalizar o andamento da justiça em todo território. Já o governador-geral, realizava a função de governador da Relação e tinha como ofício a fiscalização dos desembargadores. Acima dele estava apenas a Casa de Suplicação e o Desembargo do Paço, ambos no Reino.[138]

A comarca de Sabará, fruto do avanço luso sobre o interior da colônia, estendia-se por grande parte da região central da Capitania de São Paulo e Minas do Ouro. Posteriormente, no ano de 1720 houve o desmembramento das capitanias, formando a Capitania de Minas Gerais em que a

---

[136] FILHO, Geraldo Silva. **Constituição, Estrutura e Atuação dos Poderes locais na Comarca de Vila Rica.** 1711-1750. 2009. Tese (Doutorado em História) –Universidade de São Paulo, São Paulo, 2009.

[137] SALGADO, Graça. *Idem*, p. 72.

[138] SALGADO, Graça. *Idem*, p. 77-78.

comarca do Rio das Velhas veio a fazer parte. A vila de Sabará, fundada no ano de 1711, figurou-se como cabeça de comarca, ou seja, a sede e instância administrativa da comarca. Assim como as demais vilas erigidas durante o início do século XVIII, Sabará foi inicialmente ocupada em função do achado aurífero no Rio das Velhas.

De acordo com Mariana de Oliveira, todo o custo para a construção da estrutura física da vila proveio de seus habitantes. A ascensão do arraial à categoria de vila dependia, de certa forma, de seus habitantes contribuírem para a construção da Casa de Câmara, igreja e cadeia. O erguimento da Casa do Senado da Câmara não foi imediato à elevação do arraial de Nossa Senhora da Conceição da Barra de Sabará à vila, pois a localidade não possuía recursos suficientes. Após o envio de uma petição do ouvidor junto à Coroa, a vila conseguiu o auxílio, fato que agradou a muitos reinóis, a maioria dos colonos da localidade.[139]

A comarca do Rio das Velhas possuía o mais vasto e populoso território de Minas Gerais. Era local de intenso trânsito de pessoas que iam e vinham das regiões mineradoras rumo às outras capitanias, como Goiás, Bahia, Espírito Santo, São Paulo e Rio de Janeiro. Sabará era local de parada de comboios que vinham da Bahia pelos caminhos dos currais, passando pelas margens do Rio São Francisco. Além de Sabará, as seguintes vilas faziam parte da comarca: Vila Nova da Rainha, vila de Pitangui, vila de Caeté e vila de Itapecerica, todas com seus arraiais e freguesias que compunham os seus Termos. Esta comarca também se destacou na produção de gêneros alimentícios e na criação de gado *vacum*, contribuindo para o abastecimento não apenas das regiões próximas, mas de toda a capitania. Além disso, o excedente produzido era exportado para outras capitanias.[140]

José Joaquim da Rocha ressalta que a vila de Pitangui e a Vila Nova da Rainha produziam o necessário para a subsistência de suas populações e destaca a autonomia econômica das mesmas.[141] Nestas localidades transitavam indivíduos livres de toda estirpe e cativos provindos das regiões cultivadoras de cana-de-açúcar no nordeste, descendo para várias localidades

---

[139] OLIVEIRA, Mariana de. **Administração local e comunicação política nas Minas setecentistas:** a câmara da Vila do Sabará (1711 1760). 2016. Dissertação (Mestrado em História) – Universidade Federal de Juiz de Fora, Instituto de Ciências Humanas, 2016, p. 37-38.

[140] CHAVES, Cláudia Maria das Graças. **Perfeitos negociantes:** mercadores das Minas Setecentistas. São Paulo: Annablume, 1999, p. 50-53.

[141] ROCHA, José Joaquim da. **Geografia histórica da capitania de Minas Gerais:** descrição geográfica, topográfica, histórica e política da capitania de Minas Gerais. Memória histórica da capitania de Minas Gerais. Belo Horizonte: Centro de Estudos Históricos e Culturais Fundação João Pinheiro, 1995, p. 41-50.

das Minas Gerais para a extração do ouro, durante todo o século XVIII. A seguir, o mapa da Capitania de Minas Gerais com a divisão das comarcas no início do século XVIII, e a localização aproximada de Pitangui.

Mapa 3 – Localização aproximada do sertão oeste de Minas Gerais e da Vila de Pitangui no século XVIII

Fonte: SALES, Izabella Fátima Oliveira de. **Gente intratável ou fiéis vassalos do rei**: poder, motins e armas em Pitangui (1715-1760). 2017. Tese (Doutorado em História) – Universidade Federal de Juiz de Fora, Juiz de Fora, 2017, p. 19

Com o intenso trânsito e permanência de pessoas vindas de diversas regiões da América Portuguesa e de fora dela, a comarca de Sabará delineou-se como uma região de muitos conflitos, desde o início de sua criação. Os principais grupos rivais foram os reinóis e os paulistas, ambos lutando pelo domínio das lavras de ouro, sesmarias, domínio do comércio, posse de cativos e concessões de mercês.[142] Este cenário conflituoso e opulento compôs a comarca de Sabará durante o setecentos e possibilitou a diversos indivíduos a ocupação de cargos públicos nas câmaras.

---

[142] CUNHA, Vagner da Silva. As sedições de Pitangui (1709-1721). ROMEIRO, Adriana. Pitangui em chamas: rebeldia e cultura política no século XVIII. *In:* CATÃO, Leandro Pena. **Pitangui Colonial:** História e Memória. BH: Crisálida, 2011.

Foi comum o envio de requerimentos ao Rei para confirmação de postos oficiais nas vilas da comarca em questão. Para Pitangui mais especificamente, de 149 pedidos enviados ao Conselho Ultramarino, 80 eram requerimentos com solicitações de confirmação de cargos na Câmara da vila, no período de 1721 a 1800. Dentre os cargos estavam: capitães-mores, capitães de ordenanças, tabeliães, escrivães e alferes. A maioria deles teve a concessão da mercê pelo poder régio, como demonstram os documentos pesquisados sobre o Conselho Ultramarino, na página do Projeto Resgate, seção Minas Gerais (1680-1832).

Em 1715, ano de instalação da Câmara, Manuel de Souza Coutinho foi nomeado escrivão e almotacé da vila de Pitangui e Luís de Sousa se manteve como tabelião do judicial. A função de escrivão da Câmara também foi acompanhada pelo exercício das funções de tabelião de notas e do judicial, diferente das outras regiões mineradoras em Minas Gerais que possuíam um oficial para cada posto. Francisco Andrade sugere que isso se deu em virtude da pouca arrecadação da Câmara e, possivelmente, pelas interferências dos ouvidores gerais de Sabará no ambiente jurídico/administrativo de Pitangui. Estas interferências podem ser notadas a partir das cartas e requerimentos enviados pelos moradores de Pitangui à Coroa, reclamando das cobranças abusivas de impostos e da derrama, feitos pelo encarregado do fisco na Comarca do Rio das Velhas, o ouvidor/provedor da Real Fazenda. Além disso, os moradores reclamavam da intromissão dos ouvidores de Sabará no que tange às demandas judiciais de Pitangui, na primeira instância.[143]

Em 23 de agosto de 1747, os oficiais da Câmara de Pitangui enviaram uma representação ao rei expondo os prejuízos que os moradores sofriam, em virtude de as ações judiciais correrem em Sabará. As demandas iniciadas na vila e seu Termo passavam para ouvidores gerais da comarca de Sabará, fato que causava "dano grave que dão aos moradores desta vila e ao escrivão dela". Nesta representação, os oficiais de Pitangui pediram respeito à jurisdição e a não intromissão de Sabará nas questões que são da alçada local, mantendo, apenas, o que lhes dizia respeito, ou seja, a aplicação da justiça na instância de apelação. Os oficiais de Pitangui esclareceram ainda que:

> Para em tudo ser vexada e destruída a grande pobreza de que se compõem estas terras, introduziram os Doutores Desembargadores Ouvidores da comarca do Rio das Velhas,

---

[143] ANDRADE, Francisco Eduardo. *Idem*, p. 231-232.

> a que pertence a correição desta pobre vila, e chamarem por ações novas para Vila Real do Sabará os moradores desta de Pitangui do que, Senhor, resulta um grave prejuízo a este povo e se dá ocasião a homens de má consciência para furtarem o alheio, por meio da justiça; porque todas as vezes que sabem que o seu devedor tem alguma exceção legítima com que se possa mostrar desobrigado de pagar a dívida que se lhe pede por crédito, ou escritura, e ainda sem ela citando-os para ação de alma valem-se do injusto meio de os fazerem citar perante os ditos corregedores, fiados em que os pobres homem fazendo conta e despesa do caminho e detrimento de suas casas e famílias, por ser a maior parte do povo desta vila casado e pobre, e nem podem no termo de dez dias peremptórios levar testemunhas desta vila àquela para provarem as suas exceções, deixam antes perder as causas por não irem de candelas, com tão grave detrimento, com quatro dias de jornada descida e noutros tantos de volta, e os que necessários lhes forem de estada metido em estalagens com bestas e escravos, que precisamente lhe são necessários. E quando os não foram por ações novas para a dita vila, depois de principiada a causa, pedem a vocatórios ao Doutor Corregedor da comarca, e mandá-los passar sem nenhuma dificuldade sendo que parece, Senhor, que na forma de seus regimentos e ordenações de Vossa Majestade, que Deus Guarde o não pode fazer por serem desta vila àquela do Sabará cabeça da comarca mais de trinta léguas; e quando por algum induto de Vossa Majestade lhe seja concedido este privilégio, rogamos a Vossa Majestade que atendendo as ofensas de Deus, que resultam do sobredito na forma apontada, e os vexames que se faz ao povo desta vila se sirva mandar passar ordem para que o dito Doutor Corregedor e seus sucessores não chamem por ações novas aos moradores desta vila e nem avoquem a si as causas dos moradores dela, mais do que tão somente por apelação e agravo no que entendemos fazer Vossa Majestade serviço a Deus, com Vossa Mercê.[144]

Os oficiais atuantes na Câmara no momento em que assinaram a representação foram Pedro Fialho do Rego, José Azeredo, José Marques Giraldes, Diogo Pinto. Neste documento, estes indivíduos desejam representar a injusta execução de demandas judiciais pertencentes à Pitangui e seu Termo em Sabará, cabeça da comarca, que deveria ser a próxima instância

---

[144] AHU – Projeto Resgate - Minas Gerais (1680-1832). Requerimento da Câmara da vila de Pitangui ao rei, expondo os prejuízos que sofriam os moradores da dita vila, em virtude de as ações judiciais correrem na Vila Real de Sabará. 1749, Cx 50/Dc 53, p. 1-2.

e não a instância primeira dos processos. Além disso, ressalta os prejuízos materiais e morais aos quais estavam expostos, qualificando os ouvidores de Sabará como pessoas de *má consciência* por fazerem os moradores e suas testemunhas deslocarem-se por longa distância, sem condições econômicas para se manterem no local, bem como manterem seus animais e cativos. Apontam, ainda, a desonra que os mesmos moradores estavam sujeitos, à mercê das decisões de pessoas que não eram da alçada de Pitangui, pois, de acordo com as Ordenações Filipinas, o ouvidor poderia julgar apenas as demandas que estivessem a dez léguas de seu local de domínio. E no caso das ações cíveis, este ouvidor não poderia julgar apelações e agravos que superassem o valor de cem mil réis.[145]

Este problema não foi resolvido durante os próximos dois anos. No dia 3 de maio de 1749, os membros da Câmara de Pitangui enviaram outra representação ao rei alertando-o de não terem recebido nenhuma resposta em relação à proibição dos ouvidores de Sabará, quanto a execução das demandas de Pitangui. Os oficiais de Pitangui ressaltaram as desordens que esta situação há tempos vinha causando e qualificaram os juízes de Sabará como frouxos, pouco inteligentes e leigos, governando apenas para si e seus parentes. Acrescentaram que mandaram entregar ao poder régio o requerimento e mencionaram que acreditavam que este documento não chegou porque "os ministros e os escrivães sumiram com as ditas ordens, pelos interesses que do contrário lhes resultam". Outrossim, ressaltaram que quando os ouvidores de Sabará precisam realmente realizar o trabalho deles, na sua instância, assim não o fazem:

> [...] aqui matam-se homens, espancam-se, roubam-se e tudo sem castigo, e o pior é haver também alguma resistência de justiças e se acaso os que ficam culpados nas devassas se põem em livramento articulam o que querem e provam mais de que articular que por nossos pecados se tem introduzido nesta terra o vício de perjuro incrível.
> Os bens dos órfãos andam também mal aproveitados pela mesma razão de serem os juízes leigos e os ministros de Vossa Majestade que em a esta vila em correição passarem de passagem sem verem os inventários mais do que a última folha em que põem - visto em correição – de sorte que desde que Vossa Majestade foi servido mandar criar esta vila até ao presente só o Doutor Baltasar de Morais Sarmento e o Doutor Diogo Cotrim de Sousa deram nos inventários os provimentos que deviam dar e alguns dos que deram ainda

---

[145] SALGADO, Graça. *Idem*, p. 129.

> hoje por cumprir. As contas das testamentárias também são bastantemente dilatadas e alguns testamenteiros que as dão são precisos a ir à Vila de Sabará, com grande prejuízo de suas casas e famílias [...] E parece-nos, Senhor, se atalham todas as referidas desordens, fazendo-nos Vossa Majestade mercê de criar um lugar de juiz de fora e órfãos e provedor da Fazenda dos defuntos, capelas e resíduos desta vila e seu Termo.
> José Bahia da Rocha, Pedro Fialho do Rego, Manoel dos [Santos].[146]

O documento acima exemplifica a notória insatisfação dos oficiais da câmara de Pitangui em relação ao trabalho (ou a falta dele) realizado pelos oficiais de Sabará na localidade. Além das intromissões no que diz respeito à execução da justiça reclamadas na representação anterior, os camaristas de Pitangui ressaltam a falta de correição por parte da próxima instância, em relação aos crimes ocorridos em Pitangui. Reclamam, igualmente, da irresponsabilidade dos oficiais de Sabará no que tange aos órfãos, aos inventários e prestação de contas testamentárias, fazendo com que os envolvidos nestas causas ficassem prejudicados e sem amparo. Além destas queixas, os camaristas de Pitangui sugerem ao rei que fosse criado o cargo de juiz de fora para a vila e seus arrabaldes para que estas situações fossem remediadas.

Este problema em relação ao deslocamento de pessoal à sede da comarca para solução de contendas judiciais também pode ser visto em relação a outra localidade. Moradores do arraial de Santa Luzia, situado a três léguas de Sabará, reclamaram igualmente da distância percorrida até a sede, das condições adversas de clima, da insegurança em relação aos ataques de forasteiros que circulavam a região e da travessia de cinco rios em tempos de cheia.[147] Estas situações foram comuns durante todo o processo de introjeção do aparato burocrático na América Portuguesa.

Os limites das circunscrições geralmente não eram definidos no momento de criação dos Termos das vilas, feitos apenas na medida em que novos espaços nos sertões eram ocupados. Cláudia Damasceno Fonseca assevera que os concelhos municipais eram afetados por esta imprecisão de fronteira, pois se tratavam de "circunscrições abertas, que poderíamos comparar a células geradas a partir de um núcleo (a sede), e cujo conteúdo e invólucro se constituía progressivamente". Fonseca ressalta ainda que, tratando-se de territórios em

---

[146] AHU – Projeto Resgate - Minas Gerais (1680-1832). Requerimento da Câmara da vila de Pitangui ao rei, expondo os prejuízos que sofriam os moradores da dita vila, em virtude de as ações judiciais correrem na Vila Real de Sabará. 03 de maio de 1749. Cx 53/Dc 43, p. 1-2.

[147] FONSECA, Cláudia Damasceno. *Idem*, p. 314.

expansão, a necessidade de demarcações se fazia apenas quando instalavam-se os conflitos.[148] A ausência de clara delimitação geográfica e política dos concelhos e Termos também pôde ser notada em Portugal. António Manuel Hespanha destaca que em unidades geográficas do Antigo Regime baseavam-se na tradição, na qual estruturava-se a partir do contato direto entre os habitantes e os agentes de poder. Entretanto, nas zonas periféricas, distantes do domínio luso, os territórios eram fluidos e, consequentemente, por vezes se misturavam e eram imprecisos.[149] Em Minas Gerais, apenas na segunda metade dos setecentos o governo percebeu a importância de delimitar os territórios e núcleos administrativos de forma precisa. Esta atitude visava racionalizar os limites, melhorar a fiscalização fazendária e a aplicação da justiça de forma mais rígida.

A concessão do título de vila como principal dispositivo de controle da coroa portuguesa sobre as Minas após a Guerra dos Emboabas não impediu que localidades pertencentes à mesma comarca tivessem contendas. À vista disso, no caso de Pitangui, tratando-se de um território marcado por contendas desde o seu processo de ocupação, a não delimitação de limites deu vazão a conflitos jurisdicionais, políticos e administrativos, como demonstrou o documento anteriormente elencado.

Durante todo o século XVIII, os potentados de Pitangui tentaram impedir a intromissão de Sabará no que se refere à aplicação da justiça e à administração da vila e seu Termo. Estes conflitos podem ser justificados por se tratarem de grupos sociais rivais, com interesses distintos, que vieram a ocupar as duas vilas: Sabará, reduto de reinóis; e Pitangui, permeada de paulistas, denominados como *castelhanos*. Por conseguinte, além da delimitação geográfica e política dos Termos, outras questões definiram as rivalidades na Comarca do Rio das Velhas, tais como: a busca pelo monopólio das minas descobertas, da cobrança dos impostos e o domínio econômico.

O interesse de Sabará sobre a vila de Pitangui se mantinha em razão do achado aurífero, na primeira metade do setecentos. Como o ouro não rendeu muito como nas outras regiões da Capitania, Pitangui desenvolveu outras formas de manter-se economicamente, as principais foram: a produção de alimentos de primeira necessidade e a criação de gado, porcos e cavalos. Na segunda metade do século XVIII, a localidade tornou-se importante polo de pecuária com propriedades especializadas na criação de gado *vacum* e equinos, que abastecia não apenas a região, mas a toda capitania de Minas Gerais. Além disso, o excedente produzido era enviado a outras capitanias,

---

[148] FONSECA, Cláudia Damasceno. *Idem*, p. 271.
[149] HESPANHA, António Manuel. **As vésperas do Leviathan...**, p. 55.

como a do Rio de Janeiro e Bahia.[150] Portanto, o interesse de Sabará na região justificava-se, também, pela expansão dos negócios de gado e do comércio de Pitangui, tratos estes muitas vezes ilegais.[151]

As disputas pelo controle político, jurídico e administrativo da região de Pitangui perdurou durante todo o século XVIII. Tratava-se de um local heterogêneo, marcado por problemas desde o início da ocupação feita pelos paulistas, estes por sua vez conhecidos pela atitude hostil frente ao poder régio, nomeados pelo mesmo soberano como *gente intratável*. A relação de Pitangui com os poderes superiores, seja com a cabeça de comarca, com o governo da capitania e com o rei, foi comumente problemática durante o período colonial. Logo, é plausível que tiveram diversos conflitos entre as esferas de poder, pois tratava-se de indivíduos com interesses difusos, com naturalidades diferentes e personalismos.

As fronteiras físicas e simbólicas eram movediças e indefinidas nos sertões, proporcionando ambientes litigiosos, grandes desavenças, rixas e conflitos. Nestas contendas, livres, libertos e cativos fizeram-se presentes, buscando "o que lhes era próprio por direito". O cerne desta obra é justamente esse, investigar as relações estabelecidas entre os alforriados e demais grupos sociais, visualizadas a partir das demandas judiciais ocorridas no Termo da vila de Pitangui, e como estes indivíduos eram tratados diante do aparato burocrático. Além disso, tive como objetivo compreender as transformações e permanências ocorridas nos cenários econômico e social na localidade, na qual estes sujeitos aturaram, durante o século XVIII.

Compreendo que o acesso à justiça por parte da população egressa do cativeiro foi importante forma de legitimação do *status* social e, igualmente, uma das vias que muitos libertos utilizaram para conhecerem os seus direitos e deveres. Para compreender como se deu este acesso, abordarei como os negros se enquadravam nos estatutos jurídicos lusos da época a seguir.

1.4 Portugal e a colonização: sociedades heterogêneas, estatutos jurídicos heterogêneos

Na modernidade lusa, o rei era a cabeça do corpo social, mas não se confundia com ele. A monarquia lusa, *polissinodal* e corporativa, concorria e negociava com os demais poderes existentes: o senhorial, municipal e

---

[150] SILVA, Marcus Flávio da. **Subsistência e Poder: a** política do abastecimento alimentar nas Minas setecentistas. Belo Horizonte, Editora UFMG, 2008, p. 232-235.
[151] ANDRADE, Francisco Eduardo. **A vila na rota do sertão...** p. 237.

doméstico, ou seja, abria-se ao ambiente. As negociações se davam, inclusive, devido à ideia de indispensabilidade de todos os órgãos da sociedade e da impraticabilidade de um poder político puro, simples e não partilhado. Desta forma, a autonomia político-jurídica cedida pela "cabeça" aos demais corpos sociais visava a extensão do poder Real, firmada por meio das "articulações" e demais membros do "corpo": os oficiais, representantes régios e vassalos. A harmonia entre o todo deveria ser garantida por meio da justiça, ou seja, o poder político teria como principal função atribuir a cada um aquilo que lhe é próprio, de acordo com o seu estatuto, foro, direito, privilégio.[152]

No interior da sociedade de Antigo Regime português havia a distinção entre os povos, os estados *limpos*, como os letrados, bacharéis, militares e nobres, e os *vis*, tidos como oficiais mecânicos e artesãos. Dessa forma, cada indivíduo era classificado juridicamente de acordo com o estamento que lhe era próprio e, socialmente, seria reconhecido pelo que essa condição representava, ou seja, a estratificação era regulamentada e justificava o tratamento desigual entre os indivíduos[153]. A riqueza, assim como a pobreza, era essencialmente natural e acompanharia o sujeito do nascimento ao túmulo.[154]

Não havia uma codificação jurídica unificada que abrangesse a todos os povos colonizados, assim como não existiam estratégias sistemáticas que abarcassem todos os avanços coloniais, mantendo-se desta forma até meados do século XVIII.[155] Os indivíduos que nasciam de pai português eram denominados como "naturais", possuíam o estatuto legítimo de portugueses e eram subordinados e usufrutuários do direito luso; os demais indivíduos eram considerados estrangeiros e não estavam submetidos às leis portuguesas. Tanto na África quanto na América Portuguesa, as populações nativas não eram obrigadas a se sujeitarem à legislação lusa, mas "deveriam" aceitar o cristianismo e o comércio com Portugal. Esta situação decorria não do direito português, mas do *Direito das Gentes*, que nem sempre era respeitado

---

[152] XAVIER, Ângela Barreto; HESPANHA, António Manuel. A representação da sociedade e do poder. In HESPANHA, António Manuel. (coord.). MATTOSO, José. **História de Portugal**: o Antigo Regime (1620-1807). v. IV, Lisboa: Editorial Estampa. p. 115-116.

[153] LUHMANN, Niklas. **O Direito da Sociedade**...p. 152.

[154] XAVIER, Ângela Barreto; HESPANHA, António Manuel. Idem, p. 121-122.

[155] HESPANHA, António Manuel. A constituição do Império Português. Revisão de alguns enviesamentos correntes. *In:* FRAGOSO, João; BICALHO, Maria Fernanda Baptista; GOUVÊA, Maria de Fátima Silva. **O Antigo Regime nos trópicos:** a dinâmica imperial portuguesa (séculos XVI-XVIII). Rio de Janeiro: Civilização Brasileira, 2001, p. 169-170.

e geraram as chamadas "guerras justas". Em outras palavras, o estatuto que vigorava compreendia àqueles que abraçavam as ideias do monarca e de seus representantes, de forma a favorecer as relações de vassalagem.[156]

Em posse de novos territórios, com o domínio sobre sujeitos de diferentes naturalidades e etnias, a Coroa Portuguesa precisou adequar suas legislações e práticas jurídicas às novas realidades, no que concerne à multiplicidade étnica e suas complexas relações. O avanço ultramarino possibilitou, inevitavelmente, a *ars inveniendi* dos oficiais do direito, pois estes tiveram também que criar leis que complementassem as já existentes, a fim de garantir a correição sobre os casos específicos surgidos nas colônias.[157] Hespanha ressalta que parte das instituições políticas em voga nos territórios colonizados foram preservadas pelo rei, com o objetivo de fazer a mediação entre a metrópole e os colonos, a exemplo do que já ocorria nas cidades indianas e africanas. No Brasil, por seu turno, desde o início da colonização não ocorreu da mesma forma, uma vez que havia problemáticas envolvendo os indígenas resistentes à catequização e ao domínio político europeu.[158]

Em contato com os colonizadores, um alto contingente de índios foi exterminado pelas doenças contraídas e por serem resistentes à conversão à fé católica e ao trabalho escravo. As "guerras justas", que na teoria deveriam ocorrer apenas em dadas circunstâncias, tornaram-se frequentemente utilizadas pelos colonos não apenas com pressupostos religiosos, mas também para angariar cativos. A questão dos indígenas, portanto, gerou discussões de caráter religioso, econômico e filosófico, este último em razão do embate acerca da natureza do indígena e de sua condição humana. Como a propagação da fé foi também um dos mais importantes instrumentos utilizados pela coroa para garantir a ordem social, a problemática envolvendo os índios manteve-se em debate durante os dois primeiros séculos de colonização da América Portuguesa.[159]

Mesmo que os oficiais da justiça possuíssem jurisdição sobre os nativos, não poderiam executar o direito geral, apenas em situações de ordem ética e religiosa. Desta forma, o direito português só se aplicava

---

[156] HESPANHA, António Manuel. *Idem*, p. 170.
[157] MARCOS, Rui de Figueiredo; MATHIAS, Carlos Fernando; NORONHA, Ibsen. **História do direito brasileiro**. 3ª impressão. Rio de Janeiro: Forense, 2018, p. 50.
[158] HESPANHA, António Manuel. *Idem*, p. 170-171.
[159] FERREIRA, André Luís Bezerra. **Nas malhas das liberdades:** o Tribunal da Junta das Missões e o governo dos índios na Capitania do Maranhão (1720-1757). 2017. Dissertação (Mestrado em História) – Universidade Federal do Pará, 2017.

aos naturais, de acordo com as Ordenações Filipinas.[160] A inconstância da aplicação da justiça portuguesa decorria, por conseguinte, da autonomia do direito dos povos colonizados e da própria raiz da administração colonial: plural em sua base.[161]

No início da colonização da América Portuguesa, ao lado das normas gerais advindas do reino, acresciam-se os elementos consuetudinários autóctones, por vezes resistentes ao direito oficial português. Para lidar com a questão indígena, que posteriormente o governo luso percebeu não se tratar apenas da justiça comum e das gentes, mas, principalmente, da justiça eclesiástica, foi fundado no século XVII o *Tribunal da Junta das Missões*. O primeiro, teve origem em Portugal e com o avançar das conquistas ultramarinas outros dois seriam instituídos, como o da Capitania da Amazônia, em 1683, e das Capitanias do Maranhão do Grão-Pará, em 1701. Este órgão tinha como função administrar os assuntos concernentes à aplicação da justiça no que se refere ao governo dos povos nativos, propagar a fé católica e, consequentemente, auxiliar na expansão portuguesa. A Junta abrangia as esferas eclesiástica e secular, continha em seu colegiado o governador, ouvidor, bispo, prelados de ordens religiosas, procurador dos índios e escrivão.[162]

A catequização e transformação dos índios em bons vassalos era uma questão premente para o processo de colonização português. A fixação, o domínio do território e a expansão econômica dependia disso: da aliança dos nativos e lusos. Assim, a monarquia portuguesa se manteve por meio de redes políticas, econômicas e sociais, que definiram as relações de poder, reciprocidade e interdependência entre os múltiplos sujeitos no mundo colonial. Nesse sentido, Stuart Schwartz destaca que as dinâmicas locais na América Portuguesa ressignificaram a burocracia lusa, abrasileirando-a. Menciona a paulatina consolidação das elites coloniais que se assentaram e se constituíram resolutas em relação à metrópole.[163] A justiça, que era o eixo do governo metropolitano, fez-se dispersa, dissímil e múltipla por natureza. Entretanto, não deixou se afirmar no ultramar frente as ameaças intra e extracolonial.[164] O controle dos domínios se deu a partir da gradual

---

[160] SUBTIL, André. *Ibidem*, p. 175.
[161] HESPANHA, António Manuel. *Idem*, p. 172-174.
[162] FERREIRA, André Luís Bezerra. *Idem*, p. 26.
[163] SCHWARTZ, Stuart B. *Idem*, p. 253-266.
[164] BICALHO, Maria Fernanda; ASSIS, Virgínia Maria Amoêdo; MELLO, Isabele de Matos Pereira (org.). **Justiça no Brasil colonial:** agentes e práticas. 1. ed. São Paulo: Alameda, 2017, p. 7-8.

ocupação dos espaços encontrados, a partir da chegada de oficiais militares, de justiça e eclesiásticos, ambos metropolitanos. Este grupo de representantes régios deveria ter como premissa a aplicação da justiça lusa, pautada nas Ordenações do Reino.

As ordenações tinham o caráter geral e sintetizavam o código jurídico de Portugal e de suas possessões, abarcando os vários domínios do direito. Esta compilação jurídica tinha como objetivo sistematizar e atualizar o direito vigente até o século XV. O direito moderno pode ser entendido como particularista e corporativo, assegurando tanto as jurisdições corporativas, quanto os privilégios particulares; e a intervenção do poder central do rei ficava drasticamente reduzida pelo emaranhado de limites postos pelas ordens jurisdicionais inferiores e pelos direitos adquiridos (*iura quaesita*) dos sujeitos e corpos. André Subtil ressalta que nem o poder do monarca mantinha-se imune, uma vez que os direitos particulares estabelecidos não poderiam ser transgredidos.[165]

De acordo com a razão natural, o monarca deveria respeitar o direito comum, pois antes de ser vontade (*voluntas*) o direito era uma razão (*ratio*). O direito existia anterior e descolado da decisão do soberano, portanto, havia a demarcação do que era permitido ao rei comandar e o seu poder era auxiliado por um conselho de juristas. Isso se deu de forma clara em relação à aplicação do direito oficial das *Ordenações do Reino* na América Portuguesa, visto que, na prática, muitos problemas enfrentados pelos representantes régios não estavam inseridos nestas legislações.[166]

A saída encontrada para lidar com as problemáticas envolvendo a execução da justiça na principal colônia lusa foi a elaboração de leis que complementassem as Ordenações, ou seja, para o governo dos povos e, por conseguinte, para a própria estabilidade do sistema jurídico Portugal abria-se às novas demandas advindas daquela sociedade heterogênea e em formação. Para tanto, foram criadas, como dito no primeiro capítulo, as *Leis Extravagantes*, expedidas durante os governos de Dom Manuel e de Dom Felipe II. Estas leis buscavam completar as lacunas existentes nas jurisdições anteriores, assim como retirar normas em desuso e atualizá-las. Em seu governo, Felipe II organizou as ordenações de forma manter o que fora desenvolvido por Dom Afonso e Dom Manuel I, somado às Leis Extravagantes criadas até então.

---

[165] SUBTIL, André. *Idem*, p. 174.
[166] SUBTIL, André. *Idem*, p. 175.

Dois motivos auxiliaram na junção das leis ao código jurídico: a invenção da imprensa e o avanço colonial. Com a imprensa, a circulação de ideias necessitaria de maior controle e a propagação das normas que regiam o reino poderia ser difundida, ademais, na medida do avanço ultramarino, haveria a necessidade de normas que abrangessem os povos colonizados.[167] Em 1569, entrou em vigor as *Leis Extravagantes de Duarte Nunes Lião*, nome que remetia ao licenciado, profissional da área de jurisprudência e procurador da Casa de Suplicação. Elas eram voltadas especificamente para o Brasil e abarcavam os diversos temas da vida cotidiana, como economia, religião, política, sociedade e justiça, mas em sua maioria remetiam-se à conduta e à moralidade da população.[168] Estas leis foram divididas em seis partes, tratando dos seguintes subtemas: os ofícios do rei e seus regimentos; as jurisdições e os privilégios; os problemas judiciais, divididos em causas cíveis e crime; os crimes; a Fazenda Real; e causas extraordinárias.[169]

No século XVII, com as Ordenações Filipinas, podemos também observar a menção ao Brasil. Os títulos relativos a ele também diziam respeito às outras posses ultramarinas, como a Índia e a África. Indicavam a forma como os oficiais deveriam se comportar diante dos habitantes destas terras e que se instruíssem quanto às causas cíveis, criminais e fazendárias. Mencionava a questão do degredo como forma de punição aos que contrariassem as ordens régias, e um dos locais escolhidos para os indivíduos serem degredados era o Brasil. Além destes temas, foram compilados diversos alvarás, decretos, cartas régias, resoluções, portarias, avisos e cartas de lei como tentativa de normatizar e manter a ordem no território e entre os múltiplos indivíduos que ali habitavam e conviviam; convívios caracterizados por negociações e conflitos, concessões e dissenções.[170]

No próximo capítulo, discorrerei sobre como a jurisdição lusa tratou e abarcou a questão do elemento negro, cativos, alforriados e livres em suas novas possessões, e também sobre a atuação dos libertos em sociedade e o acesso à justiça por parte deles, entendido por nós como importante via de legitimação da liberdade no local em que viviam.

---

[167] MARCOS, Rui de Figueiredo; MATHIAS, Carlos Fernando; NORONHA, Ibsen. *Idem*, p. 65.
[168] MARCOS, Rui de Figueiredo; MATHIAS, Carlos Fernando; NORONHA, Ibsen. *Idem*, p. 66.
[169] MARCOS, Rui de Figueiredo; MATHIAS, Carlos Fernando; NORONHA, Ibsen. *Idem*.
[170] MARCOS, Rui de Figueiredo; MATHIAS, Carlos Fernando; NORONHA, Ibsen. *Idem*, p. 77-81.

CAPÍTULO 2

OS LIBERTOS E A JUSTIÇA: LEGISLAÇÕES E MODOS DE ACESSO

2.1 Escravos e libertos na jurisdição portuguesa: uma visão geral

Idealizador de estudos comparativos sobre diversas regiões escravistas, o historiador Frank Tannenbaum destaca a longevidade da longa tradição legal sobre a escravidão portuguesa, herdada do Código Justiniano e posteriormente compilada por D. Afonso no século XIII, mais do que a continuidade da prática escravista em si.[171] Este conjunto de leis, compilado com o objetivo de normatizar a escravidão, baseado inicialmente na doutrina cristã, fora moldado mediante as conquistas lusas ultramarinas e passou a ser não apenas uma questão religiosa, mas também integrada à questão econômica e ao direito penal.[172]

A escravidão dos povos inimigos era permitida a partir das Ordenações Afonsinas[173] e fora mantida até as Ordenações Filipinas[174,] estruturada a partir do conceito tomista de "guerra justa", que por sua vez fundava-se no direito romano. Inicialmente, este preceito era aplicado à população indígena; entretanto, diante da necessidade de mão de obra massiva para a ampliação da empresa colonial e das problemáticas envolvendo a questão dos índios, seria usado também com os africanos.

Os parâmetros jurídicos sobre os povos que poderiam ou não ser escravizados foram forjados no âmbito da tradição ibérica, fundado a partir da tradição *tardo-medieval*. De acordo com as Ordenações Manuelinas, havia a classificação dos *insiders* e dos *outsiders*, ou seja, os incluídos e os excluídos da escravidão, geralmente diferenciados a partir da profissão da fé Católica ou de sua ausência. Nesse sentido, os passíveis de serem escravizados geralmente eram os não-cristãos: muçulmanos e africanos,

---

[171] TANNENBAUM, Frank. **Slave and Citizen**. New York: Alfred A. Knopf, 1946, p. 127.
[172] RIBEIRO, Silvia Lara. "Do mouro cativo ao escravo negro: continuidade ou ruptura?". **Anais do Museu Paulista**, (1980/81), p. 372-398.
[173] ORDENAÇÕES AFONSINAS, Livro II, T. 99.
[174,] ORDENAÇÕES FILIPINAS, Livro IV, T. 11.

vistos como inimigos da cristandade. Em 1440, com o avanço ibérico sobre o Atlântico, os africanos subsaarianos foram traficados e mantidos como escravos. Entretanto, as discussões de cunho jurídico-teológicas sobre a escravização negra passaram a ser mais acentuadas pelo governo luso a partir do avanço colonial sobre o Brasil, no momento em que o debate sobre a escravidão indígena se intensifica.[175]

Três fatores principais influenciaram inicialmente o impulso à utilização da mão de obra cativa africana: primeiro, o fato destes povos não serem considerados vassalos do rei, definidos como estrangeiros; segundo, o fato de já terem sido utilizados como escravos no continente de origem; e por último, o contato deles com o islamismo (não-cristãos). Ambos os fatores corroboraram para a não proteção destes povos pelo monarca.[176]

Além de envolver o direito das gentes, o tema da escravidão legítima sobre os povos não-portugueses passou a ser debatida e utilizada durante o século XVI pelos religiosos jesuítas e dominicanos, por meio da *Segunda Escolástica*. Diante de intensas discussões nas universidades castelhanas e lusas, foi decidida a estruturação de quatro títulos – anteriormente incorporados ao direito comum –, para tratar do governo dos negros e índios. Esta estruturação pode ser entendida, à luz da teoria de Luhmann, como um exemplo de irritação proveniente do social (ambiente) direcionada ao sistema jurídico. Após a irritação, o sistema legal englobou a questão trazida e a normatizou, atualizando a jurisdição.

Teólogos e juristas como Domingo de Soto, Luís de Molina e Francisco Vitória dedicaram-se à regulamentação do cativeiro africano e a sua incorporação na América Portuguesa.[177] Ademais, a utilização dos negros como força de trabalho não era algo novo para os ibéricos, visto que Castela e Portugal tiveram esta experiência com a produção de açúcar em ilhas atlânticas, durante o século XV. Tendo como base o que fora vivenciado nestas ilhas, a escravidão africana poderia ser aplicada no Brasil.[178]

Os livros das Ordenações que regulamentavam especificamente a questão da escravidão e liberdade eram o quatro e o quinto, além das Leis Extravagantes. A maior parte dos artigos são endereçados à conduta esperada

---

[175] JUNIOR, Waldomiro Lourenço da Silva. **História, direito e escravidão**: a legislação escravista no Antigo Regime Ibero-Americano. São Paulo: Annablume; Fapesp, 2013, p. 63-64.
[176] JUNIOR, Waldomiro Lourenço da Silva. **História, direito e escravidão...** *Idem*.
[177] JUNIOR, Waldomiro Lourenço da Silva. *Idem*, p. 65.
[178] HESPANHA, António Manuel. "Luís de Molina e a escravização dos negros". **Análise Social**, v. 35, n. 157, 2001, p. 937-960.

dos escravizados, à compra e venda de escravos e às punições relativas a eles. Pouco é mencionado o segmento dos libertos e quando ocorre é, em sua maioria, relacionado aos escravos, com restrições ao modo de se portarem em sociedade, ocasiões em que poderia ocorrer reescravização, direito de acesso à justiça, à propriedade, à herança e outros.[179]

Arno Wehling e Maria José C.M. Wehling, baseados no jurista oitocentista Perdigão Malheiros, ressaltam o caráter geral da legislação sobre a escravidão implementada na América Portuguesa, onde o cativo era tido como "inimigo doméstico, justificando a seu respeito uma legislação de exceção e inimigo público, sempre pronto a rebelar-se".[180] Na instância cível, o cativo poderia ser objeto da relação jurídica devido ao direito de propriedade que os donos exerciam sobre ele. Não havia diferença jurisdicional entre os escravos negros habitantes da metrópole e os das colônias, o *status* legal era basicamente o mesmo.

João Fragoso ressalta que além de possuir um caráter geral, a legislação relativa à escravidão no Brasil não era regulada pelo Estado, diferente dos casos do Caribe francês e inglês. Sendo assim, as relações entre senhores e escravos na América Portuguesa eram normatizadas pelo âmbito doméstico, cabendo à família/casa estabelecer regras e, mais especificamente, ao *pater família*. Nesse sentido, escravos, forros e lavradores livres, além de possuírem o estatuto jurídico, poderiam ser considerados como parte da família, aliados, compadres ou estrangeiros. Aspectos comuns das sociedades europeias de Antigo Regime, onde práticas sociais no seio doméstico eram legais e permitidas pelos monarcas.[181]

Silvia Hunould Lara também destaca que as leis referentes aos escravos africanos e seus descendentes mostravam-se sobretudo cuidadosas em não interferir no poder senhorial e no direito de propriedade do dono sobre os seus escravos. Fato que muitas vezes se reequilibrava diante da necessidade da face paternal do monarca, preocupado com o mais ínfimo de seus súditos, interferindo para conter abusos, afastar as punições em demasia, como tam-

---

[179] LARA, Silvia Hunould. **Legislação sobre escravos africanos na América portuguesa.** José Andrés-Gallego (coord.). Nuevas Aportaciones a la Historia Jurídica de Iberoamérica, Colección Proyectos Históricos Tavera, Madrid, 2000.

[180] WEHLING, Arno; WEHLING, Maria José. O escravo na justiça do Antigo Regime: o Tribunal da Relação do Rio de Janeiro. **ARQUIPÉLAGO - HISTÓRIA**, 2ª série, III (1999), p. 121.

[181] FRAGOSO, João. Poderes e mercês nas conquistas americanas de Portugal (séculos XVII e XVIII): apontamentos sobre as relações centro e periferia na monarquia pluricontinental lusa. FRAGOSO, João; MONTEIRO, Nuno Gonçalo. **Um reino e suas repúblicas no Atlântico.** Comunicações políticas entre Portugal, Brasil e Angola nos séculos XVII e XVIII. 1ª ed. Rio de Janeiro: Civilização Brasileira, 2017.

bém o excesso no luxo das escravas, em cuidar para a execução de um enterro cristão e outros. "A intenção era clara: cortar o excesso, sem, entretanto, afetar o poder dos senhores nem dar margem à "soltura" dos escravos".[182]

Em investigação sobre a comunicação política entre a metrópole e as colônias, no período de 1640 a 1795, Fragoso verificou que o tema da escravidão foi pouco tratado entre o rei e seus vassalos da Bahia, Rio de Janeiro, Minas Gerais, Maranhão e Angola, fato que reafirma o caráter doméstico da escravidão, não constituindo um problema frequentemente levado ao monarca.[183] Ao analisar os requerimentos e cartas trocados entre a Coroa e os moradores de Pitangui por meio do Conselho Ultramarino, também notei que não há nenhuma menção ao tema da escravidão para todo o século XVIII, sobressaindo os temas políticos locais e pedidos de mercês. O estabelecimento do governo dos escravos por parte dos senhores era consentido e respeitado pelo poder central, justamente por ter papel fundamental na manutenção do ordenamento social da monarquia *polissional* e corporativa lusa.[184] Além disso, demonstra a maleabilidade do direito vigente, inserido em ordens sociais gerais, dependente das estruturas e a serviço também de outras funções: da moral, da religião, da família, coodeterminado pela estratificação social, como ressalta Luhmann.[185]

A historiografia aponta que no período colonial brasileiro houve várias demandas cíveis envolvendo a posse, o empréstimo e a venda de escravos em diferentes regiões, demandas estas de crédito, alma, liberdade e outras.[186] E na instância crime, os cativos apareciam em duas situações:

---

[182] LARA, Silvia Hunould. **Legislação sobre escravos africanos na América portuguesa.** José Andrés-Gallego (coord.). Nuevas Aportaciones a la Historia Jurídica de Iberoamérica, Colección Proyectos Históricos Tavera, Madrid, 2000, p. 37.

[183] FRAGOSO, João. *Idem.*

[184] FRAGOSO, João. Elite das senzalas e nobreza da terra numa sociedade rural do Antigo Regime nos trópicos: Campo Grande (Rio de Janeiro), 1704-1741. In: **O Brasil colonial**, volume 3 (ca.1720-1821). Org. FRAGOSO, João Luís Ribeiro; GOUVÊA, Maria de Fátima. 2. ed., Rio de Janeiro: Civilização Brasileira, 2017, p. 245.

[185] LUHMANN, Niklas. **Direito da Sociedade**...p. 78.

[186] LUNA, Francisco Vidal. **Minas Gerais: escravos e senhores.** Análise da Estrutura Populacional e Econômica de Alguns Núcleos Mineratórios (1718-1804). São Paulo, FEA-USP, 1980. MATTOSO, Katia M. de Queirós. **Ser escravo no Brasil.** São Paulo: Brasiliense, 1982. LARA, Silvia. **Campos da violência:** escravos e senhores na capitania do Rio de Janeiro, 1750-1808. Rio de Janeiro: Paz e Terra, 1988. CHALHOUB, Sidney. **Visões da liberdade:** uma história das últimas décadas da escravidão nacorte. São Paulo: Companhia das Letras, 1990. GRINBERG, Keila. **Liberata: a lei da ambiguidade:** as ações de liberdade da Corte de Apelação do Rio de Janeiro no século XIX. RJ, Relume Dumará. 1994. SOARES, Anny Chirley Silva. **Liberdades condicionadas, preços negociados:** as cartas de alforrias e as escrituras de compra e venda de escravos na Vila do Espírito Santo de Morada Nova (1975-1879). 2008. Monografia (Graduação em História) – UECE/FAFIDAM, Limoeiro do Norte, 2008. SCHEFFER, Rafael da Cunha. **Comércio de escravos do Sul para o Sudeste,** 1850-1888: economias microregionais, redes de negociantes e experiência cativa. 2012. Tese (Doutorado em História) – Unicamp, Campinas, 2012.

como sujeito, ou seja, autores de petições; e também como réus, pois uma vez que o crime fosse atestado, o escravo seria responsabilizado.[187] Segundo os autores, todas as demandas envolvendo cativos eram julgadas baseadas no direito comum e nas Leis Extravagantes, feitas especificamente para eles, inaplicáveis ao restante da população. Os casos envolvendo este segmento social eram julgados em todas as instâncias: locais, nas sedes das comarcas, capitanias e nos tribunais superiores.

Em tese, os escravos eram entendidos como coisa, *res,* e tutelados; não poderiam representar-se diante dos tribunais, necessitando, desta forma, de um indivíduo livre para acompanhá-lo. Porém, com uma realidade social tão complexa, as soluções se traduziam ambiguamente na legislação. Por exemplo, quando ocorriam punições excessivas, o escravo poderia recorrer à justiça para pedir a sua venda, havendo casos em que os cativos eram aceitos como testemunhas, tais como os que envolveram as causas espirituais e de interesse público. Na instância criminal, o direito luso permitia que os cativos testemunhassem em três situações: quando haviam sido quartados, se não houvesse outra forma de provar a verdade no processo, ou para atuar como informante.[188]

Orlando Patterson, ao realizar densa pesquisa sobre escravidão comparada em diversas sociedades e diferentes períodos, ressalta a ambiguidade contida pelas legislações no que se refere ao escravo. Assevera que a ideia do cativo como alguém sem personalidade legal não tem base na prática jurídica, pois tanto no período antigo, quanto no moderno, este era considerado sujeito diante da lei, sendo julgado e recebendo sentença, penas e punições.[189]

Jener Cristiano Gonçalves, ao pesquisar as demandas judiciais cíveis envolvendo a população cativa e liberta em Minas Gerais no período de 1716 a 1815, notou que os próprios escravos faziam-se representar nelas. Havia a necessidade inicial de que os indivíduos fossem alfabetizados para iniciar as ações, mas, de acordo com o autor, não houve menção de que estes indivíduos assumissem a total responsabilidade sobre o escravo.[190] Arno Wehling, de forma semelhante, verificou a existência de cativos como suplicantes diante do Tribunal da Relação do Rio de Janeiro.[191]

---

[187] WEHLING, Arno; WEHLING, Maria José. **O escravo na justiça do Antigo Regime**... p. 121.

[188] WEHLING, Arno; WEHLING, Maria José. *Idem*, p. 122. *Apud* **Ordenações Filipinas**, Livro III, t. 56.

[189] PATTERSON, Orlando. **Escravidão e morte social:** um estudo comparativo. Tradução de Fábio Duarte Joly. São Paulo: Edusp, 2008, p. 46-47.

[190] GONÇALVES, Jener Cristiano. **Justiça e direitos costumeiros:** apelos judiciais de escravos, forros e livres em Minas Gerais (1716-1815). 2006. Dissertação (Mestrado em História) – Universidade Federal de Minas Gerais, Belo Horizonte, 2006, p. 74.

[191] WEHLING, Arno; WEHLING, Maria José. *Idem*, p. 119-120.

A partir do contato com os manuscritos desta pesquisa, ficou clara a presença de cativos e quartados dando início às demandas cíveis. Considero o estudo destas demandas essenciais para compreender como se deu o acesso à justiça por estes sujeitos na localidade. Por exemplo, em 1745, em Brumado, arraial pertencente ao Termo de Pitangui, Ana crioula recorreu ao tribunal a partir de uma ação de embargo para tentar impedir a sua arrematação, feita pela sua dona, Potenciana Leite da Silva. Ana ressalta na petição que o seu antigo senhor, marido de Potenciana, havia lhe concedido a liberdade em 1742 por meio de quartação testamentária. Entretanto, após a morte dele, a sua mulher não estava respeitando os seus desejos, descumprindo com o estabelecido em seu testamento.

A suplicante declarou que já havia pagado 118 oitavas e ¼ de ouro das 200 oitavas pedidas pelo seu quartamento, comprovado por meio dos recibos levados ao iniciar a ação. Diante disso, desejava "saber da dita sua senhora porque foi sequestrada por este juízo [...] e de presente anda e passa para ser rematada, o que prejudica a sua liberdade".[192] Quando Potenciana foi chamada para a primeira audiência, afirmou que realmente a escrava havia sido quartada, mas que recebeu apenas 100 das 200 oitavas de ouro acertadas, "e para lhe passar a carta de alforria *devia* cem oitavas, que é a conta da dívida, justo preço".[193] Ana não pagou apenas as cem oitavas, como constava nos recibos e diante disso, seguiu firme na ação, como consta o manuscrito:

> Por embargo de prejuízo de terceira possuidora da liberdade ou como em direito melhor lugar seja, diz a embargada Ana crioula pela melhor via e forma de direito:
> E sendo na verdade que sua Senhora Potenciana Leite da Silva Dona viúva por muitos anos que contratou com ela dar-lhe a liberdade por esta quantia de ouro em que quartou. Que no ano de 1742 aos 8 dias do mês de outubro do dito ano ratificou sua senhora com ela embargante o dito contrato quartando-a em duzentas oitavas de ouro e firmou o dito contrato recebendo da mão dela embargante a quantia de cem oitavas de ouro como consta da dita quantia qual por ela assinado.
> De vinte oitavas de ouro que a embargante deu a esta sua senhora e uma oitava de ouro que também não lhe levou em conta de outro recibo antigo de onze oitavas de ouro e bem assim mais oito oitavas e quatro vinténs de ouro que lhe deve descontar pelo rol junto somado ao todo cento e trinta e sete oitavas e doze vinténs de ouro.

---

[192] IHP, Fundo CMP, Seção Justiça, Ação cível – Autora: Ana Crioula. Ré: Potenciana Leite da Silva. 1745, Cx 240/Dc 004, p. 3.
[193] IHP, Fundo CMP, Seção Justiça, Ação cível, *Idem*, p. 4.

> Que tendo a embargante dado a sua senhora a conta de sua liberdade a quantia sobredita de 137 oitavas ¼ e 4 vinténs de ouro para as 200 em que a quartou por nenhum direito pode ser rematada em praça como escrava, porque pelo mesmo direito tem a embargante requerido possa a sua liberdade *ex vi* da quantidade de oitavas de ouro que em dada a conta dela em tais termos por serem de direito deve ser isenta de rematação intentada pelo sequestro nela feito, porque do dito auto de sequestro a folha consta ser a embargante sequestrada em o ano passado de 1744 aos 17 de agosto do dito ano, depois da embargante ter adquirido posse de sua liberdade, o que consta do sequestro a folha.
> E que deseja ficar desobrigada e isenta da arrematação, como consta nos documentos que oferece.[194]

Este documento estava muito deteriorado e não havia mais nada após o depoimento da suplicante. Apesar da lacuna da fonte, é importante observar a postura de Ana diante do aparato jurídico de sua época: ela reafirma sua agência ao reivindicar justiça frente à situação em que se sentiu lesada, solicitando o cumprimento do que fora estabelecido pela testamentária do antigo senhor, na qual a favorecera com a quartação, e contrapondo-se à sua senhora mediante a apresentação de provas que confirmavam o pagamento de sua liberdade. Além disso, Ana deixava clara a sua posição: não poderia ser colocada em tal situação vexaminosa, sequestrada, posta em arrematação em praça pública, exposta à injustiça.

Outro documento teve como cerne o reconhecimento da liberdade, ou o respeito a ela outrora estabelecida, foi o de Domingas e seu filho Vitoriano, crioulos, que em 1764 iniciaram um libelo cível contra Raimundo Rodrigues de Paiva, para chamá-lo para uma audiência pública a fim de confirmar a liberdade dos suplicantes e parar de castigá-los como se fossem escravos. Os suplicantes ressaltaram que já haviam sido quartados, estando ambos próximos à liberdade e que Raimundo estava dificultando-a, por isso, nomearam Antônio de Abreu Castelo Branco como curador para que os representassem diante da justiça.[195] Este tipo de petição era iniciada quando o suplicante desejava requerer uma explicação do suplicado em relação a algum crime ocorrido, e também poderia ser criada diante da necessidade de se fazer alguma denúncia.[196]

---

[194] IHP, Fundo CMP, Seção Justiça, Ação cível – Autora: Ana Crioula. Ré: Potenciana Leite da Silva. 1745, Cx 240/Dc 004, p. 5 e 06.

[195] IHP, Fundo CMP, Seção Justiça, Ação cível. Autora: Domingas crioula e seu filho Vitorino crioulo. Réu: Raimundo Rodrigues de Paiva. 1764, Cx 128/Dc 021.

[196] CATÃO, Leandro Pena. **Pitangui Colonial**... p. 22.

Durante o depoimento da autora, a situação vai se esclarecendo: o seu antigo senhor, Francisco de Souza Pontes, concedeu a quartação a ela e seu filho quando ele ainda era vivo pelo valor de 160.000 réis. Porém, após a morte de Francisco, Raimundo os levou para sua casa e os obrigou a trabalhar como cativos, sob ameaças. Domingas alertou a justiça quanto ao testamento deixado pelo defunto e a necessidade de cumprimento da testamentária pelos herdeiros, não devendo ser tratados como cativos porque eram "forros e livres de toda escravidão, e o réu deveria ser condenado nos jornais que liquidaram e provaram e nas custas dos autos".[197] Adiante no processo, vi que a autora desejara desistir e arcar com os valores dos autos. Todavia, o seu curador insistiu na ação, afirmando que ela só desejava encerrar o libelo porque estava sofrendo retaliações por parte do réu:

> Sem que abrisse o termo de desistência feito pela autora à folha se deve mandar correr seu curso a presente causa mandando-se ao réu que contrarie o libelo, pena de lançamento findo o termo porquanto aquele termo foi feito pela autora com o temor de castigo que continuamente lhe ameaça o réu, cujo concebe por estar debaixo de seu domínio, e como seja pessoa miserável e ignorante de justiça, devo eu como curador que sou pelo termo de curadoria que assinei à folha defendê-la e diligenciar para que seja forra, pois na verdade se deve julgar; sem que isto possa causar na verdade porquanto as pessoas da qualidade da autora sendo tomado a Majestade de baixo de sua precisão em tanto que em alguma presente paga a mesma Majestade fazendo porção a quem as defenda, como é em a cidade do Rio de Janeiro segundo as notícias que tenha, assim do que tudo se deve mandar correr a causa seus termos na forma expressa *fact just da mos sol*.[198]

Além de relatar o problema enfrentado pela sua cliente, o procurador destacou ao juiz que pessoas do mesmo segmento social de Domingas também estavam utilizando do sistema jurídico como forma de garantir as suas demandas e alcançar a justiça. Fato que demonstra a circularidade de ideais e das *comunicações* jurídicas realizadas pelos escravos e libertos no território colonial. Ademais, neste caso, o precedente é solicitado pelo advogado como

---

[197] IHP, Fundo CMP, Seção Justiça, Ação cível. Autora: Domingas crioula e seu filho Vitorino crioulo. Réu: Raimundo Rodrigues de Paiva. 1764, Cx 128/Dc 021, p. 10/V.
[198] IHP, Fundo CMP, Seção Justiça, Ação cível. Autora: Domingas crioula e seu filho Vitorino crioulo. Réu: Raimundo Rodrigues de Paiva. 1764, Cx 128/Dc 021, p. 11.

argumento para requisição do "direito e justiça" da autora, demonstrando um exemplo da *heterorreferência* levada ao sistema jurídico, ou em outras palavras, da solicitação de abertura do sistema feita pelo ambiente.[199]

Além desta fonte relativa à Pitangui, também encontrei mais um exemplo da circularidade das *comunicações* entre os alforriados no território da América Portuguesa. No ano de 1732, um grupo de libertos de Pernambuco enviou ao rei um Requerimento pedindo a permissão para comporem o corpo de militares nas companhias da capitania.[200] Em 1746, igualmente, foi enviado ao Conselho Ultramarino um pedido dos "crioulos pretos e mestiços forros moradores de Minas Gerais" para adquirirem certos privilégios, dentre eles o de serem arregimentados e gozarem de tratamento e honra de que gozavam os homens pretos de Pernambuco, Bahia e São Tomé. A seguir, parte do requerimento:

> Os leais escravos e melhores vassalos de Vossa Majestade, os homens crioulos, pretos e mestiços forros moradores nas quatro comarcas das Minas Gerais do Ouro deste Governo e Bispado Para que Vossa Majestade [...] por bem de sua real grandeza os mande ali regimentar no mesmo modo tratamento, honra que gozam os homens pretos de Pernambuco, Bahia e São Tomé, com companhias úteis e necessárias nas vilas e terras para vos velarem, correrem e investigarem, rondando aquelas terras, serras, estrada, campinas, rios e matas para melhor conclusão e serventia do real serviço, pelos dos caminhos que ali o ouro e diamantes e outros mais bens do povo e prejuízos graves que dão os foragidos, ciganos e contrabandistas a Real Fazenda e aos moradores daquela povoação, como se faz crível e verossímil e os suplicante virem certos de que Vossa Majestade Seu Real Senhor está ciente. E que outrossim para ajuda de custo pólvora, chumbo e comestivo [...].[201]

Eis aqui a importância da propagação de informações entre os alforriados para a requisição de suas necessidades e para o que desejavam que se tornasse Direito. Como mencionei anteriormente, havia a necessidade de uma compreensão mínima acerca dos mecanismos relativos ao sistema

---

[199] LUHMANN, Niklas. O direito da sociedade... p. 500.
[200] Consulta de 15 de dezembro de 1732. *Idem*, p. 534.
[201] Arquivo Ultramarino, Projeto Resgate. Requerimento dos crioulos pretos e mestiços forros moradores em Minas pedindo ao Rei a concessão de privilégios vários, dentre eles de poderem ser arregimentados e gozarem do tratamento e honra de que gozam os homens pretos de Pernambuco, Bahia e São Tomé. AHU_ACL_CU_011, Cx. 69\Doc. 5 (1). Para acesso: http://resgate.bn.br/docreader/DocReader.aspx?bib=011_MG&pagfis=33711

jurídico e de acesso ao rei possibilitavam maior aquisição de demandas aos libertos e manutenção do *status* social alcançado. E esta compreensão e acesso poderia ser facilitada por meio do contato com oficiais camarários e advogados, pelo conhecimento das comunicações transformadas em petições endereçadas aos tribunais e pelos requerimentos e cartas enviadas ao próprio monarca.

Retornando à ação de Domingas e seu filho, após o curador dar continuidade na demanda, passaram-se dez dias e a ré não compareceu ao tribunal para manifestar-se. Diante disso, o representante jurídico do réu, João Alberto da Mota, replicou dizendo que não se devia demandar por "uma mentecapta que se mantêm em perpétuo silêncio e não está mais na causa, um dos essenciais requisitos que determina as Ordenações".[202] Assim, ressaltou que esta causa não poderia ser julgada pelo juiz ordinário, mas sim pelo de órfãos.

Nos próximos dias, a suplicante e seu curador se manifestaram para reafirmarem a quartação e a situação em que ela e seu filho estavam submetidos, pedindo ao juiz ordinário, Miguel de Faria Morato, que fizesse justiça. O advogado do réu disse que, se ela realmente quisesse a liberdade, deveria acabar de pagar por isso. No fim da ação, o filho de Francisco, por nome Miguel de Souza Pontes, e o Capitão Ignácio de Oliveira Campos afirmaram diante da justiça que Francisco havia passado a liberdade por crédito aos autores e que eles não poderiam mesmo voltar ao cativeiro. Portanto, Raimundo deveria arcar com os valores dos autos e Domingas deveria pagar os valores restantes pelo seu quartamento. No fim da demanda, Raimundo assumiu as custas do processo e os autores foram conservados em liberdade, de acordo com a sentença dada pelo juiz.

Acredito que uma das questões que mais incidiram para a sentença favorável aos suplicantes foi a atuação do advogado escolhido. Natural do Viseu, Portugal, formado pela Universidade de Coimbra, Antônio de Abreu Castelo Branco era filho de Isabel Maria Guedes Pinto e de José Rabelo Castelo Branco, o pai também nascido no mesmo local e com a mesma formação acadêmica.[203] A família Castelo Branco migrou para Pitangui no fim da primeira metade do século XVIII, acompanhada por Dom José Luis de Menezes Abranches Castelo Branco e Noronha, o Conde de Valadares,

---

[202] IHP, Fundo CMP, Seção Justiça, Ação cível. *Idem*, p. 14.
[203] Estas informações foram coletadas no site do Arquivo da Universidade de Coimbra na seção sobre o corpo acadêmico formado pela instituição. Para acessá-las: http://pesquisa.auc.uc.pt/details?id=189293&ht=ant%C3%B3nio|abreu|castelo|branco

que a partir de então governaria a Capitania das Minas Gerais, a pedido da Coroa. Além do pai, Antônio possuíra um tio de mesma profissão: Jorge de Abreu Castelo Branco, pai de Joaquina Bernarda da Silva de Abreu Castelo Branco, também conhecida como "Dona Joaquina de Pompéu", que depois veio a se tornar uma das maiores matriarcas da região durante o período, responsável pelos negócios da família.[204]

Além do processo de Domingas, também encontrei o caso de Antônia Ganguela que peticionou por meio de uma ação de depósito no ano de 1772 contra o seu antigo senhor. Este tipo de demanda era criada quando existia o desejo de entregar a guarda de um bem ou de uma pessoa a outrem.[205] Antônia movia a ação contra Manoel Rodrigues Vale com o objetivo de continuar o pagamento de sua liberdade, quase concluído em sua integralidade; porém, a autora encontrou um problema logo no fim da quitação. No documento, consta a seguinte afirmativa da suplicante:

> Diz Antonia Ganguela escrava que foi de Manoel Rodrigues Vale que a ela suplicante a quartou o dito seu senhor como consta do papel junto que dando ao mesmo várias parcelas de ouro lhe ficou restando sete oitavas e três quartos e dois vinténs de ouro, e como o dito seu senhor se ausentou fugitivo desta terra sem se saber parte certa aonde esteja e não saber a suplicante a quem há de entregar o dito resto o quer pôr em juízo nomeando vossa mercê depositário.[206]

Após a sua fala, foi lavrado o termo de depósito e Antônio Lopes de Faria foi nomeado como novo depositário. Como prova do trato feito com o senhor, ela apresentou diante do tribunal o documento feito por ele em 19 de abril de 1770, onde foi firmado o quartamento, bem como os registros de quitação do valor quase integral até o momento de início da ação. A alforria custara 25 oitavas de ouro e deveria ser paga em um ano com os jornais que Antônia realizava, de acordo com o estabelecido. Ao fechar o acordo, Manoel ainda ressaltou que, caso não conseguisse quitar todas as parcelas neste tempo, ela regressaria ao cativeiro. A quartada cumpriu com o que fora acertado, mas se viu desamparada diante de uma situação que poderia comprometer a sua liberdade. Diante disso, acionou a justiça como forma de garantir o que almejava: a liberdade. A petição

---

[204] OLIVEIRA, Laizeline Aragão de. Nos domínios de Dona Joaquina do Pompéu: negócios, famílias e elites locais (1764-1824). 2012. Dissertação (Mestrado em História) – Universidade Federal de Ouro Preto, Ouro Preto, 2012.

[205] CATÃO, Leandro Pena (org.). **Pitangui Colonial**: história e memória. Belo Horizonte: Crisálida, 2011, p. 21.

[206] IHP, Fundo CMP, Seção Justiça, Ação cível – Autora: Antônia Ganguela (escrava). Réu: Manoel Rodrigues Vale. 1772, Cx 233/Dc 001.

não teve resolução, interrompida na fase de apresentação à justiça dos créditos pagos por Antônia a Manoel, ou fora resolvida informalmente, por meios extrajudiciais.

Outro processo, e talvez o mais rico em informações concernentes ao acesso à liberdade por parte de cativos foi o de Joana, citada no documento como escrava Angola, moradora no Arraial do Onça, Termo de Pitangui. Aos 13 dias de março de 1770, ela procurou a justiça contra Manoel Francisco Soares para que este fosse ao tribunal reconhecer o trato anteriormente estabelecido entre ambos e que no momento não estava sendo cumprido. Como troca de sua alforria, Joana entregou ao réu uma escrava moça por nome Francisca, mas isso não o satisfez, dizendo que só a libertaria se lhe pagasse 200 oitavas de ouro. Joana nomeou como seu curador Manoel Ferreira da Silva, pediu ao juiz que a colocasse em depósito em mãos de pessoa idônea e solicitou que pudesse se ausentar do trabalho por três dias para dar andamento no litígio, pagando ao seu senhor meia oitava por semana.[207]

O depósito de Joana foi feito no mesmo dia em que a ação foi iniciada pelo juiz de vintena do arraial e logo depois também pelo juiz ordinário de Pitangui. Ela ficou sub tutela de Antônio Esteves Lima e logo em seguida o réu foi chamado para falar nos auditórios da vila. Manoel nomeou João Alberto da Mota como seu advogado e disse que a autora da ação não deveria ser conservada em depósito, já que não pagou a sua quartação integralmente. Feito isso, os dois juízes, de vintena e ordinário, sentenciaram da seguinte forma: deram os dias para que Joana conseguisse o dinheiro a partir de jornais para a quitação de sua liberdade e ela arcaria, também, com os custos da ação. Entretanto, o advogado do réu pediu que houvesse o agravo das sentenças proferidas e que elas fossem analisadas pela instância superior, pelo ouvidor geral e corregedor.

O réu ressaltou a José Francisco Xavier Lobo Peçanha, ouvidor de Sabará, sede da comarca do Rio das Velhas, que o agravo se justificava porque, além de Joana manter-se fugida durante dias de sua casa, não fazendo os trabalhos de sua responsabilidade, ainda "amigou com um dito Manoel Dias, morador no termo daquela vila, os quais com liberdade continuam os seus lascivos tratos. E como se tudo isso não bastasse, Joana ainda acionou a justiça para demandar contra ele, dando a ele em satisfação apenas outra escrava".[208]

---

[207] IHP, Fundo CMP, Seção Justiça, Ação cível. Autora: Joana (escrava nação Angola). Réu: Manoel Francisco Soares. 1770, Cx 130/Dc 036.

[208] IHP, Fundo CMP, Seção Justiça, Ação cível. *Idem*, p. 9.

Manoel desejava que a agravada não fosse posta em depósito, que desse fiança pelos jornais que realizava e que ambas as escravas ficassem sob sua tutela. O curador do agravante afirmou que o juiz não poderia privá-lo da posse e administração de Joana, pois "o servo pode ser retido na escravidão e obediência de seu senhor, pois o depósito de sua pessoa não a exime totalmente da servidão", de acordo com as Ordenações. Além disso, disse que os dias que a cativa se ausentava para demandar lhe causava danos e que os doze vinténs por semana pagos por ela por meio de jornais são contra toda a forma de direito, pois desejava a liquidação completa do valor; ademais, disse que poderia castigá-la, caso desejasse. Diante disso, o curador pediu, também, o embargo da ação movida pela autora.[209]

Na sequência do processo, o advogado da autora, embasado nas leis e perante a tudo que disse vivenciar na capitania, destacou que o agravante só poderia utilizar deste pleito entre senhor e escrava para que a mesma contribuísse durante três dias em seu poder se fosse em Lisboa ou no reino de Portugal, onde os homens, ou na presença do rei e de outras autoridades, pois lá eles "são mais observantes das leis, mais civilizados, mais humanos e mais pios, e não usam para com os escravos daquele rigor, tirania que se pratica nestas conquistas, como mostra a experiência".[210] Disse, ainda, que era fácil para os senhores procederem desta forma contra os seus cativos devido ao grande território do Brasil:

> Sendo fácil pela largueza das terras procederem os senhores contra os escravos de modo que sem remédio algum para as tiranias, opressões e violências, transportando os ditos escravos para partes remotas onde não possa facilmente haver notícia deles, fingindo-os fugidos e castigando-os onde modo os pareçam imputando a moléstia os efeitos de sua tirania, usando de outros meios que lhe impeçam a verdade de sua justiça, fundados na bárbara política de pretenderem com excessivos rigores dar exemplo aos demais.[211]

O advogado destacou em seguida que o caso de Joana Angola era apenas mais um que Raimundo Rodrigues de Paiva estava envolvido, citando o caso que mencionei anteriormente em que Domingas e seu filho litigiaram contra ele para terem as suas liberdades confirmadas, no ano de 1764. De acordo com o curador da autora, após a morte de Francisco de Souza Pontes

---
[209] IHP, Fundo CMP, Seção Justiça, Ação cível. *Idem*, p. 9/Verso e 10.
[210] IHP, Fundo CMP, Seção Justiça, Ação cível. *Idem*, p. 10-12.
[211] IHP. Fundo CMP, Seção Justiça, Ação cível. *Idem*, p. 13.

as escravas que eram de sua posse ficaram quartadas e livres da escravidão, entretanto, Raimundo Rodrigues de Paiva as levou para casa e passou a utilizá-las como cativas. Além disso, ressaltou a "astúcia para as induzir com rigor e omisso ao declarar por várias vezes que elas queriam ser cativas e assim o fez na presença do juiz ordinário". Após servirem durante um tempo em sua casa, o Capitão Ignácio de Oliveira Campos, – companheiro de Raimundo –, observou que as mulheres estavam nesta situação "mais por temor do que por livre vontade, [...] e percebendo que elas não tinham obrigação de cativeiro algum, as mandou irem para onde quisessem".[212]

Um dos pontos mais relevantes deste documento, além da requisição de confirmação de liberdade feita por Joana, é a fala do procurador da autora, na qual salienta a prática da (in)justiça dos senhores para com os escravos na América Portuguesa, em relação à (teoricamente) praticada em Portugal. De acordo com ele:

> Este os efeitos comuns do Brasil a todos os pleitos de semelhante qualidade e estas razões gerais que incorrem em qualquer senhor a respeito de litigiarem seus escravos para deverem estes pôr em servo depósito e os que particularmente concorrem no agravante ainda são de mais consideração para coletar o depósito feito pelo juiz a que o qual assim procedeu justamente para atalhar as tiranias e pressões que claramente percebeu usaria o agravante com a agravada e foi o caso.[213]

Adiante, realçou a falta de respeito com as leis estabelecidas quando o réu adentrou ao tribunal sem fazer nenhum requerimento ao juiz que estava em audiência com a autora, retirando-a pelo braço do auditório, repetindo várias vezes que era sua escrava e que era lícito segurá-la de qualquer forma onde estivesse. Foram necessários vários requerimentos protocolados para que Raimundo fizesse o depósito de Joana, evitando mais episódios violentos e a morte, até que o veredito final desta ação fosse dado pelo ouvidor. Apesar de tudo, o réu negava as agressões destacadas pela autora e a classificava como "fingida". Como sentença, o ouvidor determinou que Joana deveria pagar 12 vinténs a ele por três dias que realizava os jornais, até a quitação total de sua liberdade.

Com o processo correndo na segunda instância, a autora recorreu ao corregedor da comarca para que ficasse sob a sua proteção a partir de depósito, longe da tirania na qual estava exposta, obrigada a viver "de porta a

---

[212] IHP, Fundo CMP, Seção Justiça, Ação cível. *Idem*.
[213] IHP, Fundo CMP, Seção Justiça, Ação cível. *Idem*, p. 13/Verso.

dentro com ele, sendo obrigada a jornal arbitrado". O réu insistiu no agravo porque, de acordo com ele, a autora andava fugida há tempos e que agora retornara àquele arraial e de nenhuma forma os juízes poderiam privá-lo de sua administração. Em vista disso, o advogado de Joana recorreu então a um pedido de desagravo junto ao ouvidor.

Após a análise das falas dos advogados das partes envolvidas e dos artigos das Ordenações que mencionavam a questão da posse e direito sobre os escravos, o ouvidor deu a sua sentença:

> Em observância da sentença de desagravo que obteve o agravante na superior instância reforma o desagravo folha seis e folha sete proferido nestes autos pelo juiz meu companheiro do qual se agravou, e mando que na posse de sua escrava se conserve o agravante enquanto a mesma não mostrar que legitimamente lhe compete a liberdade e seja tirada daquele depósito em que foi posta a dita escrava. Vila de Pitangui, 29 de maio de 1770.
> José Francisco Xavier Lobo Peçanha.[214]

A ação não terminou desta forma, pois o advogado da autora pediu mais uma audiência para que fosse protocolado o pedido de embargo desta sentença, no mesmo dia em que ela foi dada. O advogado de Joana justificou o embargo dizendo que o veredito final precisava ser reformado; já o advogado de Manoel disse o contrário, que precisava ser mantido, pois Joana não quitou totalmente a sua liberdade. Após isso, houve a decisão de manter a sentença e a autora da ação deveria quitar os valores gastos nos autos.

Apesar da decisão do juiz, Joana e seu advogado ainda recorreram à justiça mais uma vez para pedir que não fosse retirada do depósito para voltar a viver sob custódia de Manoel, principalmente porque Joana já havia conseguido durante os autos o poder de ficar três dias na semana para tratar de sua justiça. Alertou, veemente, os castigos que sofria em poder de Raimundo e que ele deveria ser punido por ser desobediente ao determinado pela justiça. Diante disso, Joana e seu advogado recorreram ao rei, em Portugal, enviando o requerimento de desagravo da sentença proferida pelo ouvidor de Sabará. No documento, a autora pedia que fosse mantida em depósito, visto as violências sofridas há muito tempo por parte de seu senhor. Além disso, o advogado da suplicada ressaltou que o fato dela "ser cativa lhe não impedia de tratar de suas justiças nem era motivo para

---
[214] IHP, Fundo CMP, Seção Justiça, Ação cível. *Idem*, p. 28.

o juiz não lhe querer ouvir em juízo e atender ao seu direito". O desagravo foi concedido pelo rei e a autora da ação foi retomada ao depósito, mas as ameaças por parte do réu ainda prosseguiram.

No fim do processo, no dia primeiro de setembro de 1770, Joana falou em audiência que desistia da ação que movia contra o réu, pois o mesmo a reconheceu como forra. Na mesma audiência, Manoel disse que cedeu a liberdade a ela e que receberia a outra escrava por nome Francisca, nação Benguela, posta em depósito no juízo.

Este é um dos maiores processos encontrados e selecionados para análise, sua riqueza está diretamente relacionada com o número de réplicas por parte dos envolvidos, e no fato de ter alcançado a instância maior, que era o próprio rei. Contribui para uma melhor compreensão sobre a forma como os escravos se comportavam diante do aparato judicial, como eram representados pelos seus advogados e como eram tratados pelas outras partes envolvidas: adversários e autoridades. Ademais, é importante perceber como alguns casos estavam conectados, como o de Domingas e seu filho ao de Joana, ambas lutando contra um denominador comum: o mesmo indivíduo, o não respeito à quartação cedida pelo antigo senhor morto, seguido pelo evidente perigo de reescravização e violência.

Destaca-se, nesta petição, o fato de o advogado da autora interpretar a forma como os senhores de escravos se comportavam no Brasil: grosseiros, violentos e sem nenhum medo de punição, fazendo o que querem com os que estão abaixo de seus poderes. Por esta razão, o curador da suplicante pedia ao ouvidor e às demais autoridades que cumprissem com as suas funções públicas, que de acordo com ele era: "a proteção aos miseráveis, contra as insolências dos poderosos". Outro ponto importante é a parte em que o procurador de Joana elenca que o fato de ser cativa não deveria a excluir do aparato burocrático, podendo ela recorrer a ele diante das injustiças sofridas e, principalmente, para tratar "de sua justiça".[215]

Ademais, é interessante destacar que o advogado de Joana entendia a autoridade Real em terras colonizadas como falha, uma vez que não conseguia estender os seus domínios por meio da exata aplicação da jurisdição portuguesa e controlar a tirania de seus vassalos. À vista disso, podemos perceber que o representante jurídico, teoricamente vassalo do rei, criticava o funcionamento do aparato burocrático e da justiça na América Portuguesa em razão da distância entre teoria e a prática, o *de jure* e o *de facto*. Nesse

---

[215] IHP, Fundo CMP, Seção Justiça, Ação cível. *Idem*, p. 11/verso e 12.

sentido, é oportuno citar também como é aludida a questão da ambiguidade das leis nas Ordenações pelo curador da quartada, quando é mencionada a atitude dela ao requerer petições:

> Na agravada não só incorre a razão de petição da Lei 16ª.*3. tt 31* porque demanda em sua própria pessoa, que se reputa *di fact est res mobilis,* mas ainda outra muito maior e vem a ser a franqueza e liberdade que se deve facultar aos litigantes para tratar de suas causas, mostrado seu direito, o que não pode considerar-se em uma escrava que ao mesmo tempo que em juízo requer contra seu senhor, há de viver de umas portas a dentro com ele com reverência e sujeição servil.[216]

Nesta parte do processo, o advogado elenca que o fato da autora ser *res mobilis* não deve ser considerado motivo para não haver justiça, ou seja, isso não poderia ser usado como empecilho para que ela tratasse de seu direito, ainda que fosse contra o seu próprio senhor. Posteriormente, baseado nas Ordenações, citou que quando houvesse adultério ou violência no âmbito privado a vítima teria o direito de "separar-se por autoridade própria, antes de mostrar-se judicialmente". Portanto, além de não poder ser considerada escrava por estar sob processo de liberdade por meio da quartação e pagamento de jornais, poderia livrar-se de seu proprietário no momento em que se sentisse lesada, abusada, ou violentada, principalmente estando debaixo do mesmo teto. E isso tudo por si só justificava, de acordo com o advogado de Joana, o direito de ela peticionar contra os maus tratos que estava exposta e em defesa de sua liberdade em curso.

A significativa atuação deste advogado nos levou a pesquisar sobre a sua vida. Manoel Ferreira da Silva veio de Lisboa, casou-se com a filha do vigário encomendado Jorge de Abreu Castelo Branco e foi um diligente estudioso do direito, jurisprudência, moral, teologia e filosofia, em seu testamento e inventário *post mortem* deixou grande volume de livros sobre estes temas. Possuía bens móveis e imóveis, e manteve contato com pessoas influentes em Pitangui, tais como o vigário Antônio Pereira de Azevedo. Por meio de correspondências trocadas entre Manoel e o padre, observei que eles teceram questionamentos sobre a legislação eclesiástica lusa vigente e sobre negócios mercantis sigilosos. Entretanto, o mais interessante verificado foi o fato de o advogado possuir uma filha casada com Antônio Dias Teixeira das Neves, filho do capitão-mor de mesmo nome, que era cabeça do *Partido Castelhano*. Além disso, em uma devassa Manoel e o vigário foram

---

[216] IHP Fundo CMP, Seção Justiça, Ação cível. *Idem*.

citados como réus, acusados de envolvimento com contrabando na praça de Colônia do Sacramento e adjacências.[217] Estas informações lançam luz sobre a postura crítica do advogado frente à justiça portuguesa no caso de Joana Angola, feita por alguém contrário ao governo luso, com posicionamento político adverso.

Retomemos o assunto dos problemas envolvendo as liberdades condicionais, cedidas a partir das quartações, comuns durante o período colonial e imperial, tanto em Portugal quanto em suas colônias, gerando inúmeras petições. De acordo com Andréa Lisly Gonçalves, Portugal estabelecera normas baseadas nos costumes para tratar deste tipo de manumissão desde o contato com os mouros e africanos. Na metrópole, fora criado um termo para designar o cativo sob processo de liberdade por meio de quartação: o *meio forro*. A autora ressalta que a negociação feita pelas partes era realizada a partir do que era conveniente para ambos, definindo prazos e valores que não eram apenas consenso do senhor.[218]

Os tratos concernentes à liberdade definidos entre escravos e senhores nem sempre se deram de forma harmoniosa, pois os proprietários sempre desejavam a garantia do que era posto e que estes acordos não lhes trouxessem prejuízos, mas sim lucros. Em alguns casos verificados em Minas Gerais, o valor adquirido pelos senhores com as quartações foi tão significativo que estes chegaram a ganhar três vezes mais que o valor dado inicialmente pela compra do escravo, de modo que o quartamento se afigurava para os proprietários como algo rentável. Outro fator que alude a essa questão é que, diante da não quitação das parcelas por parte do cativo, ele poderia ser reescravizado, assegurando que o proprietário jamais sairia lesado da negociação.[219]

Os casos encontrados nesta pesquisa, somados aos dados trazidos pelos autores que também trabalharam com ações cíveis na capitania de Minas, denotam a fluidez do direito comum, subsidiário às leis régias, aplicado à América Portuguesa. Em determinados documentos o escravo encontrava-se na categoria de mercadoria, dotada, por conseguinte, de valor de uso e de troca, compondo-se como objeto de operações comerciais, ações impetradas, contendas e acertos. Mas em outros manuscritos era entendido pelos seus representantes jurídicos como indivíduo dotado

---

[217] BARBOSA, Faber Clayton. *Idem*, p. 142-143.
[218] GONÇALVES, André Lisly. **As margens da liberdade:** estudo sobre a prática de alforrias em Minas Gerais colonial e provincial. Belo Horizonte, MG: Fino Traço, 2011, p. 222.
[219] GONÇALVES, André Lisly. *Idem*, p. 222-223.

de voz, que poderia acionar a justiça em situações arbitrárias ou quando se sentisse lesado; fato que vai de encontro com a proibição de escravos iniciarem petições, de serem apenas objetos, sem consciência de direitos e deveres, alheios ao âmbito jurídico.[220]

Mesmo após receberem a liberdade, muitos libertos precisaram comprovar o *status* social a partir da posse da carta de alforria ou do documento de corte, pois sem eles corriam o risco de serem reescravizados. Paulo Rodrigues, homem pardo que viveu em Pitangui durante o século XVIII exemplifica essa situação. No ano de 1747, iniciou um libelo de injúria, perdas e danos contra Cipriano Coelho porque o réu havia lhe difamado publicamente dizendo que não era liberto, mas sim escravo. Em seu depoimento, Paulo ressalta que é filho de Manoel Rodrigues Rocha e de sua mãe, Felipa Cabra, que era escrava de seu pai, mas que fora batizado no Rio de Janeiro. Há oito anos o autor tinha vindo do Rio para São João Acima, arraial de Pitangui, viver e cuidar de seus negócios. Nesse período, Cipriano denunciou ao capitão André Nunes que Paulo era cativo e que andava com um facão, logo, deveria ser preso, o que de fato ocorreu.

Paulo destacou na petição que estava vivendo na cadeia de forma precária, sem comida, sem água e sem vestuário. Antes de ser preso, realizava o seu ofício de sapateiro de forma honesta e até mesmo os presos que compartilharam os dias com Paulo se compadeceram dele e "fizeram uma petição para se mostrar o autor liberto, que justificou na qual lhe deixaram o direito reservado de perdas e danos de quem direito fosse"; e que "ele não era bêbado, jogador ou malfeitor".[221] Em decorrência disso, pedia que o réu fosse condenado na mesma quantidade de dias da prisão que o autor ficou preso e meia pataca para pagar os custos da petição. Em depoimento, o réu assumiu o erro e disse ter "ajustado com o suplicante a dar-lhe uma farda de pano, vestia, calça, camisa, chapéu grosso e a pagar-lhe todas as custas do auto, fazendo a desistência da ação. Como sentença, Cipriano Coelho foi condenado e teve que pagar os gastos com a ação e ressarcir o autor.

Nesta ação, juntamente à questão do perigo de reescravização, chama atenção o fato da solidariedade dos outros presos em relação a Paulo, homem pardo, tido como correto e sem motivos para estar preso, alvo, de fato, de

---

[220] LARA, Silvia Hunold. "Legislação sobre Escravos Africanos na América Portuguesa". *In:* José Andrés-Gallego (coord.). **Nuevas Aportaciones a la Historia Jurídica de Iberoamérica.** Madrid: Fundación Histórica Tavera/Digibis/Fundación Hernando de Larramendi, 2000 (Cd-Rom).

[221] Fundo CMP, Seção Justiça, Ação cível. Autor: Paulo Rodrigues (homem pardo). Réu: Cipriano Coelho. 1747, Cx 140/Dc 001, p. 6.

uma injustiça. Ademais, ainda mais notável foi a atitude do réu em admitir o erro e tentar compensar os padecimentos sofridos pelo suplicante, comprando-lhe indumentárias típicas de pessoas mais abastadas.

Outra situação que teve como cerne a autonomia/proibição dos cativos e libertos para tecerem relações socioeconômicas e atuarem em tribunais foi a de Antônio da Rocha, preto forro. Em maio do ano de 1753, no arraial do Onça, Antônio Francisco Gomeiro apresentou-se ao juiz de vintena para iniciar uma ação de crédito contra Antônio da Rocha. O motivo da demanda era a dívida elencada pelo suplicante no total de 1200 réis, procedida de um cavalo que o réu lhe comprou. No princípio do processo, o autor apresenta o comprovante do crédito feito e assinado pelas testemunhas em primeiro de setembro de 1751, período em que ocorrera a transação econômica não era no valor de 1200 réis, mas de 2000 mil réis. As testemunhas que assinaram o comprovante pelo suplicado por ele não saber ler e escrever foram: Diogo Rodrigues de Sousa, Manoel Gomes Soares e Anastácio Pereira da Cruz. No documento, Antônio da Rocha nomeava-se fiador e principal pagador, responsabilizando-se à quitação.[222]

Percebendo que o problema não teria rápida solução, Antônio Gomeiro procurou Francisco José Rodrigues para atuar como seu procurador. Antônio da Rocha também nomeou um advogado, Antônio Francisco Correa, que apresentou no mesmo mês o pedido de ajuntada[223] ao juiz Bento do Rego da Silva Soutomaior. Após a reunião de novos documentos, o réu compareceu à justiça e argumentou o seguinte: que realmente fora citado como fiador e principal pagador de um crédito que abonou a Diogo Rodrigues de Souza, procedido de um cavalo que havia comprado a Thomas de Aquino César, reconhecendo que deveria fazer o pagamento e assinação nos próximos 10 dias. Todavia, o suplicado pedia vista[224] ao processo por ainda não ter assinado e abonado a dívida, pedindo exceção de justiça em razão de que quando realizou a transação era cativo, como comprova o mesmo bilhete de crédito, e cativos não poderiam realizar tratos mercantis. Desta forma, justifica o pedido de exceção desejando não ser responsabilizado pelo dito negócio.

---

[222] Fontes: Instituto Histórico de Pitangui, Arquivo Histórico de Pitangui – Seção colonial, Série – Ações cíveis. Autor: Antonio Francisco Gomeiro. Réu: Antonio da Rocha preto forro. 1753. Cx 208/056, p. 3 e 03/verso.

[223] De acordo com o vocabulário jurídico, ajuntada é a parte do processo em que o advogado apresenta ao juiz mais dados que auxiliem na interpretação e significação do que já fora elencado. SILVA, De Plácido e. **Vocabulário Jurídico**. atualizadores: Nagib Slaibi Filho e Priscila Pereira Vasques Gomes. 31. ed. Rio de Janeiro: Forense, 2014, p. 146.

[224] De acordo com o vocabulário jurídico, dar vista ao processo significa "dar exame, ou ação de ver para examinar, ou ter ciência. SILVA, De Plácido e. **Vocabulário Jurídico**. *Idem*, p. 2247-2248.

O pedido de vista foi aceito pelo juiz e o procurador do réu argumentou o seguinte:

> 1 - Que se mostra dos autos ser o réu demandado para satisfazer a quantia de que reza o crédito página 2 como função de que o excipiente se obriga se confesse como fiador na principal pagador [...]
> 2 - Que conforme o Direito ninguém dará foro [deteriorado] em juízo sem ação antes se lhe deve denegar audiência ainda que pela contra quem se intenta o não requeira. E assim,
> 3 - Que o excipiente no tempo que se obrigou como fiador não era livre, mas sim cativo de Dona Maria Rosa Soares Sandoval que o dominaria possuía como seu escravo e muito depois de seu falecimento é que se lhe passou carta de alforria, em cujos termos não tem ação contra o excipiente.
> 4 - Que os escravos cativos não podem contratar e quando de fato façam algum contrato, não resulta desta obrigação civil somente em natural que não produz ação que se possa intentar em juízo, nem pela liberdade supostamente se relida ou retifica o contrato ou obrigação contraída no cativo, como é a de que melhor se trata, cujo motivo deve julgar caso ser o autor da ação contra o excipiente como de crédito se mostrará.
> 5 - Que o excipiente é de verdade e consciência que se assim não o fora, e não havia alegar.
> Antônio Francisco.[225]

O argumento do advogado do preto forro convenceu o juiz, que logo concluiu o caso e o deu por encerrado. Entretanto, o representante jurídico do suplicante, insatisfeito, pediu vista à sentença proferida na tentativa de que o réu se responsabilizasse e pagasse o que devia a seu cliente. Após analisar os dados apresentados pelo advogado de Antônio Gomeiro, o juiz optou pela retomada do processo para melhor interpretá-lo e ressaltou o seguinte:

> Sem embargo de exceção se continuem os termos da causa e sua execução contra o réu, visto se mostrar estar o réu existindo ao presente em sua liberdade tempo em que licitamente pode ser demandado, suposto que alegue ser cativo ao tempo do contrato, pois segundo o costume sem obstáculo podem os escravos ainda existindo em cativeiro quando por seus senhores lhes é dada licença para negociarem, poderem demandar e serem demandados e, principalmente, pode ser o réu ao presente por estar em liberdade, e ainda que assim

---

[225] Fontes: Instituto Histórico de Pitangui, Arquivo Histórico de Pitangui – Seção colonial, Série – Ações cíveis. Autor: Antonio Francisco Gomeiro. Réu: Antonio da Rocha preto forro. *Idem*, p. 6.

> lhe fosse liberto e aquele costume não houvesse como seja de direito certo que os servos e filhos famílias se equiparam e os filhos famílias podem ser demandadas pelas dívidas contratadas no pátrio poder quando nele não existisse por emancipação o que visto e mais ditos em mais caso e serem em fé da dita expansão oferecida onde ao réu naquela pedia e nas justiças vila de Pitangui, 5 de junho de 1753.
> Bento do Rego Souto Maior. [226]

Após a fala do juiz, houve o encerramento da ação e a sentença favorável ao autor. Entretanto, em junho do mesmo ano, o advogado do réu pediu o agravo da decisão local para a próxima instância, a ouvidoria de Sabará. A tentativa de reverter a sentença a favor de seu cliente fundamentava-se nas Ordenações Filipinas, citadas perante o ouvidor:

> 1 - Agrava-se a mercê Antônio da Rocha réu por direito nesta vila de Pitangui a Doutor Bento do Rego da Silva de Soutomaior em razão do crédito sendo ajuizado o agravante como fiador de Diogo Rodrigues de Sousa firmava uma exceção fundada em ser ao tempo da fiança escravo cativo e que suposto não se achava em estado livre não podia ser demandado, sendo assim com audiência lhe foi rejeitada, no que lhe fiz o notório agravo porque,
> 2 - Há sem dúvida que dos contratos dos escravos somente resulta obrigação natural, sem a cível que não produz ação Pg. 3, capítulo 6 número 5 ... Fontenell do pract.
> 3- E na forma que ainda depois de posto em liberdade não podia ser demandado pelos contratos feitos no cativeiro.
> 4 - Sendo certo os escravos que *adjus civile* não tem posse.
> 5 - Que suposto que em esta ser admitida a dita exceção e se lhe assinarem os dez dias para provar a conclusão de sua matéria se fez no termo agravo ao Agravante que os porá neste retíssimo juízo ser provido como costumada justiça. E custas.
> Antonio Correa Ribeiro.[227]

Para corroborar com os argumentos do procurador, Antônio da Rocha pediu que três testemunhas depusessem a seu favor. A primeira, Baltazar José Barbosa, morador em São João d'El Rei, minerador de 48 anos de idade, disse que na época em que a dívida foi registrada Dona Maria Rosa Sandoval, sua prima, era dona de Antônio da Rocha, e que após a morte dela ele ficaria liberto do cativeiro. Disse também que conhecia o forro há muitos anos e

---

[226] *Ibidem*, p. 8.
[227] Fontes: Instituto Histórico de Pitangui, Arquivo Histórico de Pitangui – Seção colonial, Série – Ações cíveis. Autor: Antonio Francisco Gomeiro. Réu: Antonio da Rocha preto forro. *Idem*, p. 7-8.

que ele era "pessoa de muita verdade". A segunda testemunha, Antônio José Ribeiro Cerpa, morador no arraial do Onça que vivia de agência, 24 anos, disse que sabia por ouvir dizer que no tempo em que o crédito fora feito Antônio da Rocha era cativo, não forro.

Já a última testemunha, Tomé da Rocha Brito, preto forro, morador no Onça, minerador de 30 anos, ressaltou que no tempo do contrato e obrigação do crédito assim se achava o réu com sua carta de liberdade passada pela defunta Dona Maria Rosa e que apenas por falecimento desta ele estaria na condição de liberto. Todavia, o capitão Manuel da Silva não quis ceder imediatamente a liberdade dada pela defunta Dona Maria Rosa ao réu dizendo que nada foi acordado e que Antônio da Rocha deveria permanecer em cativeiro.

A partir do que fora exposto, o ouvidor entendeu como viável o pedido do advogado do réu e concedeu a exceção de justiça, enviando a decisão ao juiz ordinário de Pitangui em 22 de junho de 1753 para executá-la. Desta forma, o processo seria encerrado e a sentença publicada. Entretanto, após duas semanas, o autor e seu advogado pediram a revisão do processo na tentativa de, mais uma vez, reverterem a situação. Como o pedido não foi aceito pelo juiz, o suplicante requereu o embargo da sentença proferida pelo ouvidor e a ação perdurou por mais 6 meses, entre depoimentos e apresentações de vistas de ambas as partes envolvidas.

Em janeiro de 1754, Antônio da Rocha apresentou-se ao tribunal de Sabará para jurar sobre os Santos Evangelhos, "sem dolo e malícia", se as informações concedidas às duas instâncias eram verdadeiras. Em seguida, Antônio Gomeiro também se fez presente para depor e disse que havia chegado a um acordo com o réu da seguinte forma: o suplicante desistiria da ação e pagaria as custas do processo e o suplicado arcaria com a dívida do cavalo outrora realizada. A sentença foi dada e o juiz José Antônio Forte de Magalhães a publicou. Quem se deu bem foi Antônio da Rocha, que pagou apenas os dois mil réis referentes ao crédito. Já Antônio Gomeiro pagou muito maior que o réu, 14 oitavas, 4/4 e 32 vinténs pelos honorários da ação e oficiais de justiça envolvidos nas duas instâncias.

Antônio da Rocha também esteve presente em mais duas ações de crédito, em 1753, meses antes de responder à ação acima, e em 1754. Na do mesmo ano, foi acusado de dever a Francisco Borges Vieira o valor de 60 oitavas e ¾ de ouro, procedidos de um acordo feito anteriormente. O acordo consistia em o suplicante pagar ao antigo dono a sua alforria e de sua mulher e depois pagariam ao suplicante a quantia das manumissões de forma parcelada. Como ficaram devendo por muito tempo algumas parcelas, Francisco acionou o meio legal e os suplicados responderam judicialmente e assumiram o compromisso de quitar o restante perante o juiz.[228]

Um ano depois, Antônio fora chamado novamente ao tribunal para responder sobre a dívida de um escravo por nome Francisco de nação Angola. O Sargento-mor João Fernandes Lobato asseverou que havia pedido várias vezes ao réu o valor e mesmo assim não recebia, portanto, a única forma de receber seria pelas vias legais. Após receber o pedido de comparecimento em audiência, Antônio fez-se presente sozinho e declarou o seguinte:

> Digo eu Antônio da Rocha e minha mulher Domingas Ribeiro que é verdade que nós devemos a João Ferreira Lobato 68 oitavas de ouro em pó procedidos de um negro novo de nação Angola por nome Manoel o qual lhe compramos muito a nosso contento quanto em preço como em bondade cuja quantia pagaremos a ele dito ou a quem este nos mostrar em dois pagamentos iguais a saber da fatura deste a um ano oitenta e quatro oitavas e o resto que são oitenta e quatro oitavas da fatura deste a dois anos para cuja satisfação obrigamos nossas pessoas e bens havidos e por haver e o mesmo escravo até a última satisfação e por não sabermos ler nem escrever pedimos e rogamos a Manoel Gomes Soares que este por nós fizesse e a nosso rogo assinasse e nos assinamos com os nossos sinais costumados que é cada um uma cruz estando presente partes testemunha Jose Pinheiro. Declaramos que o negro se chama Francisco, não Manoel.[229]

Ao assumir a dívida, os réus foram condenados igualmente ao pagamento das custas do processo. Ao analisar esta ação, torna-se claro que uma das primeiras coisas feitas pelo casal após adquirirem a liberdade foi comprar um cativo, que além de poder auxiliá-los nas tarefas cotidianas era um bem que trazia *status* social.

Tanto os casos de Antônia Ganguela, Ana Crioula, Domingas, Joana e Paulo, quanto os casos de Antônio da Rocha, lançam luz sobre a problemática da autonomia dos cativos, quartados, libertos e livres de ascendência africana perante os tribunais e nos tratos mercantis do cotidiano. Em específico, a

---

[228] Fontes: Instituto Histórico de Pitangui, Arquivo Histórico de Pitangui – Seção colonial, Série – Ações cíveis. Ação de crédito. Autor: Francisco Borges Vieira. Réu: Antonio da Rocha, preto forro. 1753, CX 209/014.

[229] Fontes: Instituto Histórico de Pitangui, Arquivo Histórico de Pitangui – Seção colonial, Série – Ações cíveis. Ação de crédito. Autor: Sargento-mor João Fernandes Lobato Réu: Antonio da Rocha, preto forro. 1753, CX 209/040.

primeira petição respondida por Antônio da Rocha demonstra na prática como a legislação sobre os cativos poderia, inclusive, ser utilizada a favor do próprio cativo ou alforriado diante da interpretação jurídica.

A argumentação do forro e de seu advogado nesta petição questiona a validade do trato mercantil realizado no momento em que Antônio era cativo, uma vez que, de acordo com as Ordenações Filipinas, escravos não poderiam ser considerados sujeitos civis, ou seja, não possuíam autonomia sobre si e, por conseguinte, não poderiam representar-se em tratos de nenhuma espécie sem a presença de seus senhores. E já que cativos não poderiam se representar, a população livre não deveria comercializar com eles, e caso ocorresse deveriam ser consideradas transações nulas, não havendo, portanto, motivo para a culpabilização e responsabilidade do escravo.

Ademais, o pedido de *exceção de justiça* feito pelo advogado de Antônio da Rocha é compreendida como uma *irritação* ao sistema jurídico, de acordo a teoria luhmanniana. Como não havia menção na legislação portuguesa sobre a atitude a ser tomada pelo juiz diante da situação paradoxal descrita nesta ação, o sistema jurídico local e o de segunda instância precisaram abrir-se e acolhê-la para a realização da manutenção e estabilidade do próprio sistema. Nesse sentido, a decisão tomada e sentenciada pelo ouvidor da comarca produziu jurisprudência, e apesar de não ter encontrado ações posteriores a esta que façam referência ao ocorrido com o preto forro, sugiro que este caso possivelmente poderá ter gerado precedente para novas situações análogas na vila de Pitangui e em outras localidades da comarca do Rio das Velhas.

O sistema do direito pode alterar o que válido e o que é inválido dentro da jurisdição vigente e aquilo que não era vigente pode passar a ser vigente, atualizando-se. Para Luhmann, o direito é uma máquina histórica que, a cada operação, transforma-se em outra máquina. O cerne disso seria a estabilidade dinâmica do sistema, ou seja, a *autopoiese* realizada por meio da recursão e antecipação do caso presente através do passado, visando o futuro.[230]

Luhmann destaca, igualmente, que os tribunais reconstroem o passado no formato do caso que se faz presente, considerando apenas o que é necessário ao processo atual. O direito vigente, que é produto do passado, é utilizado como referência para as ações e tem como função a previsibilidade parcial do futuro, ou seja, a sua antecipação. Além disso, os casos antigos que perpassam o tema do caso atual servem de analogia para se chegar às

---
[230] NIKLAS LUHMANN. **O direito da sociedade**...p. 141 a 143 e 361.

decisões e sentenças. Como o futuro é aberto e contingente, os tribunais e a jurisdição se atentam ao esboço de normas gerais de decisão, no caso as constituições, para atenderem aos casos similares que ocorrerem no porvir. Desta forma, o sistema do direito cria delimitações que deverão ser vinculadas no futuro, demonstrando a relação estrita entre as três instâncias temporais. O que evidencia, portanto, a capacidade de sincronização entre as temporalidades, cujo fim é a significação e ressignificação dos fatos e a *autopoiese* do Sistema do Direito.[231]

Os exemplos elencados acima também apontam a importância das redes de comunicação para a manutenção do "direito e justiça" da população quartada ou egressa do cativeiro na vila de Pitangui. Ressaltam o valor das redes sociais estabelecidas entre os quartados e libertos com os demais segmentos sociais para possível favorecimento nas demandas e reconhecimento do *status* social, por vezes questionado nas demandas. Além disso, destaca a atuação dos advogados como mediadores nas comunicações jurídicas iniciadas ou endereçadas aos libertos, contribuindo, por conseguinte, na consciência dos direitos e deveres e para a construção das noções de justiça por parte dos alforriados.

Diante da intensa atuação dos escravos e libertos na América Portuguesa em diversos ramos da sociedade, a Coroa produziu leis que visavam abarcá-los e controlá-los. A seguir, tratarei de modo geral sobre estas leis e como foram parcialmente aplicadas.

2.2 Escravos e libertos nas Leis Extravagantes, Avisos, Alvarás e Decretos relativos à América Portuguesa

Nas Ordenações Filipinas, as leis que abarcavam os escravos e alforriados na América Portuguesa tratavam, de modo geral, sobre o modo de acesso à justiça, sua possibilidade de iniciar ações, as responderem e participar dos processos como testemunha. Além disso, havia outras citações que remetiam à forma como estes segmentos deveriam comportar-se em sociedade, definindo, desta forma, mecanismos de controle sobre esta população.

Além das Ordenações do Reino, foram criadas as Legislações Extravagantes, aditamentos, avisos, provisões e decretos com o intuito de administrar o cotidiano das populações escrava e liberta, concentrando-se, em sua maioria, ao tráfico transatlântico, às normas de conduta e

---

[231] NIKLAS LUHMANN. *Idem*...p. 124, 435 e 436.

às relações de trabalho.[232] As primeiras leis delimitavam a forma como o tráfico de escravizados seria organizado e direcionado às regiões produtoras de açúcar no nordeste brasileiro.[233] As demais regulamentavam as punições que os negros teriam ao tentarem fugir para os "sertões" e para Palmares, o comércio e contrabando de escravos, as proibições sobre o luxo no vestuário das escravas, a verificação sobre castigos excessivos aplicados pelos senhores aos escravos e a introdução dos escravos recém incorporados ao cristianismo[234].

A partir do avanço colonial por meio do crescimento da indústria açucareira no século XVII e, posteriormente, com a descoberta aurífera na região de Minas Gerais no final do mesmo século, o contingente de africanos e seus descendentes cresceu exponencialmente na América Portuguesa. De acordo com o banco de dados *Slavery Voyages*[235], catálogo composto em 2008 por diversos estudiosos e que versa sobre o tráfico transatlântico de cativos, entre os séculos XVI ao XIX cerca de 5,8 milhões de escravos embarcaram em navios luso-brasileiros na costa africana, de modo que apenas 5 milhões sobreviveram ao trajeto até a América Portuguesa. Estes dados são estimativas baseadas nas exportações de açúcar, tabaco, correspondências metropolitanas, documentos alfandegários e relatos de viagens, visto que durante os séculos XVI e XVII estes pesquisadores não encontraram muitas informações sobre o tráfico.[236]

Ao mesmo tempo que as populações escrava e livre cresciam durante os anos, acrescia-se à legislação vigente leis que deveriam a incluir e contê-la, uma vez que era vista como ameaça aos brancos. Estas normas, regulamentadas pela Coroa a pedido dos representantes régios, visavam restringir a atuação dos escravos e libertos nos âmbitos religioso, jurídico e social, e proteger a população branca, que se configurava como a minoria populacional. Durante o período colonial e provincial brasileiro o maior receio dos administradores era a insurreição dos cativos, por isso, eram enviadas diversas requisições ao Conselho Ultramarino para que o rei

---

[232] LARA, Silvia Hunold. LARA, Silvia Hunold. **Legislação sobre escravos africanos na América Portuguesa.** Madrid, Fundación Histórica Tavera, 2000, 703. Publicação eletrônica inserida no CD-ROM Nuevas Aportaciones a la Historia Jurídica de Iberoamérica, coordenada por José Andrés-Gallego.

[233] *Idem*, p. 183-184.

[234] *Idem*, p. 186-188, 208, 237, 252, 289, 297, 304 e 316.

[235] https://www.slavevoyages.org/

[236] SILVA, Daniel B. Domingues da Silva. Brasil e Portugal no comércio atlântico de escravos: um balanço histórico e estatístico. *In:* GUEDES, Roberto. **África: brasileiros e portugueses** – século XVI-XIX. Rio de Janeiro: Mauad X, 2013, p. 53.

auxiliasse na questão legislativa, definindo normas mais rígidas direcionadas aos negros e também ao solicitar contingentes militares maiores para uma melhoria no controle.[237]

No início do século XVIII, Dom João V demonstrou certa preocupação em relação à entrada massiva de africanos na região de Minas Gerais, visto a experiência vivenciada anteriormente em Palmares. Em 1719, o Conde de Assumar, em nome da Coroa, anunciou que todo proprietário que desejasse alforriar algum escravo, primeiro deveria pedir permissão ao governo da capitania, o que não ocorria muito na prática.[238] De forma semelhante, no fim do mesmo século, o secretário de Estado ressaltou ao monarca por meio de correspondências o clima de instabilidade que a capitania de Minas vivia, urgente de ações mais efetivas contra a população negra. As elites locais e os oficiais camarários também manifestaram apreensão no que tange o crescimento da população de cor e a concessão generalizada de manumissões.[239]

A proximidade entre cativos e libertos de mesma procedência também foi tópico de discussão recorrente das autoridades régias, visto que havia a possibilidade de eles constituírem laços de reciprocidade e incitar a rebeldia e fuga. Além destes laços, as vinculações entre brancos e negros era rebatida, principalmente as que geravam filhos, pois representavam desordem e mau exemplo para a sociedade. Nesse sentido, o acesso à herança por parte de mulatos e pardos, indivíduos que eram fruto de relações entre colonos e negras, foi alvo de diversas leis e bandos.[240]

Apesar da existência de diversas tentativas de controle da população negra na sociedade colonial, estes indivíduos fizeram-se cada vez mais presentes cotidianamente nos ambientes urbanos e rurais, desempenhando diversificadas atividades e desenvolvendo o que era permitido de acordo com o direito costumeiro. Trabalhavam na extração de ouro e pedras preciosas, na produção e venda de alimentos de primeira necessidade para o abastecimento das regiões mineradoras e urbanas, na pecuária, na agricultura, nos afazeres domésticos e nos variados ofícios mecânicos que os centros dos arraiais e vilas proporcionavam.

---

[237] DIÓRIO, Renata Romualdo. *Idem*, p. 100.
[238] FIGUEIREDO e MAGALDI, FIGUEIREDO, L.; MAGALDI, A. M. "Quitutes e quitandas: um estudo sobre rebeldia e transgressão femininas numa sociedade colonial." **Cadernos de Pesquisa (54):** São Paulo, 1985, p. 53.
[239] RUSSELL-WOOD, Anthony John R. **Escravos e libertos no Brasil colonial.** Rio de Janeiro: Civilização Brasileira, 2005, p. 101-102.
[240] BOXER, Charles R. **A idade do ouro no Brasil**: dores de crescimento de uma sociedade colonial. Tradução de Nair Lacerda, 3. ed. Rio de Janeiro: Nova Fronteira, 2000, p. 205.

Nas áreas urbanas, o encontro entre indivíduos de diferentes segmentos sociais, cores, naturalidades e condições econômicas era comum. Nelas, tornavam-se visíveis e delimitadas as diferenças entre os sujeitos, a começar pelas vestimentas, pois havia normas específicas sobre a forma de vestir de cada segmento social. Os principais manuscritos sobre este tema são datados dos séculos XVI e XVII, nos quais especificam sobre a proibição de capuzes, armas com detalhes em ouro, qualidade de tecidos, joias e sapatos, mediante a condição que o indivíduo ocupava em sociedade.[241] As restrições, em sua maioria, destinavam-se aos lacaios, oficiais mecânicos e escravos, considerados de condição inferior. Com essas medidas, a Coroa objetivava controlar os "abusos", zelar pelos bons costumes, evitar a ruína dos nobres e, principalmente, demarcar claramente a divisão da população entre cativos e livres.[242]

Os egressos do cativeiro e os colonos pobres que circulavam nas áreas urbanas também deveriam ser controlados para evitar a vadiagem, vandalismo e embriaguez, segundo as autoridades. Em razão disso, parte deles foi alocada nas guardas e serviços militares, como forma de evitar transtornos e contribuir para a *boa ordem social* idealizada. Os libertos eram comparados aos cativos pelas governantes da capitania de Minas Gerais, vistos sempre como uma possível ameaça aos brancos.[243]Por outro lado, não houve muitas restrições relativas ao desempenho de ofícios mecânicos pelos cativos. As proibições mais definidas diziam respeito ao comércio ambulante e as lojas fixas, negócios geralmente realizados por mulheres, voltados à venda de alimentos de primeira necessidade e outras miudezas nos becos e nas regiões mineradoras. Tais atividades, muito frequente nas áreas de extração mineral, eram associadas ao contrabando, embriaguez e tumulto. No que tange às lojas físicas, as leis regulamentavam os impostos como a almotaçaria, recolhida a cada dois meses, cobrada sobre os libertos e demais integrantes da população livre dona de lojas.[244]

Renata Romualdo Diório destaca a inexistência de leis durante o período colonial e imperial que restringissem a prática de ofícios pelos libertos, o que denota o respeito e a não contravenção deste segmento

---

[241] LARA, Silvia Hunold. **Fragmentos Setecentistas:** escravidão, cultura e poder na América portuguesa. São Paulo: Companhia das Letras, 2007, p. 88.

[242] RUSSELL-WOOD, Anthony John R. *Idem*, p. 107.

[243] SOUZA, Laura de Mello e. **Desclassificados do ouro:** a pobreza mineira no século XVIII. Rio de Janeiro: Graal, 1982, p. 62.

[244] CHAVES, Cláudia Maria das Graças. **Perfeitos Negociantes:** mercadores das minas setecentistas. São Paulo: Annablume, 1999, p. 56.

social em relação à normatização vigente. Além disso, foi também a partir dos trabalhos desempenhados que parte dos alforriados mantiveram suas redes sociais e de favorecimento.[245] Trabalhos como os de Carlos Eugênio Líbano Soares, Selma Alves Pantoja, Bárbara Deslandes Primo, Eduardo França Paiva, Cláudia Cristina Mól, minha própria dissertação de mestrado e outros, demonstram como uma parte dos manumitidos acumularam pecúlio, adquiriram escravos, joias, casas, animais, indumentárias, ouro, prata e móveis por meio do trabalho que desempenhavam, mantendo-se economicamente estáveis.[246] As atividades, principalmente nas áreas urbanas, propiciaram a presença destes indivíduos também em irmandades leigas e confrarias, espaços voltados à convivência, religiosidade e reciprocidade.[247]

Apesar deste ambiente facilitar as atividades socioeconômicas e religiosas, facultando um convívio cordial entre os escravos, libertos e livres, era também nele que se desenvolveram diversos conflitos, resultando em demandas judiciais no âmbito cível. Essas petições eram registradas nas câmaras quando diziam respeito às questões vinculadas à justiça temporal, e nas paróquias quando remetiam às questões atemporais. No que se refere à esfera cível, área da justiça que permeia esta pesquisa, as ações eram criadas para resolver os conflitos rotineiros desenvolvidos no âmbito privado, entre vizinhos e transações econômicas. Foi uma importante via utilizada pela população cativa e egressa do cativeiro para assegurar os seus direitos, onde parte das ações chegaram até a instância superior em Portugal, relacionadas à posse da liberdade, terras, minas e ouro.[248]

---

[245] DIÓRIO, Renata Romualdo. **Os libertos e a construção da cidadania em Mariana,** 1780-1840. Tese apresentada ao Programa de Pós-Graduação em História Social, do Departamento de História da Universidade de São Paulo. 2013, p. 37.

[246] SOARES, Carlos Eugênio Líbano. "Comércio, Nação e Gênero: As negras minas quitandeiras no Rio de Janeiro". 1835-1900. *In:* SILVA, Francisco Carlos Teixeira; MATTOS, Hebe Maria; FRAGOSO, João. **Escritos sobre História e Educação:** Homenagem a Maria Yeda Leite Linhares. Rio de Janeiro: MAUAD/FAPERJ, 2001. PANTOJA, Selma Alves. "A dimensão atlântica das quitandeiras". In **Diálogos oceânicos:** Minas Gerais as abordagens para uma história do Império Ultramarino português. Belo Horizonte. Editora UFMG, 2001. PRIMO, Bárbara Deslandes. **Aspectos culturais e ascensão econômica de mulheres forras em São João Del Rey:** séculos XVIII e XIX. 2010. Dissertação (Mestrado em História) – Universidade Federal Fluminense, Niterói, 2010. PAIVA, Eduardo França. **Escravos e Libertos nas Minas Gerais do século XVIII** –Estratégias de resistência através de testamentos. São Paulo: Annablume, 1995. MÓL, Cláudia Cristina. **Mulheres forras: cotidiano e cultura** – Material em Vila Rica (1750-1800). 2002. Dissertação (Mestrado em História) – UFMG, Minas gerais, 2002. MIRANDA, Ana Caroline Carvalho Miranda. "O perfil socioeconômico das mulheres forras da vila de Pitangui (1750-1820)". **Temporalidades-Revista de História,** 21. ed., v. 8, n. 2, maio/ago. 2016).

[247] BORGES, Célia Maia. **Escravos e libertos nas Irmandades do Rosário:** devoção e solidariedade em Minas Gerais: séculos XVIII e XIX. Editora UFJF: Juiz de Fora, 2005.

[248] SILVEIRA, Marco Antônio. "Soberania e luta social: negros e mestiços libertos na Capitania de Minas Gerais (1709-1763). *In:* SILVEIRA, Marco Antônio e CHAVES, Cláudia Maria das Graças. (org.). **Território, conflito e identidade.** Belo Horizonte, MG: Argvmentvm, 2007, p. 25-47.

Além dos temas das leis já mencionadas, outras questões incidiram sobre a elaboração de novos aditamentos relativos ao modo de tratamento aos escravos e libertos durante o período colonial brasileiro. No Alvará criado em 3 outubro de 1758, por exemplo, a Coroa Portuguesa determinou que os carcereiros deveriam receber $120 réis diariamente para alimentar os escravos que estavam presos nas cadeias, pois havia recebido a notícia de que eles davam aos cativos apenas uma pequena porção de milho cozido durante o dia e nada mais. Além disso, havia chegado à Portugal a informação de que os carcereiros transgrediam a lei permitindo que os escravos cortassem lenha e capim para venderem fora das cadeias, correndo o risco de fugirem e, por conseguinte, de seus donos os perderem. Diante disso, determinou a seguinte punição aos carcereiros: "na primeira vez ocorrida, suspensão por tempo de três meses; na segunda, por tempo de seis meses; e na terceira, privados do ofício e inabilitados para servirem qualquer outro de Justiça ou Fazenda".[249] Portanto, determinou a obrigatoriedade de os carcereiros sustentarem os cativos presos para evitar transtornos à administração régia e aos donos dos escravos.

No Aviso de 02 de janeiro de 1767, Francisco Xavier de Mendonça Furtado alertou ao rei sobre a proibição do transporte de escravos dos portos da América, África e Ásia para os Reinos de Portugal e Algarves, após ter ocorridas diversas interpretações sobre o Alvará de 19 de setembro de 1761 de mesmo teor. No documento anterior, os mulatos e mulatas que iam para a metrópole dos referidos portos eram submetidos ao cativeiro e despachados à Casa da Índia quando, ao contrário, deveriam serem postos em liberdade assim como os pretos, livres e forros, por benefício que o mesmo Alvará regulamentava. Portanto, todos os mulatos e mulatas que chegassem à Casa das Índias deveriam ser considerados forros e a relação exata de todos eles com declaração dos portos que saíram seria cobrada a partir de então.[250]

Em 22 de janeiro de 1776, Marquês de Pombal também criou um Alvará com o objetivo de reelaborar a jurisdição sobre a escravidão e de controlar o fluxo de escravos e libertos em Portugal e nas colônias. Ao perceber que muitos cativos que eram marinheiros saíam das América Portuguesa em direção ao Reino para levar produtos e pessoas, e verificando o risco destes cativos intitularem-se libertos ou fugirem durante o trajeto, determinou que, a partir deste ano, todos deveriam estar matriculados nas listas dos equipamentos dos navios, com a declaração de seus nomes de seus donos.[251]

---

[249] Arquivo Histórico Ultramarino. Projeto Resgate. Alvará de 3 de outubro de 1758. *Idem*, p. 335.
[250] Arquivo Histórico Ultramarino. Projeto Resgate. Aviso de 2 de janeiro de 1767. *Idem*, p. 351
[251] Aviso de 22 de fevereiro de 1776, *Idem*, p. 362.

Os três últimos documentos citados demonstram uma tentativa de maior controle das possessões lusas e da população escrava e liberta realizada pelo governo metropolitano, com o auxílio do Marquês de Pombal. A partir disso, compreendo que a abertura do sistema jurídico frente às necessidades trazidas pela administração dos escravizados e alforriados era inevitável, de suma importância para a saúde do próprio sistema e para a manutenção do poder monárquico. Tais aberturas, como é demonstrado, poderiam beneficiar ou penalizar os africanos e seus descendentes, mas sempre com o objetivo de manter as estruturas de poder e de controle operacionais.

Para além da natureza destes Leis Extravagantes que ora citei, não verifiquei maior produção de legislações que versassem sobre o cotidiano escravo e liberto durante o período de instalação das normas pombalinas. Também não identifiquei menções nas ações cíveis da vila de Pitangui que reportassem à aplicação do que era proposto pelo marquês, apenas no único caso do índio que requisitava o reconhecimento de sua liberdade pautado nas leis antigas sobre a escravidão indígena e na nova lei proposta pelo reformista. Pelo contrário, verifiquei nas fontes de todo o século XVIII a permanência das normas de conduta pautadas em honra, religiosidade, clientelismo e personalismos, características marcantes de sociedades de Antigo Regime.

No tópico a seguir, abordarei a importância dos estudos sobre os libertos para a compreensão e ressignificação das relações tecidas por estes sujeitos em sociedade, e para a problematização do próprio sistema escravista, vigente durante em todo o período colonial e imperial brasileiro.

2.3 Escravos e libertos como objeto de investigação histórica

Escravos e manumitidos no Brasil são objeto de pesquisas científicas desde a primeira metade do século XX. Nas duas primeiras décadas, estudiosos como Nina Rodrigues e Oliveira Vianna debruçaram-se sobre o tema, baseados nas teorias racialistas europeias que afirmavam a supremacia branca em relação à negra, tendo como base a eugenia.[252] Na década de 1930, Gilberto Freyre abordou a importância dos africanos e de seus descendentes na sociedade colonial e imperial brasileira, ressaltando as

---

[252] RODRIGUES, Nina. **As Raças Humanas e a responsabilidade penal no Brasil**. Rio de Janeiro: Editora Guanabara, 1894. VIANA, Oliveira. **Populações Meridionais do Brasil**. Edições do Senado Federal, vol. 27. Brasília, 2005.

transformações ocorridas no plano político, intelectual e cultural, a partir da presença do elemento negro. Sua pesquisa, de cunho sociológico, enfatizou primordialmente a relação desenvolvida entre senhor e escravo, a partir do cotidiano da *casa-grande*. [253]

No que tange às pesquisas na área de História, Caio Prado Júnior, em *Formação do Brasil contemporâneo*, publicado em 1942, elucidou a presença dos negros na sociedade colonial, caracterizando-a como composta de senhores, escravos e de um grupo definido como *inorgânico*, formado pelos libertos. Para o autor, os escravos eram seres socialmente passivos e anômicos, não participantes do processo histórico; e os libertos, caracterizavam-se pela instabilidade e dependência dos indivíduos que estavam na base das funções ligadas ao capitalismo mercantil.[254] Essa perspectiva influenciou a historiografia das décadas posteriores, assentada na ideia de que os egressos do cativeiro, assim como os cativos, faziam parte do grupo de pessoas socialmente desclassificadas, ameaçadoras da *boa ordem* e não absorvidas à sociedade após a manumissão.[255]

Posteriormente, em 1950, surgiram as pesquisas da *Escola Paulista de Sociologia*, pertencente à Universidade de São Paulo, na qual o tema da escravidão também foi abordado. Tais trabalhos questionavam a compatibilidade entre capitalismo e escravidão, proposta anteriormente por Caio Prado Júnior, e também a obra formulada pelo autor de *Casa-grande e senzala*. Ademais, estas investigações ressaltaram a visão do negro apenas como *res*, condicionado ao dono e vítima de violência, sem participação ativa em sociedade. Desta forma, a escravidão brasileira seria circunscrita à opressão e violência, sem agência dos escravizados e dos manumitidos.[256] Tanto esta perspectiva, quanto as anteriores, relegaram aos negros o papel de apenas coadjuvantes, sem agência e sem iniciativa, como meramente receptores e reprodutores da ordem social vigente.

O distanciamento destas concepções surgiu a partir do final da década de 1970, quando novas pesquisas sobre a escravidão brasileira foram realizadas, problematizando os postulados anteriores e as visões até então

---

[253] FREYRE, Gilberto. **Casa-grande & senzala:** formação da família brasileira sob o regime de economia patriarcal. 51. ed. São Paulo: Global, 2006.

[254] JUNIOR, Caio Prado. **Formação do Brasil contemporâneo.** 13. ed. São Paulo: Editora Brasiliense, 1973, p. 280-287.

[255] SOUZA, Laura de Mello. **Desclassificados do ouro:** a pobreza mineira no século XVIII. Rio de Janeiro: Graal, 1982.

[256] CARDOSO, Fernando Henrique. "Classes sociais e História: Considerações Metodológicas". *In:* **Autoritarismo e Democratização.** 2. ed. Rio de Janeiro: Paz e Terra, 1975, p. 152-153.

prevalecentes. Os pesquisadores, ao lançarem mão de tipologias documentais de ordem jurídica e eclesiástica, até então pouco usadas, tais como inventários *post mortem*, testamentos, ações cíveis, ações criminais, banhos matrimoniais, assentos de batismo, casamento e óbito, perceberam os escravos e libertos em suas agências, como atores sociais, dotados de vontades e intenções. Ademais, tais abordagens auxiliaram para a problematização da complexidade das relações entre senhores e escravos, demonstrando as adaptações, negociações, mobilidades e estratégias utilizadas por ambos, de acordo com cada região, período e contexto. Desta forma, esta nova historiografia percebeu que a visão binária do proprietário *versus* cativo, um sempre em contraposição ao outro, não era a exata realidade para muitas localidades analisadas.[257]

Em relação aos libertos, a marginalidade, a pobreza e a exclusão social foram questionadas, dando espaço à análise das formas de inclusão deste segmento em sociedade, de acúmulo de pecúlio e de redes socioeconômicas desenvolvidas ao logo de suas trajetórias. Roberto Guedes ressalta que, ao contrário do postulado de que o trabalho era degradante, sujo, associado à desclassificação social e à desonra, para os alforriados foi um meio de inserção e mobilidade social, de angariar dinheiro, vestes, cativos, bens móveis e imóveis e, principalmente, como forma de testificar a honra e condição jurídica de manumitido alcançada.[258] Outros autores também se dedicaram ao tema e testificaram a relevância dos ofícios para os libertos, a vida material angariada, o valor dos laços familiares, a religiosidade e as atitudes tomadas diante da morte.[259]

---

[257] BOSCHI, Caio César. **Os leigos e o poder:** irmandades leigas e política colonizadora em Minas Gerais. São Paulo: Editora Ática, 1986.PAIVA, Eduardo França. **Escravos e Libertos nas Minas Gerais do século XVIII.** Estratégias de resistência através dos testamentos. São Paulo: Annablume, 1995. SOARES, Mariza Carvalho de. **Devotos da cor:** Identidade étnica, religiosidade e escravidão no Rio de Janeiro, Civilização Brasileira, 2000. PANTOJA, Selma Alves. "Conexões e identidades de gênero no caso Brasil e Angola, Sécs. XVIII-XIX". In: **X Congresso Internacional Cultura, Poder e Tecnologia:** África e Ásia face à Globalização,2001, Salvador. X Congresso LADAA. Salvador: Universidade Federal da Bahia, 2001. BORGES, Célia Maia. **Escravos e libertos nas Irmandades do Rosário:** devoção e solidariedade em Minas Gerais, séculos XVIII e XIX. Juiz de Fora: Editora da UFJF, 2005. WOOD-RUSSEL, A. J. R. **Escravos e libertos no Brasil Colonial.** Rio de Janeiro. Civilização Brasileira, 2005. LARA, Silvia Hunold. **Fragmentos Setecentistas:** escravidão, cultura e poder na América portuguesa. São Paulo: Companhia das Letras, 2007. GUEDES, Roberto. **Egressos do Cativeiro:** trabalho, família e mobilidade social (Porto Feliz, São Paulo, c.1798 - c.1850). Rio de Janeiro: Mauad X/FAPERJ, 2008. SOARES, Márcio. **A Remissão do Cativeiro:** a dádiva da alforria e o governo dos escravos nos Campos dos Goitacases, c.1750 – c.1830. Rio de Janeiro: Apicuri, 2009. GONÇALVES, Andréa Lisly. **As margens da liberdade:** estudo sobre a prática de alforrias em Minas Gerais colonial e provincial. Belo Horizonte – MG: Fino Traço, 2011.

[258] GUEDES, Roberto. *Idem*, p. 87.

[259] MÓL, Cláudia Cristina. **Mulheres forras: cotidiano e cultura** – Material em Vila Rica (1750-1800). 2002. Dissertação (Mestrado em História) – UFMG, Minas Gerais, 2002.

As mulheres forras, em especial, ganharam destaque nas investigações nas últimas décadas por se mostrarem como a maioria entre os alforriados, independente da região. Isso possivelmente se devia ao fato de estarem mais próximas de seus senhores no ambiente doméstico do que os homens, pelo envolvimento em diversas atividades comerciais nas vilas, arraiais e áreas rurais, e pelas relações de concubinato e prostituição. Nas regiões mineradoras, elas trabalhavam desde a extração dos metais preciosos, quanto na venda de gêneros alimentícios para aqueles que lá permaneciam; nas cidades, tornaram-se comerciantes, quitandeiras, fiandeiras, sapateiras e prostitutas; e nas zonas rurais, exerciam a agricultura e pecuária, além do trabalho doméstico. Foram fundamentais para o abastecimento alimentício de parcela da população no período colonial e imperial do Brasil e, parte delas, como as pesquisas apontam, construíram notável patrimônio material, mantiveram contato com pessoas de outros estratos sociais por meio destes ofícios e, por meio destas relações, desenvolveram redes de sociabilidade e de favorecimento.[260]

Em minha pesquisa de mestrado trabalhei apenas com o grupo feminino de forros relativo à vila Pitangui, durante o período de 1750-1820, e pude perceber que este grupo ocupou o espaço urbano e outros arraiais do termo, morando em ruas movimentadas pelo comércio e nos locais onde a mineração iniciara, como a rua da Paciência, rua da Lavagem, rua de Baixo e Morro do Batatal. Elas foram vizinhas de alferes, capitães, padres e também outras libertas. Além disso, estabeleceram-se chefes de família, responsáveis pelo lar e pela conservação dos bens, constituíram empreendimentos rentáveis à luz daquela sociedade e economia. Firmaram-se como uma

---

[260] REIS, Liana Maria. Mulheres de Ouro: As negras de tabuleiro nas Minas gerais do Século XVIII. In: **Revista do Departamento de História da UFMG**, n o 8, janeiro de 1989. HIGGINS, Kathleen J. **Licentious liberty, in a Brazilian gold-mining region.** University Park/PA: Pennsylvania State University Press, 1999. PANTOJA, Selma Alves. A dimensão atlântica das quitandeiras. In **Diálogos oceânicos:** Minas Gerais as abordagens para uma história do Império Ultramarino português. Belo Horizonte. Editora UFMG, 2001. FURTADO, Junia. Pérolas negras: Mulheres livres de cor no distrito diamantino. In: FURTADO, Junia Ferreira (org.). **Diálogos oceânicos:** Minas Gerais as abordagens para uma história do Império Ultramarino Português. Belo Horizonte. Editora UFMG, 2001. CAMILO, Débora Cristina de Gonzaga. **As donas da rua:** comerciantes de ascendência africana em Vila Rica e Mariana (1720-1800). 2009. Dissertação (Mestrado em História) – Universidade Federal de Ouro Preto, Mariana-MG, 2009. GONÇALVES, Andréa Lisly. **As margens da liberdade:** estudo sobre a prática de alforrias em Minas Gerais colonial e provincial. Belo Horizonte – MG: Fino Traço, 2011. PRIMO, Bárbara Deslandes. **Aspectos culturais e ascensão econômica de mulheres forras em São João Del Rey**: séculos XVIII e XIX. 2010. Dissertação (Mestrado em História) – Universidade Federal Fluminense, Niterói, 2010. MAIA, Moacir Rodrigo de Castro. **De reino traficante a povo traficado:** A diáspora dos courás do Golfo do Benim para as minas de ouro da América Portuguesa (1715-1760). 2013. Tese (Doutorado em História Social) – UFRJ, Rio de Janeiro, 2013.

importante camada social e economicamente ativa, transitando entre os cativos e livres, mantendo relações que lhes favoreciam e que possibilitavam a afirmação do *status* alcançado.²⁶¹

Para Orlando Patterson, o tornar-se liberto gerava, além de uma nova vida para aquele que vivenciou o cativeiro, uma nova condição em sociedade. Nesta nova condição, o indivíduo geralmente permanecia ligado ao ex-senhor a partir da relação patrono-cliente e deveria, igualmente, estabelecer relações com os demais indivíduos da sociedade na qual estava inserido. Ao analisar diversas sociedades de cunho escravista, o autor destaca a similaridade entre elas no que tange à gratidão dos ex-cativos à pretensa generosidade dos senhores ao lhes conferirem a alforria, e os casos em que libertos foram acusados de ingratidão, retornando ao cativeiro.²⁶²

A reescravização por ingratidão ou pela não quitação do pagamento da liberdade foi algo comum durante o período antigo e medieval, previsto nas legislações, como foi o exemplo de Roma antiga;²⁶³ e também no período moderno, como o caso de Portugal e suas colônias, garantido pelo direito do Reino, Título 63, no Livro 4 das Ordenações Filipinas, denominado como *Das doações e alforria que se podem revogar por causa da ingratidão* - que por sua vez era baseado no direito romano, como vimos no primeiro capítulo. Fernanda Aparecida Domingos Pinheiro, ao investigar os libertos e livres nos tribunais de Mariana e Lisboa durante os anos de 1720 a 1819, verificou a ingratidão e o débito como motivos de alguns patronos iniciarem ações cíveis contra os seus ex-escravos, motivos centrais na articulação do argumento convincente para o avesso à liberdade.²⁶⁴ Para Pitangui colonial, como vimos no tópico anterior, também há casos em que as mulheres protagonizaram ações que tinham como cerne o pedido de retorno ao cativeiro por parte do antigo proprietário, por não terem cumprido com o estabelecido durante o processo de quartamento.

Tais problemáticas se inserem em uma questão mais abrangente, que é a própria natureza da escravidão, definida por Patterson como "relação de permanente dominação e violência". Um indivíduo poderia ser escravizado por diversos fatores, dentre eles: crimes cometidos, derrota em guerras e

---

[261] MIRANDA, Ana Caroline Carvalho. **Sociabilidade e relações econômicas de mulheres forras na vila de Pitangui** (1750-1820). 2017. Dissertação (Mestrado em História) – UFOP, Mariana, 2017.

[262] PATTERSON, Orlando. **Escravidão e morte social...** p. 341-342.

[263] PATTERSON, Orlando. *Idem*, p. 341-342.

[264] PINHEIRO, Fernanda Aparecida Domingos. EM DEFESA DA LIBERDADE: **Libertos e livres de cor nos tribunais do Antigo Regime português** (Mariana e Lisboa, 1720-1819). 2013. Tese (Doutorado em História) – Unicamp, Campinas, 2013, p. 98-127.

dívidas contraídas. Para o autor, aquele que estava submetido a este tipo de vivência era considerado *morto social,* devido a duas principais questões: o desenraizamento e a desonra. O desenraizamento era pautado na saída forçada do local de nascimento e consequente perda dos laços consanguíneos e de afeto; a desonra, centrava-se na perda de poder sobre si, ou seja, a existência era condicionada sempre a aquele que lhe possuía, logo, o cativo só existia porque era vinculado a outrem. Por conseguinte, o escravo constituía-se como propriedade de alguém e, por isso, não tinha direito à propriedade.[265]

A *morte social* poderia ser *intrusiva* ou *extrusiva*. Na primeira, o escravo era incorporado ritualmente como inimigo permanente no seio doméstico, em virtude de não pertencer à comunidade e pela sua diferente naturalidade e cultura, desta forma, simbolizava o intruso. Em Roma antiga, cativo era aquele "sem pai e pátria reconhecidos". Para os povos achântis, utilizava-se a palavra *adonke* para referir-se aos cativos e também poderia ser usada para tratar os forasteiros. Igualmente, para o mundo islâmico, hebraico e cristão, no período medieval, esta concepção era seguida e os escravos eram tidos como inimigo e infiel, aptos à escravização.[266] Já no segundo tipo de *morte social*, o cativo era tido como um indivíduo interno que decaiu por não se adequar às normas jurídicas e socioeconômicas e, por esta razão, deixaria de pertencer à comunidade e seria expulso da participação normal das atividades. Embora permanecesse no interior da sociedade, este passava a ser encarado como fracassado pela incompetência de sobreviver por conta própria. Em suma, a *morte social intrusiva* relacionava-se ao indivíduo que não pertencia à comunidade porque era visto como estrangeiro/marginal, e na *extrusiva* o sujeito tornava-se marginal porque não conseguiu pertencer à sociedade, se adequar a ela.[267]

Nesse sentido, o senhor era o único que poderia *dar a vida* ao escravo, transformar o *outsider* em *insider, o desonrado em honrado,* o *morto social* em pessoa jurídica. O proprietário, tido como aquele que "criava" este novo sujeito, abria mão de seu poder para que o cativo ganhasse poder sobre si. A liberdade, tida como dádiva, sempre era concedida; ainda que o escravo possuísse o valor total para a sua quitação, esta seria dada apenas se o proprietário desejasse. Nos casos em que havia o acúmulo de pecúlio pelos cativos, esse dinheiro, em última instância, pertencia ao senhor, que por sua vez lhes permitia o uso. Desta forma, "mesmo quando o escravo paga, ele de fato não

---

[265] PATTERSON, Orlando. *Idem*, p. 34-54.
[266] PATTERSON, Orlando. *Idem*, p. 70-73.
[267] PATTERSON, Orlando. *Idem*, p. 77.

está pagando por sua liberdade. Geralmente tal ato é concebido como uma oferta em gratidão à decisão livre e espontânea do senhor em libertá-lo da escravidão, não importando como tenha sido combinada tal libertação".[268]

Tanto os cativos quantos os libertos mantiveram relações com os seus senhores, ou antigos senhores, por meio de redes clientelares, apadrinhamento, favores e patronagem. Para os alforriados, em especial, estas prerrogativas eram de suma importância para a sobrevivência em sociedade. Ângela Barreto Xavier e Hespanha ressaltam a lógica clientelar como estruturante no cotidiano dos indivíduos no Antigo Regime, na qual misturava-se parentesco, amizade, reciprocidade, honra, gratidão e serviço. Nesse sentido, as mercês faziam-se como norma e, atualmente, podem ser entendidas como uma prática de poder baseada no "dar, receber e restituir". A partir disso, as redes de interdependência estabeleciam amizades simétricas e assimétricas – com pessoas do mesmo grupo social e de grupos sociais mais elevados ou inferiores – e organizavam a economia, a sociedade e a política.[269]

A manutenção dos vínculos estabelecidos no período anterior à liberdade, principalmente com o antigo senhor e com pessoas livres influentes foi importante para os libertos angariarem o reconhecimento de seu *status* social. O compadrio, por exemplo, foi uma das formas de aproximação de indivíduos de diferentes segmentos em sociedade, de acordo com Cacilda Machado. Ao pesquisar o apadrinhamento entre a população cativa em São José dos Pinhais, durante o fim do século XVIII e início do XIX, a autora verificou que por meio do contato com indivíduos de *status* superior os escravos e os egressos do cativeiro buscavam proteção, privilégios, maior visibilidade local e reconhecimento social.[270] Moacir Rodrigo de Castro Maia também investigou o apadrinhamento na América Portuguesa, mais especificamente na Vila de Nossa Senhora do Carmo – depois cidade de Mariana -, durante a primeira metade dos setecentos. Constatou que o compadrio foi um importante elemento de sociabilidade comunitária, "criando-a e recriando-a pela reciprocidade, a partir de visitas, convívio, festas, cuidados no momento de doença e como apoio nas necessidades basilares."[271] Os vínculos entre os indivíduos de diferentes estamentos também

---

[268] PATTERSON, Orlando. *Idem*, p. 303-304.
[269] XAVIER, Ângela Barreto; HESPANHA, António Manuel. As redes clientelares. In HESPANHA, António Manuel. (coord.). MATTOSO, José. **História de Portugal: o Antigo Regime (1620-1807)**. Vol. IV, Lisboa: Editorial Estampa. p. 340-341.
[270] MACHADO, Cacilda. As muitas faces do compadrio de escravos: o caso da Freguesia de São José dos Pinhais (PR), na passagem do século XVIII para o XIX. **Revista Brasileira de História**, v. 26. n. 52, São Paulo. Dec. 2006.
[271] MAIA, Moacir Rodrigo de Castro. Tecer redes, proteger relações: portugueses e africanos na vivência do compadrio (Minas Gerais, 1720-1750). **Topoi**, v. 11, n. 20, jan.-jun. 2010, p. 49.

podem ser verificados por meio dos inventários *post mortem* e testamentos. Em minha pesquisa de mestrado constatei a convivência de forras com outros libertos e pessoas livres, como padres, alferes, capitães-mores, donas e licenciados por meio dos objetos de herança de alto valor endereçados a eles. Da mesma forma, as relações com estas pessoas podem ser vistas por meio das dívidas ativas e passivas a serem pagas e cobradas, demonstrando quais tratos econômicos mantiveram; e por meio das missas deixadas às almas queridas. Nestas missas, na maior parte dos casos o antigo senhor era mencionado e lembrado com gratidão, citado como o patrono de suas liberdades. Ademais, muitas libertas utilizaram o sobrenome do ex-dono após a manumissão.[272]

Da mesma forma, as ações cíveis, em suas diferentes tipologias, nos auxiliam a perceber as redes socioeconômicas tecidas pelos alforriados durante suas vidas. Nos permitem observar, igualmente, o conjunto de relações vivenciadas anteriormente às petições e os motivos que as levaram a ruírem e a chegarem à situação-limite: a do tribunal. Ademais, lançam luz sobre a importância do convívio e das relações de reciprocidade entre os libertos, seus pares e pessoas influentes, onde estes poderiam atuar como testemunhas favoráveis e advogados nas petições, muitas vezes decisivo para os veredidos finais dos juízes, como o caso de Joana Angola. Estas questões são de suma importância nesta pesquisa e nos ajudam a assimilar as facetas utilizadas por este grupo social para conseguirem "a sua justiça e o direito", como ressaltado pelo advogado Manoel Ferreira, no processo outrora mencionado.

No próximo tópico, entrarei no conjunto de fontes trabalhado nesta pesquisa de forma mais quantitativa. E nos próximos capítulos, me deterei às análises qualitativas.

2.4 Escravos e libertos nas demandas judiciais na vila de Pitangui durante o século XVIII: dados gerais quantitativos

Diante do aumento da população liberta durante o século XVIII em Minas Gerais, houve igualmente o crescimento das demandas judiciais envolvendo-a, ora como ré, ora como autora.[273] Para a vila de Pitangui, durante o período de 1728 a 1799, encontrei o total de 165 ações cíveis envolvendo

---

[272] MIRANDA, Ana Caroline Carvalho. *Idem*.
[273] DIÓRIO, Renata Romualdo. *Idem*. GONÇALVES, Jener Cristiano. *Idem*. CARVALHO, Ana Caroline Carvalho. Entre rés e suplicantes: as libertas e as demandas judiciais na vila de Pitangui (1751-1792). **Revista Tempos Históricos,** PPGH Unioeste: v. 22, n. 1, 2018.

alforriados, homens e mulheres, em média três processos iniciados por ano. Este recorte temporal foi definido em razão de ser o primeiro e o último ano em que os forros se fizeram presentes nas ações, de acordo com as fontes disponíveis à pesquisa no início de 2017. Não é possível quantificar de forma exata quantas petições realmente existiram em todo o período colonial e imperial para a localidade porque parte delas ainda não está em condições de manuseio. Atualmente, o arquivo encontra-se fechado ao público, sem condições mínimas de funcionamento.

Perante os manuscritos disponíveis nos catálogos, selecionei os que seriam trabalhados a partir dos indivíduos que possuíam o marcador social "forro(a)" após o nome, com o recorte temporal delimitado para todo o século XVIII. Mas como é possível ver em exemplos deste capítulo, também encontrei escravos nas ações, em onze como suplicantes e em seis como réus. A partir disso, compus um banco com os principais dados coletados sobre a população liberta presente, tais como: sexo, naturalidade, cor/condição social, motivo da ação e local dos conflitos. Ademais, me deti a compreender o perfil das outras pessoas que compuseram as ações, como os oficiais de justiça, os advogados e os oponentes. Estes últimos dados, como mencionei, serão abordados nos próximos capítulos.

O acesso aos tribunais como forma de resolução dos problemas de ordem pública ou privada foi importante mecanismo de enunciação para os indivíduos no período colonial e imperial brasileiro, principalmente para os escravos e libertos. Para os alforriados, o acesso à justiça era ainda mais significativo, visto a mudança de condição jurídica e a necessidade de afirmação do não mais pertencimento ao cativeiro.[274] Mesmo que estivessem na condição de réus nas ações, a presença diante do aparato burocrático, dos oficiais e de seus oponentes denotava retidão, pois tratava-se de uma sociedade marcada pela palavra, pelos tratos verbais e, principalmente, pela religiosidade.[275]

A influência do aspecto religioso estava imbricada em todos os âmbitos da justiça, atemporal e temporal, em todas as instâncias, a começar pelos tribunais das câmaras municipais e paróquias. Um dos maiores exemplos disso era a ação de alma, petição criada para o suplicante cobrar uma dívida de outrem, dirigindo-se ao juiz para pedir que o réu jurasse pela própria alma se lhe devia ou não o valor solicitado.[276] As ações de alma e

---

[274] GUEDES, Roberto. **Egressos do cativeiro:** trabalho, aliança e mobilidade social. Porto Feliz, São Paulo, c 1798-1850. Rio de Janeiro: Mauad X: Faperj, 2008, p. 87.

[275] DIÓRIO, Renata Romualdo. *Idem*.

[276] CATÃO, Leandro Pena (org.). **Pitangui Colonial...** p. 20.

de crédito, demandas que envolviam tratos econômicos formam a maior parte do acervo documental de Pitangui durante o século XVIII.[277] No que se refere à população egressa do cativeiro, a concentração de fontes destas tipologias também foi a mais representativa, como pode ser visto a seguir, a partir do Gráfico 1.

Gráfico 1 – Distribuição percentual dos tipos de ações em que os libertos se fizeram presentes na vila de Pitangui (1740 a 1799)[278]

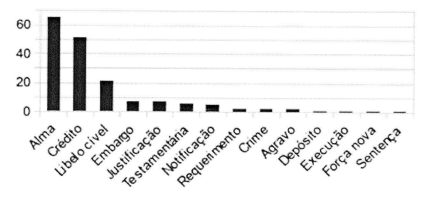

Fontes: Instituto Histórico de Pitangui, Arquivo Histórico de Pitangui – Seção colonial, Série – Ações cíveis - 1740 a 1799

Do total das petições, mesmo as que não eram de crédito e de alma, foram iniciadas para resolver problemas inerentes à concessão de crédito, empréstimo, serviços prestados, ou determinado bem adquirido por uma das partes, nestas inseriam-se os bens móveis e os imóveis: escravos, ouro, alimentos, roupas, imóveis etc. As demais tipologias serão devidamente conceituadas e trabalhadas nos próximos capítulos. São fontes que dizem respeito à vila de Pitangui e aos arraiais pertencentes ao seu Termo, como Onça, Brumado, Capetinga, Morro do Ganço, São Joanico, Santo Antônio, São João Acima e Patafufo.

---

[277] Este total de fontes é relativo as que passaram sob processo de higienização e organização durante o projeto da FUNEDI/UEMG de Divinópolis, mas como mencionei, há mais documentos que ainda não foram tratados e que não estão disponíveis para pesquisa ainda hoje. CATÃO, Leandro Pena. **Pitangui Colonial**: história e memória. Belo Horizonte: Crisálida, 2011, 16.

[278] A maior ocorrência dos processos se deu entre os anos de 1740 a 1799, razão pela qual optei por estabelecer o recorte temporal geral da tese para este período. Entretanto, as fontes anteriores a esta data também foram tratadas e mencionados ao longo do texto.

Segundo Renata Romualdo Diório, pesquisadora que se dedicou a compreender o acesso à justiça por parte dos libertos em Mariana durante o século XVIII e início do XIX, o contato estabelecido entre aqueles que mantinham algum tipo de trato comercial poderia demonstrar certa aproximação, como laços sociais e mesmo familiares, por não existir nenhum registro oficial que legitimasse a operação a ser realizada. Apenas a palavra era validada para se efetivar um negócio.[279]

A maior parte das ações cíveis em que os manumitidos se fizeram presentes é datada para a segunda metade do século XVIII, tanto para Pitangui, quanto para Mariana. Isso pode ser justificado pelo próprio crescimento da população liberta em Minas Gerais neste período, em razão do aumento da concessão de alforrias.[280] Além disso, a presença dos alforriados nas demandas denotava a ação direta destes indivíduos na sociedade por meio de diversos tratos: produzindo, vendendo, comprando, pedindo empréstimos, cedendo valores, contribuindo, desta forma, para a economia local. A seguir, o Gráfico 2 descreve melhor os períodos das ações em que os alforriados se fizeram presentes na vila de Pitangui.

Gráfico 2 – Distribuição por décadas das ações em que os alforriados se fizeram presentes na vila de Pitangui (1740-1799)

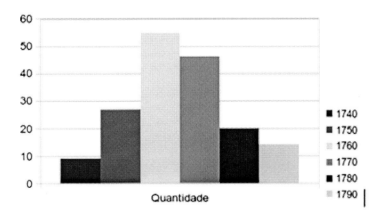

Fontes: Instituto Histórico de Pitangui, Arquivo Histórico de Pitangui – Seção colonial, Série – Ações cíveis

---

[279] DIÓRIO, Renata Romualdo. **Os libertos e a construção da cidadania em Mariana**... p. 96.
[280] GONÇALVES, André Lisly. **As margens da liberdade**...; BERGAD, Laird W. **Escravidão e História Econômica: demografia de Minas Gerais**, 1720-1880. Tradução de Beatriz Sidou. Bauru, São Paulo: EDUSC, 2004.

Para a localidade pesquisada, encontrei apenas uma ação relativa à década de 1720 e nenhuma para a década de 1730. Em razão disso, optei por definir a periodização das fontes a partir da década de 1740, visto a baixa representatividade destas para as décadas anteriores, em relação ao montante total. Mas trabalharei com a única ação anterior a este período de forma qualitativa no próximo capítulo.

Pitangui se tornou um dos mais importantes núcleos de produção de gêneros alimentícios da capitania de Minas Gerais na segunda metade dos setecentos. Quem executava grande parte do trabalho era a população cativa e alforriada, visto que, em parte, muitos manumitidos continuaram a exercer os mesmos ofícios que faziam enquanto escravos.[281] O que era produzido na vila atendia a toda região e o excedente era enviado às outras localidades de Minas Gerais, como Vila Rica e Mariana, regiões mineradoras. Além da capitania, Pitangui chegou a abastecer até mesmo o Rio de Janeiro, enviando à localidade o excedente do que era produzido.[282]

Em requerimento enviado à Coroa, Dom Lourenço de Almeida, governador da capitania, pediu permissão para abrir um caminho de Pitangui à Vila Rica para que fosse enviado mais gado e alimentos para abastecer as necessidades dos habitantes da região mineradora.[283] Em pesquisa utilizando os registros de passagem, Cláudia Chaves verificou que os principais produtos que saíam de Pitangui para outras localidades foram: carne seca, cavalos, peixe fresco, gado vacum, couro, sal, açúcar e fumo.[284]

Tanto os homens quanto as mulheres negras realizavam variada gama de ofícios em Pitangui: na abertura de estradas, na mineração, na agricultura e produção de alimentos, na costura e confecção de tecidos, na construção civil, nos serviços domésticos e nas lojas. Estes dados podem ser encontrados nas próprias ações cíveis, uma vez que o cerne de parte das ações era vinculado a jornais realizados, alimentos, tecidos e cativos comprados e não quitados. Em relação aos números, o contingente masculino nas ações foi um pouco maior que o feminino, como demonstra o Gráfico 3 a seguir:

---

[281] MIRANDA, Ana Caroline Carvalho. Sociabilidade e relações econômicas de mulheres forras na vila de Pitangui... p. 47.

[282] OLIVEIRA, Laizeline Aragão de. **Nos domínios de Dona Joaquina do Pompéu**: negócios, famílias e elites locais (1764-1824). 2012. Dissertação (Mestrado em História) – Universidade Federal de Ouro Preto, Ouro Preto, 2012, p. 30.

[283] Arquivo Público Mineiro. Seção colonial, n. 20. p. 137.

[284] CHAVES, Cláudia Maria das Graças. **Perfeitos negociantes...** p. 118.

Gráfico 3 – Ações iniciadas por libertos dívidas por sexo (1740-1799)

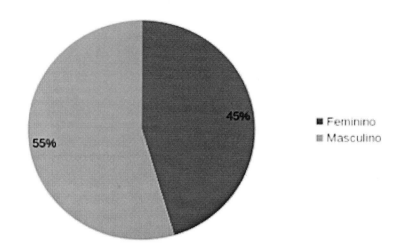

Fontes: Instituto Histórico de Pitangui, Arquivo Histórico de Pitangui – Seção colonial, Série – Ações cíveis

Segundo o Gráfico 3, os homens foram citados 10% a mais do que as mulheres nos processos, não havendo uma diferença exorbitante entre os gêneros para a localidade. Esses dados sugerem que tanto as mulheres quantos os homens acessaram a justiça para recorrer às situações em que se sentiram lesados e que, igualmente, envolveram-se em diversa gama de conflitos que não tiveram resoluções amigáveis, culminando em petições.

As contendas pesquisadas nas demandas surgiram em contato com pessoas do mesmo segmento social, ou seja, entre libertos, e com indivíduos de segmentos sociais mais elevados, como padres, alferes, capitães-mores e "Donas". Estes dados também foram encontrados em minha pesquisa anterior de mestrado, onde trabalhei especificamente com as mulheres forras da região, na segunda metade dos setecentos. Na atual pesquisa, dando a mesma atenção ao público masculino e com o recorte temporal estendido a todo século XVIII, pude conceber que ambos os gêneros protagonizaram conflitos de ordem cível.

Outro aspecto analisado é a cor/condição social e a naturalidade dos libertos presentes nas demandas, nos atentando, certamente, para o fato de que parte das menções a este dado nos manuscritos são feitas pelos oficiais de justiça, juízes e as partes envolvidas. Ou seja, estas informações podem nos dizer sobre como os libertos se identificavam, mas também como eram identificados pelas autoridades e seus rivais no tribunal. A seguir, o Gráfico 4 que descreve melhor os dados encontrados sobre a cor/condição social dos manumitidos encontrados.

Gráfico 4 – Distribuição percentual da cor/condição social dos libertos presentes nas petições em Pitangui (1740-1799)

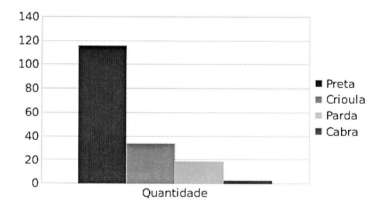

Fontes: Instituto Histórico de Pitangui, Arquivo Histórico de Pitangui – Seção colonial, Série – Ações cíveis

O Gráfico 4 ilustra que na maioria das ações os homens foram citados apenas como pretos, seguido das designações: crioulos, pardos, cabras. Dentro da designação preta, 10 homens possuíram o complemento de suas naturalidades/procedências, designadas como: Courá, Angola, Congo, Benguela, Cabo Verde, Mina e Ganguela. Segundo o dicionário do Padre Raphael Bluteau, *branco* era aquele que nascia livre e pela cor se diferenciava dos cativos, identificados como *mulatos e pretos*. O termo *escravo* não remetia à cor e era descrito no dicionário do período apenas como "aquele que nasceu cativo ou foi vendido e está sob o poder de seu senhor." Entretanto, preto era utilizado para se referir majoritariamente aos escravos. Já o *negro*, era usado para definir a cor, a origem e o nascimento, como "filho de pais negros, da terra dos negros", voltado mais para a região de nascimento do indivíduo, geográfica e étnica.[285]

---
[285] BLUTEAU, **Vocabulario portuguez & latino,** p. 183, 225, 265, 628 e 703.

Pardo e mulato eram termos relativos às pessoas oriundas da mistura de cores e, de acordo com o historiador Roberto Guedes, não podem ser considerados termos equivalentes. Pardo era o meio termo entre branco e preto, e mulato era fruto do cruzamento entre dois animais de espécies diferentes, por exemplo, a mula. Desta forma, o último carregava conotação inferior comparado ao primeiro, vinculado principalmente à desonra e à desordem, como mencionado em alguns documentos feitos por oficiais régios na colônia, endereçados à Coroa.[286] E o termo pardo, ao contrário, representava certo distanciamento da escravidão e é visto nos documentos mais como autoidentificação, diferente dos pretos e mulatos que eram identificados por terceiros.

Guedes verificou para a localidade de Porto Feliz, São Paulo, em meados do século XIX, a mudança de cor de determinados libertos à medida que se ocuparam de determinados ofícios e que mantiveram laços sociais com pessoas mais abastadas e influentes. Ressalta que, em alguns casos, uma pessoa que foi citada como parda em dado momento, em outro não havia nenhuma designação de cor, ou seja, poderia ser considerada ou se autointitulava como livre ou branca. Além disso, percebeu que a mobilidade social para a região pesquisada era familiar, passada para as próximas gerações. Portanto, pardo estaria associado a certa mobilidade social e aproximação do mundo dos livres.[287] Para Pitangui, também verifiquei a presença de alguns personagens com a designação "forra" em alguns documentos e, anos depois, não haver a presença deste marcador social para os mesmos indivíduos. Cheguei à conclusão quando vi os mesmos nomes "familiares" se repetirem nos catálogos de fontes disponíveis no arquivo.

É importante ressaltar que na maioria dos processos de minha pesquisa os libertos se encontravam na posição de réus, e que isso poderia influenciar na forma como eram tratados pelos demais indivíduos participantes. Em outras palavras, existia a diferença entre a forma com que as mulheres se viam e se definiam, e a que demais pessoas da sociedade as remetiam. Das 165 demandas, apenas 32 foram iniciadas pelos alforriados: 19 por mulheres e 13 por homens, indicando que as mulheres tiveram um pouco mais de impulso para procurar a justiça para resolver as situações em que se sentiram lesadas. Além disso, na situação de réus, os homens aparecem como a maioria, somando o total de 85 ações, enquanto as mulheres aparecem em 55.[288]

---

[286] LARA, Silvia Hunold. **Fragmentos Setecentistas...** p. 88-90.
[287] GUEDES, Roberto. **Egressos do cativeiro...** p. 91-93.
[288] Fontes: Instituto Histórico de Pitangui, Arquivo Histórico de Pitangui – Seção colonial, Série – Ações cíveis.

Todos estes dados iniciais gerais sobre as petições envolvendo os egressos do cativeiro na vila de Pitangui foram sistematizados por meio de um grande banco de dados feito por nós, desde a pesquisa de mestrado. No próximo capítulo, abordarei qualitativamente as fontes, entrando no mote dos conflitos, nas características dos envolvidos, para então entender como era a execução da justiça na instância cível em relação ao segmento social dos libertos e como estes se comportaram diante do aparato burocrático na localidade em questão. Tratando-se de pessoas em constante movimento de inserção econômica e social no pós-cativeiro, é concebível que enfrentamentos inerentes ao convívio também fizessem parte de seus cotidianos. Em razão disso, a justiça tornou-se instrumento fundamental para a garantia de direitos dos egressos do cativeiro e importante forma de afirmação do *status* social onde viviam.

CAPÍTULO 3

ENTRE OS SUPLICANTES: OS LIBERTOS COMO AUTORES NAS DEMANDAS CÍVEIS NA VILA DE PITANGUI DURANTE O SÉCULO XVIII

> A justiça é uma das quatro virtudes cardinais; consiste em dar a cada um o seu, prêmio, e honra ao bom, pena e castigo ao mau. Divide-se como gênero em espécies, comutativa, punitiva, legal e distributiva, comutativo e mais nos seus lugares. A justiça é o freio dos poderosos, proteção dos pobres, amparo das viúvas, asilo aos órfãos, reputação do Príncipe, muro do Império, sagrada, onde a alma é assegura da espada do supremo juiz. [...] Razão, equidade [...].[289]

De acordo com dicionário do Padre Raphael Bluteau, Direito Cível é "a jurisprudência Romana, por outro nome, *Direito Escrito*, Direito (*jus civile*) fundado unicamente no poder da *Lei Civil*"[290]. Pode ser entendido, desta forma, como o conjunto de leis que tinham por finalidade regular a vida cotidiana, os interesses dos cidadãos entre si e o governo, assuntos concernentes à família, ordenamento social, bens de raiz e semoventes, tratos comerciais, dívidas e conflitos corriqueiros.

O direito cível das populações governadas pela coroa portuguesa, tanto na metrópole quanto na colônia, era também fundamentado nas Ordenações do Reino, como mencionei nos capítulos anteriores. O livro quarto, em específico, versava sobre este aspecto, orientando os processos de compra e venda, as relações entre senhor, criados e escravos, a posse de imóveis, a feitura de testamentos, inventários, heranças e deserdo, a promoção de doações, contratos e outros. As ações cíveis surgiam nesse sentido: quando os acordos estabelecidos no pretérito não eram cumpridos por uma parte dos envolvidos, buscava-se as vias legais.

Niklas Luhmann aponta que o Direito surge da necessidade de estabilização das expectativas cotidianas não correspondidas, ou seja, frustradas. As normas e leis, por exemplo, são compostas como contenção das

---
[289] Raphael Bluteau. *Vocabulario Portuguez & Latino-* v. 4, p. 232-233.
[290] Raphael Bluteau. *Vocabulario Portuguez & Latino-* v. 3, p. 331.

contingências trazidas pela sociedade (*ambiente*) e visam o ressarcimento dos desprivilegiados no trato, a punição dos violadores, ou a firmação de um acordo comum entre as partes envolvidas. Portanto, as leis funcionam como o arcabouço geral de expectativas e de condutas, de acordo com valores morais e éticos, tendo por finalidade a estabilidade social e do próprio sistema legal. E as expectativas normativas se impõem na medida que há apoio social ao sistema jurídico, podendo também ser alteradas diante da necessidade de adaptação entre sistema e ambiente.[291]

Para Luhmann, a justiça é entendida como fórmula de contenção das contingências e manutenção da igualdade. No caso das sociedades estratificadas, como Pitangui, a igualdade se pautava no estatuto jurídico a que cada segmento pertencia, de acordo com a justiça distributiva; por exemplo, leis correspondentes à nobreza não se aplicavam aos grupos sociais inferiores e vice-versa. Além disso, a justiça pode ser concebida como princípio ético positivo, utilizada como reação ao que é tido como injusto (negativo). O código jurídico português moderno, com sua pretensão ao universal, também assim o fora, pautado-se no código binário lícito (positivo) e ilícito (negativo) como tentativa de generalizar as expectativas sociais. A partir do código, estabelece-se também o que pertence ou não ao campo do Direito, ou seja, o seu fechamento operacional, diferenciando, igualmente, o que pertence ao sistema e o que pertence ao social (ambiente).[292]

Os tribunais podem ser compreendidos como o centro do sistema jurídico, local de recebimento das comunicações realizadas pelo social no que tange aos assuntos relacionados ao Direito. Como base de sua estrutura, o sistema jurídico possui normas e estas consistem em expectativas de comportamento por parte dos indivíduos e nas referências para contenção dos desapontamentos. As normas, portanto, tem por objetivo limitar a contingência e garantir a recuperação da confiança na justiça.[293] Aqueles que detêm o conhecimento jurídico estão mais próximos da aquisição de "sua justiça e direito", fenômeno já observado nos documentos analisados no capítulo anterior.

De modo geral, na maior parte dos casos de Pitangui, as demandas constituíam-se como a última tentativa de resgatar o que o trato havia firmado, como uma condição original a ser estabelecida. Ou seja, antes

---

[291] NIKLAS LUHMANN. **O direito da sociedade**. p. 107 e 166-177.
[292] NIKLAS LUHMANN. *Idem*, p. 295, 298 e 362.
[293] VESTING, Thomas. Teoria do Direito: uma introdução. Série IDP – linha direito comparado. São Paulo: Saraiva, 2015, p. 136-138.

de procurar o sistema jurídico os indivíduos já teriam tentado resolver as pendências de forma "amigável", não obtendo sucesso. Para Bluteau, as ações judiciais constituíam-se como "o direito de fazer demanda a alguém e quando, em razão do direito, pedimos que nos faça justiça"[294]. E justiça, para o período, como é definida na citação inicial deste capítulo, era um dos princípios fundamentais da *monarquia pluricontinental* lusa: comutativa e distributiva, pautada nos ideais de Antigo Regime.

Compreendo as ações cíveis como comunicações provindas do *ambiente* direcionadas ao sistema jurídico como forma de tentativa de manutenção das expectativas individuais contrariadas. Estas comunicações, ao chegarem ao sistema legal, eram aceitas ou recusadas mediante a verificação da qualidade do assunto, ou seja, se fazia parte de tal sistema ou não. Por exemplo, caso a demanda pertencesse mais à questão de ordem religiosa, poderia ser indicada e endereçada ao sistema religioso. As comunicações sociais que eram orais, ao serem acolhidas pelo sistema operativo do direito, inseriam-se no formato de ações cíveis e eram registradas de forma escrita, passando, desta forma, pelo processo de judicialização. Para seguimento da ação, utiliza-se o código jurídico e as comunicações anteriormente realizadas como referência e base ao novo caso, de modo que o sistema do direito deve ser entendido como recursivo e autorreferente. E quando há casos novos e sem referência normativa no próprio sistema, ele mesmo, a partir de sua abertura ao social, recebe a novidade, entendida também como heterorreferência, e a engloba para os casos futuros semelhantes. Desta forma, o sistema jurídico mantém a sua *autopoiese*.[295]

No caso brasileiro, as ações cíveis eram elaboradas nas câmaras, utilizadas para a garantia dos direitos e poderiam ser iniciadas por qualquer indivíduo livre ou liberto. Entretanto, como visto no capítulo anterior, ao analisar de forma pormenorizada a documentação relativa à Pitangui, percebi, igualmente, a presença de cativos quartados iniciando ações, geralmente contra os seus donos. De 165 ações, apenas 38 foram iniciadas pelos libertos e no restante estavam na condição de réus. Já vimos também que as alforriadas tiveram maior impulso para iniciar petições que os alforriados.

Para iniciar um processo, o suplicante deveria ter em seu poder recursos financeiros suficientes para custeá-lo, pois não era algo barato e, caso perdesse, deveria arcar com todas as despesas gastas pelos oficiais de justiça e também com o pagamento dos valores pedidos pelo seu adversário.

---

[294] Raphael Bluteau. *Vocabulario Portuguez & Latino*. v. 1, p. 66.
[295] VESTING, Thomas, *Idem*, p. 136-140.

Assim, as petições geralmente eram iniciadas mediante às situações-limite em que as pendências não poderiam mais serem resolvidas por meio de diálogo conciliador.

De modo sucinto, para efetuar o processo de caráter cível era necessário inicialmente um conjunto de informações, tais como o nome do solicitante, condição social, local de morada, estado civil, referência ao réu e o motivo do desentendimento. Após a solicitação da feitura da ação, esta era entregue ao juiz ordinário ou de vintena para a marcação de uma audiência pública. Se o juiz definisse o motivo da petição como legítimo, o escrivão a registrava, citava o réu e marcava a inquirição do réu e das testemunhas para dar andamento no processo.

Nem todo processo tinha sentença, sugiro que, nestes casos, as partes envolvidas teriam optado pela resolução das pendências de forma extrajudicial, ou que houvera desistência por parte do autor, ou mesmo que partes dos manuscritos possam ter sido perdidas ao longo do tempo. Outras hipóteses que podem justificar o não desenvolvimento da petição ou sua estagnação em alguma fase era a falta de recursos para o seu seguimento, na qual o autor teria a abandonado e pagado até onde foi possível, ou mesmo o perdão do que motivou a ação por meio das escrituras em cartório, como verificou Elias Theodoro Mateus em Mariana setecentista.[296]

Renata Diório destaca a importância do acesso ao sistema jurídico como uma das principais vias para a legitimação do *status* social daqueles que vivenciaram o cativeiro. Para a localidade de Mariana, Capitania de Minas Gerais, tanto a autora quanto o historiador Marco Antônio Silveira, verificaram que a maioria das ações cíveis de libertos na qual estes inseriram-se eram relativos aos problemas de propriedade de terras, casas, escravos e minas, créditos, empréstimos e pagamento da liberdade.[297]

Para a vila de Pitangui durante o século XVIII, encontrei motivações como as observadas por Diório e Silveira e também outras questões cotidianas que fizeram com que os libertos acessassem a justiça para requererem os seus "direitos e justiça". A partir do Gráfico 5 a seguir, exporei quantitativamente os temas mais encontrados nas petições cíveis iniciadas pelos alforriados.

---

[296] MATEUS, Elias Theodoro. **O perdão de parte entre a dinâmica judicial e a vida comunitária nas Minas setecentistas** (Mariana, 1711-1821). 2017. Dissertação (Mestrado em História) – Instituto de Ciências Humanas e Sociais, Universidade Federal de Ouro Preto, Mariana, 2017.

[297] DIÓRIO, Renata Romualdo. **Os libertos e a construção da cidadania em Mariana**, 1780-1840. 2013. Tese (Doutorado em História Social) – Universidade de São Paulo, São Paulo, 2013, p. 50. SILVEIRA, Marco Antônio. "Soberania e luta social: negros e mestiços libertos na Capitania de Minas Gerais (1709-1763). *In:* SILVEIRA, Marco Antônio e CHAVES, Cláudia Maria das Graças. (org.). **Território, conflito e identidade**. Editora Fina Traço. 1. ed. 2008. Ouro Preto, p. 39-40.

Gráfico 5 – Motivações das ações cíveis iniciadas pelos escravos e libertos na vila de Pitangui (1740 a 1799)

[Gráfico de barras com legenda:
- Alforria/reescravização
- Dívida de animais
- Prisão injusta
- Dívida de toucinho
- Aforamento de terras
- Injúria atroz
- Reconhecimento de paternidade
- Absolvição de uma causa
- Vistoria de obras
- Herança
- Gastos em venda
- Escravo vendido
- Obrigação feita
- Assédio sexual
- Posse de imóvel
- Dívida relativa a trabalho prestado
- Roubo]

Fontes: Instituto Histórico de Pitangui, Arquivo Histórico de Pitangui – Seção colonial, Série – Ações cíveis, 1740 a 1799

O número de ações iniciadas pelos libertos representa 23% do total das ações encontradas, no restante eles estavam na condição de réus. E deste total, a maioria dos suplicantes era feminina. Como demonstra o Gráfico 5, os problemas enfrentados pelos libertos que chegaram às vias legais foram variados. Em geral, relativos à venda de alimentos em suas lojas, venda de animais e escravos, trabalhos prestados e não pagos pelos seus beneficiados, dívidas de obrigações, prisão injusta, assédio sexual, reconhecimento de paternidade, roubo, dentre outros.

Em menor quantidade e, diferentemente dos dados levantados por Renata Diório, estavam as ações iniciadas para requisição do reconhecimento da alforria e os relacionadas ao perigo de reescravização. Fato que demonstra que, para Pitangui, os conflitos de ordem cível que tiveram os libertos como suplicantes foram relativos à diversa gama de tratos socioeconômicos por eles vivenciados e que a liberdade era posta em prova em menor medida. O que corrobora com a premissa de que, ao serem quartados ou libertados pelos seus senhores, estes indivíduos mantiveram relações com pessoas de diferentes segmentos sociais, constituindo-se como uma das importantes formas de proteção e conservação do *status* social.

Para a melhor compressão das fontes, a seguir abordarei as ações iniciadas pelos manumitidos de forma qualitativa por meio de subtópicos, mediante os temas contidos nelas: cobrança de dívidas ou favores; escravização, reescravização e conservação da liberdade; e defesa de propriedade imóvel.

3.1 Ações iniciadas para cobrança de dívidas ou favores

Em 27 de agosto de 1754, Maria de Andrade, preta forra, dirigiu-se à câmara da vila de Pitangui para requerer o início de uma ação de crédito contra Joana Dias Correa, também preta forra. Como procurador, Maria escolheu Domingos Maciel Aranha, um dos primeiros sertanistas paulistas a chegar à região e a encontrar ouro; ocupante de vários cargos na câmara da mesma vila durante o período de 1720 a 1760, seja como escrivão, juiz ordinário ou advogado.[298] A dívida cobrada era relativa a vários empréstimos cedidos à suplicada pela autora, somando o total de 27 oitavas e um quarto de ouro, feitos em junho do mesmo ano. Com a ajuda do advogado, Maria conseguiu a condenação da ré e o recebimento dos valores solicitados.[299]

Em dois de outubro 1761, o meio legal também foi acionado por José da Costa Cabo Verde e sua mulher por meio de um libelo cível contra Maria Leite, ambos forros.[300] De acordo com o verbete do período, a palavra *libelo* deriva-se do latim *libelus*, que poderia ser traduzido como *livrinho* ou um breve escrito em que a pessoa pedia à outra alguma dívida quando remetia-se à questão civil, ou registrava alguma queixa, em matéria de crime. Desta forma, os suplicantes deveriam apontar no libelo a motivação, o desejo de justiça e provas, podendo haver a contrariedade por parte do réu provando o contrário também a partir de argumentação jurídica e de apresentação de provas.[301]

Como procuradores, os suplicantes escolheram João Alberto da Mota e Francisco José da Silva, que logo solicitaram uma audiência ao juiz. Nela, os autores ressaltaram que desejavam que a ré comparecesse em juízo, assumisse a dívida e a quitasse. Todavia, o caso ficou parado nesta fase e sem desfecho durante dois anos e cinco meses, sendo retomado apenas em 16 de março de 1764, por meio do pedido de vista por parte dos procuradores dos autores. José e sua mulher disseram que estavam dispostos a estabelecer um acordo amigável da seguinte forma: a ré teria o tempo de um ano para quitar a quantia de 64 oitavas e 4 vinténs de ouro em pó, em troca eles desistiriam do libelo e pediria o seu encerramento.

---

[298] BARBOSA, Faber Clayton. *Idem*, p. 73-75.
[299] Fontes: Instituto Histórico de Pitangui, Arquivo Histórico de Pitangui – Seção colonial, Série – Ações cíveis. Ação de crédito. Autora: Maria de Andrade, preta forra. Ré: Joana Dias Correa, preta forra. 1754, Cx 209/029, p. 3-5.
[300] Instituto Histórico de Pitangui, Arquivo Histórico de Pitangui – Seção colonial, Série – Ações cíveis. Libelo Cível. Autores: José da Costa - preto forro e Maria da Costa – preta forra. Ré: Maria Leite – crioula forra. 1761. Cx 127/Dc 022.
[301] BLUTEAU, Raphael. **Vocabulario portuguez & latino.** v. 5, p. 108.

Apesar de o compromisso ter sido firmado entre as partes, Maria Leite não o cumpriu de imediato, razão que motivou o pedido de prosseguimento da ação por parte dos autores. João Alberto da Mota argumentou que a petição deveria ser continuada porque a ré não pagou as parcelas acordadas e apresentou falsos recibos que os suplicantes não reconheciam e não haviam assinado. "Que o autor é de verdade e consciência incapaz de alegar o referido se assim não fora".[302] Portanto, a ré havia agido de má-fé, aproveitando que os autores retiraram a ação. Desta forma, deveria arcar com a dívida total e mais 6$200 réis referentes aos honorários gastos do processo.

Entretanto, um mês após, Maria Leite solicitou que Antônio de Abreu Castelo Branco a representasse como advogado e contrariasse o libelo. Na contrariedade, ele ressaltou que a ré não negava a condição de devedora do casal, porém que o valor correto era de 45 oitavas, ¾ e 6 vinténs de ouro, como constam nos recibos apresentados por ela. Alertou que, apesar de os recibos não terem a assinatura do autor, eles comprovavam os pagamentos já feitos e deveriam ser levados em consideração pela justiça, pois os autores "bem sabiam que era verdade"[303].

Na mesma fala, o advogado levantou outro fato para a defesa da ré. Os suplicantes eram donos de uma venda situada na Rua da Paciência, local em que também moravam. Há aproximadamente cinco anos, chamaram Maria para trabalhar como vendedora na loja como forma de quitação das dívidas contraídas por ela na mesma venda. Desta forma, pagou o que devia trabalhando e, de acordo com o defensor, não restava nada mais a ser entregue aos suplicantes. Igualmente relatou que, além de não possuir mais nenhuma dívida, o autor deveria pagar o trabalho extra realizado na venda, pois até o presente momento não o havia feito e era de merecimento desta. Por fim, apresentou os registros de abatimento das dívidas da ré e pediu ao juiz que os autores fossem condenados por reconvenção. De acordo com o dicionário do período, reconvenção era a iniciativa de pedir algo a quem já havia pedido na ação, em outras palavras, transformar o autor em réu por meio da apresentação de provas e razões, o que foi feito por Castelo Branco.[304]

Ao presenciar tal pedido, o advogado dos suplicantes pediu a contrariedade da reconvenção a partir de uma réplica. Salientou que o juiz não poderia ignorar que a própria ré confessou a dívida e apresentou alguns

---

[302] Instituto Histórico de Pitangui, Arquivo Histórico de Pitangui – Seção colonial, Série – Ações cíveis. Libelo Cível. Autores: José da Costa - preto forro e Maria da Costa... p. 9.
[303] Idem, p. 12.
[304] BLUTEAU, Raphael. **Vocabulario portuguez & latino.** v. 7, p. 202.

recibos, restando ainda parte do valor total a ser pago aos autores. Alertou, ademais, que Maria Leite havia sido escrava de Maria Matos e quando sua dona morreu o testamenteiro responsável pelos legados comprou a ré, que depois foi arrematada por Micaela Carneiro, esta por sua vez teve Manuel Ferreira Passos como fiador. Após alguns anos, Maria Leite foi quartada e deveria ficar na presença de Manuel Ferreira Passos até a completo pagamento da alforria. Por não ter conseguido arcar com as parcelas da quartação, pediu a José da Costa e sua mulher que as pagasse, em troca trabalharia na venda deles. Portanto, os suplicantes não deviam nada a ela, pelo contrário, e a reconvenção deveria ser negada por meio desta contrariedade.

A pedido do advogado da ré, uma audiência para a apresentação de testemunhas para defesa foi marcada. Não foi possível ler os depoimentos integralmente porque há parte corroídas e deterioradas pelo tempo, em algumas partes só foi possível a transcrição de nomes, profissões, naturalidades e idades. A primeira testemunha, Antônio Barboza Fiuza, preto forro natural de Costa da Mina, minerador, afirmou que sabia que a ré era parte da sucessão de Manuel Ferreira Passos, pessoa a quem o autor pagou a arrematação desta, o restante da fala estava corroído. As próximas testemunhas foram João Correa, pardo, natural da cidade da Bahia, 56 anos; Joana Gomes, solteira, 40 anos, preta forra natural de Costa da Mina, moradora no arraial do Brumado que vivia de fazer sabão e Theresa Maria da Silva, natural de Costa da Mina e seu marido pardo forro. A última, relatou o seguinte:

> [...] que sabe por ter conhecimento do autor que o mesmo é demente. E sabe pelo ouvir que a reconvinte estava na venda de que se trata por tempo de 3 a 4 meses pouco mais ou menos e que aquele tempo ouviu ela testemunha a queixar a ré do reconvindo que a tinha dado para a venda mais não disse.[305]

A descrição de José da Costa como louco e falto de juízo[306] feita por Theresa era grave, pois denotava a incapacidade dele em guiar a própria vida e tomar decisões em relação a si e aos demais. E neste caso, as decisões tomadas por ele também influenciavam a vida de Maria Leite, que como descrito pelas testemunhas, servia na venda como sua escrava. Todavia, o estado de saúde mental do autor deveria ser comprovado a partir de análise médica e jurídica para que, a partir de então, ele fosse embargado e fosse feito um auto sumário de demência com as razões para tal, os bens pertencentes a esse indivíduo, posição social, profissional,

---
[305] *Idem*, p. 27.
[306] Conceito de demente. BLUTEAU, Raphael. **Vocabulario portuguez & latino.** V. 5, p. 527.

curadores nomeados, prestações de contas e notificações realizadas pelos juízes responsáveis.[307] Portanto, não era tão simples este tipo de acusação e necessitaria de comprovação.

Outras testemunhas foram chamadas ao tribunal: Amaro, homem forro natural da freguesia de Nossa Senhora da Conceição de Angra, Ana Leite, preta forra natural da freguesia de Resta Grande, Francisco de Almeida, José Pinto Pereira e Domingos Marques Guimarães, ambos naturais da vila de Pitangui. A primeira testemunha não quis alegar nada, afirmando desconhecer o assunto. A segunda, disse que sabia por ouvir dizer que no tempo de aproximadamente 6 anos Maria Leite trabalhou na venda de José da Costa, mas não conhecia o porquê e qual trato estabeleceram para isso. A terceira, relatou que via a ré empregada na venda do autor durante muito tempo, de acordo com sua lembrança, e que neste tempo ela não se ocupava de outra coisa, apenas de servir ao autor vendendo diversos gêneros. A quarta, ressaltou que a ré era uma pessoa de consciência e que por mais de 8 anos a viu trabalhar na venda do autor. Sabia também que como empregador, o autor deveria pagar a ela 30 oitavas pelos serviços realizados. E a última, disse que Maria foi para casa de José como sua vendedora e, por isso, deveria ganhar pelos serviços executados.[308]

Em contraposição, o advogado do autor asseverou que as testemunhas empenhadas na defesa da ré apenas reafirmam o trato outrora estabelecido entre as partes e que, por acomodação e presunção, ela requeria algo que já não poderia requerer. Para embasar o seu argumento, o procurador citou as Ordenações Filipinas, Livro 4, Título 32 para asseverar que Maria não poderia pedir tais valores ao réu porque já haviam passados 3 anos:

> "Título 32: *Que não se possa pedir soldada, ou serviço passados três anos:*
> Os homens e mulheres que morarem com seus senhores, ou amos a bem fazer, ou por soldada, ou jornal, ou por qualquer convença, se depois que se deles saírem, passarem três anos, e se os senhores e amos estiverem sempre nestes lugares, onde se deles serviram, sem se deles partirem, e os tais servidores e criados os não demandarem nos ditos três anos por seu serviço, não os poderão mais demandar, nem serão a isso recebidos, nem seus amos mais obrigados a lhes

---
[307] SOUZA. Maria Eliza de Campos. Os inventários de dementes: os processos de curadoria e a relação da justiça régia com a loucura nas Minas Gerais do século XVIII. **Revista de História**. São Paulo, n. 176, a 07616, 2017, p. 5.
[308] Instituto Histórico de Pitangui, Arquivo Histórico de Pitangui – Seção colonial, Série – Ações cíveis. Libelo Cível. Autores: José da Costa - preto forro e Maria da Costa... p. 28-33.

pagar; porém, aos menores de vinte e cinco anos começarão de correr os ditos três anos, tanto que chegarem à idade de vinte e cinco".[309]

Em seguida, o advogado da ré pediu a apelação sobre o que fora dito pelo procurador dos autores, asseverando, mais uma vez, que a reconvinte não negava a dívida outrora estabelecida, todavia, já havia pagado por meio de seu trabalho na venda, como confirmou a testemunha Antônio Barboza Fiuza e as demais. Além disso, destacou que os suplicantes deveriam ajustar as contas e passar o crédito que ficaram devendo à suplicada, pois ela não tinha conhecimento do título 32 das Ordenações mencionado anteriormente pelo advogado do autor por ser "ignorante e rústica, que é por ser uma negra pobre, e não compreendeu as contas que ajustaram, e que eles não a poderiam prejudicar, principalmente vindo em cartório"[310]. E que os suplicantes só poderiam usar de tal cláusula jurídica para se beneficiarem quando não houvesse provas da dívida, o que não era o caso, pois as provas foram apresentadas pelas testemunhas e por Maria Leite a partir dos registros.

A ré perdeu para o autor na instância local, mas em 23 de agosto de 1765 o advogado de Maria Leite pediu a apelação ao corregedor da comarca. Foi ouvida em 02 de setembro, apresentou todo o processo que perdurara mais de 4 anos e em seguida o autor foi chamado a apresentar-se em nova audiência. Nela, o corregedor concluiu que havia irregularidades na forma que os suplicantes conduziram o trabalho de Maria Leite, que estes deveriam pagá-la e também fora decidido que ela arcaria com as custas do processo: 13$962 réis.

Insatisfeitos e com sentimento de injustiça, nove meses após a publicação da última sentença, em 6 de junho de 1766 os autores pediram a revisão do processo e nomearam vários advogados em diversos locais: o licenciado João de Lião no Arraial de Santo Antônio, João Alberto da Mota e Manuel Ferreira da Silva em Pitangui, José Teles da Silva, José Caetano de Oliveira, João Batista Lopes e os Reverendos Doutores José Lopes Ferreira e João Correa da Silva na vila de Sabará, o Doutor Cláudio Manuel da Costa, o Furriel Antônio e João de Souza Lisboa em Vila Rica de Ouro Preto, Bernardo Gomes da Costa na cidade do Rio de Janeiro e, por último, ao procurador da Santa Casa de Misericórdia. Estes procuradores teriam o poder de "defender todo direito e justiça" dos suplicantes em todas as causas que fossem envolvidos, demandas cíveis e crimes, seculares e eclesiásticas.

---

[309] Ordenações Filipinas, Livro 4, Título 32, p. 810. Acesso: http://www1.ci.uc.pt/ihti/proj/filipinas/l4p810.htm
[310] Instituto Histórico de Pitangui, Arquivo Histórico de Pitangui – Seção colonial, Série – Ações cíveis. Libelo Cível. Autores: José da Costa...p. 35 a 39.

Essa demanda terminou com a audiência pedida por Antônio João da Silva, outro procurador dos autores, relatando que o seu cliente havia recebido de Maria Leite o valor total dos gastos da ação e da dívida. Destacou, igualmente, que em tempo algum o seu constituinte ou herdeiros poderiam ser citados para a quitação destes gastos, pois já haviam sido pagos. Após isso, não há mais partes do processo.[311]

Diante deste longo processo, alguns pontos destacaram-se. Por exemplo, o fato de forros enfrentarem-se no tribunal para requererem valores relativos às dívidas passadas, como na ação inicial. O que difere o caso atual em relação ao primeiro é o fato deste não envolver apenas valores, como também a questão do regime de trabalho em que a ré esteve submetida para pagamento do débito contraído junto ao autor, e a não consideração deste trabalho pelo mesmo suplicante. Percebendo a injustiça a qual estava submetida, Maria Leite encontrou apoio jurídico junto ao advogado que escolhera para lhe representar e então apresentar os comprovantes de quitação da dívida e, acima de tudo, reverter a situação e pedir indenização sobre os dias empenhados na loja dos mesmos suplicantes e não pagos por eles. Outro ponto relevante é o fato José da Costa Cabo Verde possuir uma significativa rede social, imbuída de relações de poder e de favorecimento, como demonstrou durante a nomeação de vários advogados em diferentes regiões de Minas Gerais e no Rio de Janeiro. Isso pode ser justificado pela própria função que ele desempenhava, – a de dono de venda – e neste contexto haver estabelecido vários laços e ser conhecido publicamente. Dentre os advogados, cabe destaque a Cláudio Manuel da Costa.

Outros libertos também iniciaram ações para requerer valores relativos a dívidas. Silvestre da Costa Courá, preto forro, morador no Arraial da Onça, em 1767 recorreu à justiça para reaver 16 oitavas de ouro provenientes de um cavalo e duas vacas vendidos a Marcelino Sutil, também preto forro. A venda foi executada no ano de 1760 e até o início da ação não havia sido quitada. Mesmo apresentando-se ao juiz de vintena no ano de 1765 e assumindo a dívida, o réu não cumpriu com o combinado e foi chamado novamente no ano de 1767 a uma ação de crédito iniciada na câmara da vila de Pitangui para responsabilizar-se pelo acordo. Com a pressão feita por Antônio Marques do Couto, advogado do autor, o réu compareceu e foi condenado, tendo que arcar com mais de 22 oitavas de ouro: 16 pedidas pelo autor e 6 relativas à feitura do processo e pagamento dos oficiais envolvidos.[312]

---

[311] *Idem*, p. 42-44.

[312] Instituto Histórico de Pitangui, Arquivo Histórico de Pitangui – Seção colonial, Série – Ações cíveis. Autor: Silvestre da Costa Coura, preto forro. Réu: Marcelino Sutil, preto forro. 1767, Cx 214/050, p. 1-7.

Assim como Maria de Andrade, José da Costa e Silvestre Courá, Antônio Barbosa Fiuza, preto forro que havia sido testemunha de Maria Leite, iniciou uma ação. Nomeou João Alberto da Mota como advogado para requerer a quitação de um crédito não pago por Ventura de Abreu, também preto forro. Em seis de junho de 1771, o réu fora citado para assumir e pagar uma dívida realizada há 14 anos, como consta no comprovante da transação a seguir:

> Devo que pagarei a Antônio Barbosa Fiuza duzentos e vinte e quatro mil réis procedidos de um moleque por nome Paulo de nação Banguela que lhe comprei a meu contento tanto em preço como em bondade cuja quantia pagarei a ele dito ou a quem este me mostrar em três pagamentos iguais o primeiro da fatura deste a um ano e o segundo da fatura deste a dois anos e o teu crédito e último da fatura deste a três anos para o que obrigo a minha pessoa a bens especialmente o mesmo moleque até última satisfação e por não sabe ler nem escrever pedi e roguei a Manoel de Sousa de Macedo que este por mim fizesse e como testemunha assinasse e me assinei com o meu sinal costumado que é uma cruz hoje, Pitangui 5 de dezembro de 1757.
> João de Sousa Alcaide
> Manoel de Sousa Macedo testemunha.[313]

Ventura se fez presente e se comprometeu a pagar o restante do valor do cativo que havia comprado de Antônio. Como não possuía o suficiente para a completa quitação naquele momento, o suplicado disse que sua comadre Maria Machado, preta forra Mina, abonaria a dívida por ele. Maria Machado faleceu em 1777, declarando em seu testamento possuir seis escravos, casa, itens domésticos, animais e algumas dívidas passivas, dentre elas a de Ventura de Abreu.

As ações de crédito eram demandas em que o autor cobrava determinado valor despendido em uma transação, tendo como prova o comprovante do trato firmado que poderia ser um bilhete, ou mesmo as testemunhas presentes no ato de execução da transação para atestá-la. No início destes processos, fazia-se o pedido de citação do devedor para que este fosse admitir "seu crédito, sinal e obrigação" e reconhecer as informações contidas no referido documento. Em seguida, havia o depoimento do réu assumindo ou não o valor requisitado pelo suplicante e a

---

[313] Instituto Histórico de Pitangui, Arquivo Histórico de Pitangui – Seção colonial, Série – Ações cíveis. Autor: Antônio Barbosa Fiuza, preto forro. Réu: Ventura de Abreu, preto forro. 1771, Cx 216/057, p. 3-6.

sentença proferida pelo juiz. Em casos de valores divergentes propostos pelo suplicado, a ação poderia ter réplicas, tréplicas e até mesmo poderia ser levada a instâncias superiores.[314]

De acordo com Bluteau, "crédito era a fé que se dava a alguma coisa [...] seguindo o parecer de alguém, ou dando fé ao que *alguém* diz". Para o período, o acordo falado ou escrito deveria ser alicerçado na autoridade, estima e confiança, logo, perder crédito era equivaleria à perda de autoridade e fama.[315] Portanto, o crédito relacionava-se à honra: honrados eram aqueles que cumpriam com os tratos firmados e desonrados eram os que não os cumpriam.

Outra demanda em que alforriados se enfrentaram no tribunal foi a de Lucas Ferreira dos Santos e Vitorino Rodrigues Velho. Aos seis de outubro de 1772, o autor ressaltou que há dois anos havia vendido um cavalo a prestações ao réu com data certa para quitação das parcelas acordadas, todavia, Vitorino não concluiu o pagamento, deixando o suplicante desfavorecido. Para obrigá-lo a quitar o restante, Lucas muniu-se de um advogado, Manoel Ferreira da Silva, e requisitou ao juiz que iniciasse uma ação de crédito para lhe "fazer justiça". O réu apresentou-se ao aparato legal sem a ajuda de um advogado e assumiu o compromisso realizado anteriormente, comprometendo-se à quitação do restante que faltava.[316]

Assim como os outros suplicantes, Sebastião Sutil, também preto forro, morador no Arraial do Brumado de Pitangui, procurou a via legal no ano de 1772 para requerer um crédito que Pedro da Fonseca Leal, pardo forro, lhe devia. O autor era dono de uma venda localizada no Morro do Batatal e tinha como sócio Eusébio Monteiro, crioulo forro. A dívida cobrada, de uma oitava e um vintém de ouro, procedia de gastos feitos pelo suplicado na venda. Como o autor lhe havia pedido várias vezes, mas sem sucesso, e como o réu recusava-se a pagar, Sebastião queria citá-lo para que na primeira audiência deste juízo reconhecesse "seu bilhete e sinal firmado da obrigação, pena de que não comparecendo se lhe haver por reconhecido a revelia e condenado em principal e custas e citado para todos os mais termos e autos judiciais, sequestro de bens e completa execução".[317] Como

---
[314] DIÓRIO, Renata Romualdo, **Os libertos e a construção da cidadania**... 2013, p. 55.
[315] Raphael Bluteau. *Vocabulario Portuguez & Latino*. v. 2, p. 605.
[316] Instituto Histórico de Pitangui, Arquivo Histórico de Pitangui – Seção colonial, Série – Ações cíveis. Subsérie - Ação de crédito. Autor: Lucas Ferreira dos Santos, preto forro. Réu: Vitorino Rodrigues Velho, preto forro. 1772, Cx 217/026, p. 1-4.
[317] Instituto Histórico de Pitangui, Arquivo Histórico de Pitangui – Seção colonial, Série – Ações cíveis. Subsérie - Ação de crédito. Autor: Sebastião Sutil, preto forro. Réu: Pedro da Fonseca Leal, pardo forro. 1772, Cx 217/013, p. 1-5.

Pedro não compareceu e nem algum procurador que o representasse juridicamente, no dia 10 de setembro Domingos de Morais, juiz ordinário, deu a sentença favorável a Sebastião, condenando o réu à quitação da dívida e ao pagamento dos trâmites judiciais e oficiais camarários atuantes na ação.

Além de estabelecerem relações creditícias com pessoas do mesmo segmento social, os libertos teceram tratos econômicos com pessoas de segmentos mais elevados. Miguel Caetano Congo, preto forro, por exemplo, no dia 10 de outubro de 1749 iniciou uma ação de crédito contra o Licenciado Domingos Maciel Aranha para requerer o valor de 22 oitavas, ¼ e 7 vinténs de ouro, procedido de um empréstimo cedido no ano de 1747 e não quitado até o momento. Como seu procurador, Miguel escolheu o Padre Veríssimo de Souza Rocha. Nos próximos 10 dias, o réu compareceu, assumiu a dívida e comprometeu-se ao pagamento do suplicante, bem como dos valores gastos na feitura do processo.[318] Como vimos anteriormente, Aranha atuou em vários cargos na câmara da vila de Pitangui durante a segunda metade século XVIII.

Todas as ações de crédito acima elencadas aludem às relações clientelares ou pessoais pretéritas estabelecidas entre alforriados, fato que demonstra o estabelecimento de redes mercantis e de confiança entre estes indivíduos. Confiança que por vezes era quebrada e as próprias demandas testificam isso. Mas testificam também o contrário, como o reestabelecimento da confiabilidade por meio de novos tratos e quitações, como foi o caso de Perpétua Rodrigues Nogueira, preta forra, e José Veloso de Carvalho, igualmente preto forro. Em dois de agosto de 1768, a liberta, juntamente a João Alberto da Mota seu advogado, foram à câmara de Pitangui requerer o pagamento de oito oitavas e alguns vinténs de ouro procedidos de uma obrigação feita a José e não quitada até o momento. Depois da citação do réu, ele compareceu para assumir a dívida que outrora fizera com a suplicante e sua filha, e mostrar ao juiz os registros de quitação da maior parte do valor, feita de julho de 1767 até janeiro de 1768.

Após o ocorrido, o liberto comprometeu-se a pagar o restante da obrigação nos meses subsequentes. Porém, após o término de nove meses sem receber nada, Perpétua e José compareceram juntos ao tribunal e disseram ao juiz que haviam entrado em comum acordo, na qual que ele arcaria com a dívida e que pagaria também a feitura do processo. José Veloso sabia ler

---

[318] Instituto Histórico de Pitangui, Arquivo Histórico de Pitangui – Seção colonial, Série – Ações cíveis. Subsérie - Ação de crédito. Autor: Miguel Caetano Congo, preto forro. Réu: Licenciado Domingos Maciel Aranha. 1749. Cx 207/016, p. 1-5.

e escrever e assinou no fim a rogo da autora. A sentença foi dada e a ação encerrada.[319] Acordo informais e extrajudiciais como este eram comuns neste período, o que sugere certa fluidez nas relações e a tentativa de resolução de forma mais branda e menos onerosa, de modo a satisfazer ambas as partes.

Além das ações de crédito havia também as ações de alma, demandas sumárias compostas especificamente com este fim. Estas petições corriam rápido e eram iniciadas a partir do momento em que o suplicante enviava o pedido ao juiz, que poderia deferi-lo ou recusá-lo. Ao aceitar a demanda, o próximo passo era a convocação do réu para comparecimento em juízo para jurar a dívida pela própria alma, ou negá-la. Numa sociedade de Antigo Regime, a palavra, escrita ou falada, tinha função importantíssima e implicava em confiança entre as partes. Era comum os acordos serem realizados apenas de forma oral, sem nenhum registro escrito, e a diferença entre as ações de alma e de crédito estava contida justamente nisso: as ações de crédito possuíam o registro da dívida em formato de bilhete; já as de alma, não, pois os tratos haviam sido firmados sem nenhum comprovante formal, contendo em alguns casos, no máximo, testemunhas por perto.[320]

Aqueles que eram citados para jurar ou negar uma dívida pela própria alma vivenciavam grande constrangimento, principalmente se considerarmos que as vilas e arraiais em que estas pessoas viviam durante o século XVIII eram pequenos, onde a circulação de notícias se dava de forma rápida e quase todos os moradores se conheciam. O procedimento do juramento de alma consistia em o suplicado colocar a mão direita sobre os livros sagrados dos Santos Evangelhos e dizer "a verdade". Geralmente os valores cobrados neste tipo de ação eram relativos a empréstimos, favores ou obrigações cedidas, e compra de itens de subsistência, como alimentos, vestuário e utensílios de casa.

José Cabo Verde, preto forro anteriormente citado no libelo, por exemplo, aos seis dias do mês de fevereiro de 1753 compareceu à câmara da vila de Pitangui para solicitar a abertura de uma ação de alma contra Rosa Maria Velosa, também preta forra. Neste ano, o juiz ordinário era Bento do Rego da Silva Soutomaior e Antônio Correia Ribeiro o procurador escolhido pelo autor. O que motivou a ação foi a dívida de duas oitavas e

---

[319] Fontes: Instituto Histórico de Pitangui, Arquivo Histórico de Pitangui – Seção colonial, Série – Ações cíveis. Subsérie - Ação de crédito. Autora: Perpétua Rodrigues Nogueira, preta forra. Réu: José Veloso de Carvalho, preto forro. 1768, Cx 214/054, p. 2-6.

[320] SANTOS, Raphael Freitas. **Devo que pagarei:** sociedade, mercado e práticas creditícias na comarca do rio das Velhas, 1713-1773. 2005. Dissertação (Mestrado em História) – Universidade Federal de Minas Gerais, Minas Gerais, 2005.

meia de ouro procedida de compras que a suplicada havia feito na venda do suplicante, não liquidadas até o instante. Dois meses depois, Rosa compareceu em juízo e jurou a dívida, sendo condenada à quitação dos valores e os gastos da ação, totalizando 4 oitavas e meia.[321]

Uma demanda semelhante a essa foi iniciada no ano de 1764 por Luiza Nunes, preta forra, contra José Pacheco Correa. A liberta era dona de uma venda na vila de Pitangui e o réu lhe devia algumas coisas há algum tempo", como declarou a autora no início da petição:

> Diz Luiza Nunes preta forra que a ela suplicante lhe é devedor José Pacheco Correa morador nesta vila a quantia de 3 oitavas e ¾ e 4 vinténs de ouro procedidas de gastos de sua venda e da dívida que cobrada pertencentes à suplicante e como lhe não paga quer fazer citar a primeira audiência deste juízo para vir pessoalmente jurar se é ou não devedor da dita quantia com cominação de que não comparecendo se deferir o juramento a suplicante ou seu procurador ficando outrossim logo citado para todos os demais termos e autos judiciais até final sentença e sua completa execução.[322]

Como advogado, Luiza nomeou Bento do Rego da Silva Soutomaior, ocupante do cargo de juiz anos atrás, como demonstra a ação cível mencionada anteriormente. Apesar de ser citado para apresentar-se à justiça, o réu não compareceu, desta forma, foi condenado no valor solicitado pela autora e na soma dos custos da ação.

Outra ação de alma iniciada de um liberto contra outro foi a de Manoel de Sousa e Antônio da Rocha, no ano de 1770. O primeiro havia vendido ao segundo um calção de couro no valor de duas oitavas e um quarto de ouro no dia 10 de abril deste ano, mas após oito meses não havia recebido a dívida. Como seu procurador, Manoel escolheu João Alberto da Mota. O réu foi citado, mas não compareceu e, desta forma, foi condenado.[323]

Essa não foi a única ação em que Antônio fora chamado a comparecer no tribunal. Ele se envolveu em mais dívidas anos antes e anos depois, como demonstraram mais quatro ações datadas em 1761, 1769,

---

[321] Fontes: Instituto Histórico de Pitangui, Arquivo Histórico de Pitangui – Seção colonial, Série – Ações cíveis. Subsérie - Ação de alma. Autor: José Cabo Verde, preto forro. Ré: Rosa Maria Velosa, preta forra. 1753, Cx 186/072, p. 1-4.

[322] Fontes: Instituto Histórico de Pitangui, Arquivo Histórico de Pitangui – Seção colonial, Série – Ações cíveis. Subsérie - Ação de alma. Autora: Luiza Nunes, preta forra. Réu: José Pacheco Correa. 1764, Cx 187/078, p. 1-4.

[323] Fontes: Instituto Histórico de Pitangui, Arquivo Histórico de Pitangui – Seção colonial, Série – Ações cíveis. Subsérie - Ação de alma. Autor: Manoel de Souza, preto forro. Réu: Antônio da Rocha. 1770, Cx 188/087, p. 1-4.

1783 e 1785. Em três demandas o cerne das dívidas era a compra de itens de subsistência, como carne, fazenda seca e, novamente, um calção de couro, e em outra era relativa a jornal de um negro. As pessoas a quem devia eram donas de lojas na vila de Pitangui José Vaz da Cunha e João José da Silva e outras duas, e os valores cobrados eram baixos, de três a cinco oitavas os itens de subsistência e nove oitavas o jornal do cativo. Portanto, Antônio não era bom pagador e isso provavelmente se devia às baixas condições de vida que possuía, visto que o cerne das ações eram itens de sobrevivência e não de luxo. [324]Além de se dedicarem à venda de comestivos e todo tipo de quinquilharias e itens para a casa, como foi o caso de Luiza anteriormente citado, as libertas de Pitangui também empenharam-se na produção de vestimentas, venda de tecidos e algodão.[325] Ana Leite da Silva, crioula forra, inclusive, foi à câmara da vila no ano de 1772 solicitar uma ação de alma contra José de Aquino Calaça em razão de uma dívida no valor de duas oitavas e quatro vinténs de ouro, resto de maior quantia anteriormente feita pela compra de algodão. Como o réu não lhe pagava, decidiu procurar a justiça oficial para tentar resolver o problema. José foi citado, mas não compareceu, sendo então condenado à dívida e às custas do processo.[326]

É importante destacar que os valores cobrados pelos libertos nestas ações eram, em geral, muito baixos. Fato que denota a afirmação da honra e compromisso por parte de quem cedia o empréstimo ou vendia algo, e a desonra daqueles que deviam. Portanto, ao iniciar uma petição de alma ou de crédito, por mais ínfimo que fosse o valor cobrado nelas, o que também pode ser levado em conta é o próprio ato de enunciação, principalmente tratando-se do segmento dos libertos, pessoas que vivenciaram o cativeiro e que necessitavam de afirmação social, da conduta reta e honesta frente aos demais segmentos sociais e entre os seus pares.[327]

---

[324] Fontes: Instituto Histórico de Pitangui, Arquivo Histórico de Pitangui – Seção colonial, Série – Ações cíveis. Subsérie - Ação de alma. Autor: José Vaz da Cunha. Réu: Antônio da Rocha, preto forro. 1761, Dc 188/46; Autor: João de Souza Macedo. Réu: Antônio da Rocha, preto forro. 1769, Cx188/074; Autor: João José da Silva. Réu: Antônio da Rocha, preto forro. 1783, Cx 190/009; Autor: Jacinto Borges da Costa. Réu: Antônio da Rocha, preto forro. 1785, Cx 190/084.

[325] Em minha dissertação de mestrado discuti como mulheres forras vinham se dedicando a vários ofícios, tais como: na feitura e venda de produtos alimentícios, na mineração, na costura e na agricultura. Cheguei a estas informações através dos bens deixados por elas em testamentos, inventários *post mortem* e nas ações cíveis em que fizeram-se presentes.

[326] Fontes: Instituto Histórico de Pitangui, Arquivo Histórico de Pitangui – Seção colonial, Série – Ações cíveis. Subsérie - Ação de alma. Autora: Anna Leite da Silva, crioula forra. Réu: José de Aquino Calaça. 1772, Cx 189/015, p. 1-4.

[327] DIÓRIO, Renata Romualdo. *Idem*. p. 60.

3.2 Ações envolvendo escravização, reescravização, conservação da liberdade e honra

O acesso à justiça para a resolução dos conflitos cotidianos foi uma via que passou a ser usada pelos alforriados com maior frequência em Pitangui e seus arraiais a partir da segunda metade do século XVIII. Como dito, esta questão pode estar relacionada ao crescente contingente deste segmento em sociedade, como também ao fato de que muitos libertos, ao verem seus pares acionarem a justiça, também motivarem-se a procurá-la. Em outras palavras, a circulação e compartilhamento de ideias por meio das *comunicações* foram importantes para a iniciativa dos forros junto aos tribunais, utilizada como uma das formas de proteção dos direitos adquiridos no pós-cativeiro.

Um exemplo disso foi o caso de Florência de Aguiar, preta forra natural de Angola, que no ano de 1743, com o auxílio de Rafael Freire de Azevedo, seu advogado, impetrou uma ação de notificação contra Francisca de Freitas, também preta forra. A questão do desentendimento entre as libertas foi a liberdade cedida à suplicante há um tempo por Constantino de Aguiar Pantoja, seu antigo senhor, e a sua reescravização no presente, feita pela suplicada. No processo, a ré ressalta que há tempos Florência a mantinha como sua escrava trabalhando e servindo em sua casa. Como prova de sua liberdade, Florência apresentou aos oficiais de justiça a carta de alforria cedida por Constantino, que asseverava:

> Digo eu Constantino de Aguiar Pantoja que se entre os mais bens que possuo é uma crioulinha por nome Florência filha de uma escrava minha por nome Domingas de nação sem a qual por haver criado ela ter anos a forro por preço de meia libra de ouro, a qual recebi da mão de sua própria mãe pedindo-me lhe fizessem mercê aceitá-la por filha se lhe pusesse sua carta de liberdade, a qual fiz como tenho mais ou a quando esta ponha alguma dúvida se tome as testemunhas [...].[328]

Ou seja, a suplicante havido sido alforriada ainda quando criança graças ao pagamento feito por sua mãe junto ao patrono, tendo o Padre Daniel Dias Ferreira e Domingos de Paiva Bulhões como testemunhas do fato. Destaca-se o pedido endereçado a Constantino para que criasse Florência como filha, mal sabendo a mãe que este seria motivo de desavença no futuro e razão do não cumprimento da alforria por parte de Francisca.

---

[328] Fontes: Instituto Histórico de Pitangui, Arquivo Histórico de Pitangui – Seção colonial, Série – Ações cíveis. Subsérie - Ação de notificação. Autora: Florência de Aguiar – preta forra. Ré: Francisca de Freitas - preta forra. 1743. CX 144/005, p. 3.

Antônio da Costa Columbeiro, advogado da ré, ressaltou que a alforria constituía-se "para maior condenação da autora e que era passado, pois ela mesma permanecia servindo Francisca no presente como cativa". Destacou que "somente o senhor do escravo é que pode lhe dar a liberdade [...], que é chamado a escravidão a quem a serviço está segundo o Direito das Gentes contido nas Ordenações, Livro 04, título 63, artigo 03".[329] Adiante no processo, notei o que realmente estava em questão: a alforriada realmente havia sido cedida por Constâncio antes de morrer, entretanto, após a sua morte, Francisca, que mantinha-se como sua concubina, utilizava de Florência como escrava, "servindo de aceitá-la como se *fosse* sua escrava".[330]

Em contraposição, o advogado da autora pediu que Florência fosse posta em liberdade com o direito reservado e que fosse ressarcida pela ré pelas perdas, danos e dias de serviço trabalhados, razões justas para que Francisca também fosse "condenada na forma da lei e pagasse as custas destes autos".[331] Após a fala do advogado, o procurador da ré pediu vista ao processo e disse, mais uma vez, baseado nas ordenações, que quem vive em sujeição servil debaixo do mesmo teto se comporta como escravo, portanto, Florência não poderia requerer a liberdade se não comportava-se como liberta. Em outras palavras, mesmo que a escrava tivesse recebido a alforria, se não se emancipasse, ou seja, não saísse da casa do antigo senhor e adquirisse uma casa a liberdade cedida não valeria.

Portanto, observa-se a posse da moradia como uma das principais questões para testificação da liberdade e, principalmente, para o afastamento do cotidiano escravo. Após a vista pedida pelo advogado de Francisca, Florência apresentou-se à justiça e pediu desistência do processo sem nenhuma justificativa. A desistência foi acatada pelo juiz que a sentenciou como responsável pelo pagamento dos gastos do processo e dos oficiais que operaram. As partes envolvidas podem ter entrado em acordo, ou a suplicante pode ter percebido que não valeria a pena seguir com o processo, visto que não teria condições econômicas para sanar o que era pedido pela suplicada e, também, que não conseguiria manter a sua liberdade: sair da casa de Francisca e conseguir outro local de morada.

---

[329] *Idem*, p. 5.
[330] *Idem*, p. 6.
[331] *Idem*, p. 7.

Márcio Soares e Cláudia Cristina Mól verificaram a posse da casa como algo fundamental aos forros, símbolo do abandono da senzala ou da casa do senhor, de autonomia e de afirmação do novo *status* social.[332] Moacir Maia também pesquisou o cotidiano de africanos e seus descendentes que vivenciaram o cativeiro, especialmente os couranos, e identificou a moradia como elemento determinante dentro do patrimônio material amealhado, assim como estabelecimentos comerciais, minas de ouro e, principalmente, trabalhadores escravos da mesma identidade.[333]

Em minha dissertação de mestrado, da mesma forma, constatei este dado: as forras da vila de Pitangui buscaram representar seu distanciamento do cativeiro por meio da aquisição ou aluguel de moradias, da compra de escravos, móveis, ouro, prata e vestuário, bem como das relações sociais e econômicas com indivíduos de poder.[334] E o caso de Florência e Francisca exemplifica o contraste existente entre escravidão e liberdade, onde a ré, a partir de suas relações com um indivíduo livre, obteve a posse de uma casa e de escravos; já a suplicante, por permanecer sob o teto de seus ex-senhores após a concessão de sua liberdade era usada como cativa, não reconhecida nem social e nem legalmente como liberta, de modo que a liberdade demandava postura, comprovação e manutenção.

As ações de notificação, como o exemplo acima, foram constantes em todo período colonial e imperial brasileiro, compostas e registradas quando se tinha por objetivo avisar alguém sobre uma intenção jurídica.[335] Ao ser notificado, o réu veria a determinação de tempo e lugar prescritos em que ocorreria a demanda.[336] Dessa forma, essa tipologia documental pode ser interpretada como a judicialização do conflito, em que, provavelmente, os pedidos informais já não eram o bastante para resolver a questão. Em pesquisa sobre esta tipologia documental em específico, Wellington Júnio Guimarães da Costa verificou que para Minas Gerais, durante o século XVIII, foram variados os objetivos de quem solicitava o início das notificações. Dentre

---

[332] SOARES, Márcio de Souza. "Para nunca mais ser chamado ao cativeiro": escravidão, desonra e poder no ato da alforria. 4º Encontro de Escravidão e liberdade no Brasil Meridional. Curitiba. 2009, p. 241. MÓL, Cláudia Cristina. Lar doce lar: o significado da casa para a mulher liberta de Vila Rica no Séc. XVIII. **Anais da 5ªJornada Setecentista**. Curitiba. 2003.

[333] MAIA, Moacir Rodrigo de Castro. De reino traficante a povo traficado: A diáspora dos courás do Golfo do Benim para as minas de ouro da América Portuguesa (1715-1760). 2013. Tese (Doutorado em História Social) – Universidade Federal do Rio de Janeiro, Rio de Janeiro, 2013.

[334] MIRANDA, Ana Caroline Carvalho. Para o trabalho, descanso e abrigo: as casas das libertas da vila de Pitangui (1750-1820). **Revista Nordestina de História do Brasil**, Cachoeira, v. 1, n. 2, jan./jun. 2019.

[335] CATÃO, Leandro Pena. **Pitangui colonial: História e memória**. Belo Horizonte: Crisálida, 2011, p. 22.

[336] Raphael Bluteau. *Vocabulario Portuguez & Latino*. v. 5, p. 754.

eles estavam: a verificação das contas de inventários, testamentárias e tutelas, execução de despejos, resolução de conflitos entre vizinhos, concluir obras, coibir invasões de propriedades, comprovação de documentos, dissolver sociedades, cobrar dívidas, dentre outros.[337]

Álvaro de Araújo Antunes e Marco Antonio Silveira também pesquisaram ações de notificação para melhor compreensão da sociedade de Mariana, Minas Gerais, no período colonial e imperial. Os historiadores ressaltam a importância das ações de cunho cível como mediadoras dos conflitos gestados cotidianamente e a riqueza de informações contidas nas notificações, possibilitando o conhecimento de parte dos costumes e da dinâmica social. A partir deste trabalho, verificaram a presença das camadas pobres, inclusive aos quartados e forros nas petições, o que sugere uma relação entre mobilidade social e acesso à justiça pelos últimos segmentos.[338]

Theodozia Maria, crioula forra, em 21 de julho de 1767 procurou a justiça da vila de Pitangui para demonstrar a "situação vexaminosa em que fora exposta"[339], com o auxílio de seu advogado, João Alberto da Mota. A suplicante relatou ao juiz que Félix, escravo de Diogo Pereira de Aragão, havia lhe roubado um par de brincos de ouro avaliado em cinco oitavas e meia de ouro e que o cativo se achava acobertado pelo seu dono. A liberta também disse que não sabia se os brincos ainda permaneciam no poder do ladrão, ou se haviam sido vendidos a outra pessoa. Desta forma, pediu ao juiz que o escrivão compusesse uma notificação e que essa fosse endereçada a Diogo para que ele se responsabilizasse pelo ocorrido, tivesse como obrigação o pagamento dos valores à suplicante e que Félix fosse preso na cadeia da vila, como punição.

O suplicado apresentou-se no tribunal e disse que não tinha dúvida quanto ao pagamento da quantia pedida pela autora, que arcaria com os valores e assinou com uma cruz por não saber escrever. Foi condenado, também, às custas da ação, e não há menção sobre a punição do escravo por meio de sua prisão, como solicitado pela requerente.[340] Deste modo,

---

[337] COSTA, Wellington Júnio Guimarães da. **As tramas do poder: as notificações e a prática da justiça nas Minas setecentistas.** 2011. Dissertação (Mestrado em história) — Universidade Federal de Ouro Preto, Mariana, 2011.

[338] ANTUNES, Álvaro de Araújo; SILVEIRA, Marco Antonio. Reparação e desamparo: o exercício da justiça através das notificações (Mariana, Minas Gerais, 1711-1888). **Topoi**, v. 13, n. 25, jul./dez. 2012, p. 25-44.

[339] Fontes: Instituto Histórico de Pitangui, Arquivo Histórico de Pitangui – Seção colonial, Série – Ações cíveis. Subsérie - Ação de notificação. Autora: Theodozia Maria, crioula forra. Réu: Diogo Pereira de Aragão.1767, Cx 145/013, p. 1-4.

[340] *Idem*, p. 3-4.

a autora conseguiu o que solicitou à justiça: o ressarcimento do prejuízo material e do prejuízo imaterial, ou seja, a desonra em que fora exposta com o roubo de um item que servia como demarcador social, as joias. Aqui, mais uma vez, as questões da honra e desonra, vexame e reparação do cotidiano são expostas.

Em outro caso, ocorrido em 1784, Antônio de Souza, preto forro, também utilizou de uma notificação para solicitar à Maria Cordeira de Oliveira e ao Revendo Miguel de Albuquerque a confirmação do pagamento de sua alforria, como atestavam os comprovantes que apresentou ao juiz. Antônio ressaltou que já havia passado ao padre os valores referentes à sua liberdade e que estes deveriam ser entregues à Maria Cordeira, viúva de Francisco de Souza Fonseca e sua atual ex-senhora, como consta em seu depoimento:

> Diz Antônio de Souza preto forro que nas controvérsias respectivas ao vexame dele suplicante em vários requerimentos ante vossa mercê a respeito de sua liberdade e do que a conta dela havia dado ao Reverendo Padre Miguel de Albuquerque, que confessou este na presença de vossa mercê e de outras pessoas ter recebido a conta da dita liberdade, o resto que são 23 oitavas de ouro e para receber o resto que são 21 oitavas e 4 vinténs de ouro da dita liberdade quer fazer notificar a Maria Cordeira de Oliveira, viúva que ficou de Francisco de Souza da Fonseca, concedendo-lhe vossa mercê ciência para isso e ao dito reverendo padre Miguel de Albuquerque para que este, a vista do seu primeiro recibo, e a sobredita viúva como a verdadeira senhora virem pôr em juízo a sobredita quantia de resto para a sua liberdade e lhe passarem sua carta de alforria com comissão de vossa mercê lhe mandar passar pelo escrivão a revelia deles suplicados na presença de vossa mercê até a presente.[341]

Como demonstra a passagem acima, Antônio se esforçou para destacar que não poderia haver margem de dúvida quanto à sua alforria, visto que o seu antigo senhor lhe havia passado carta a prestações antes de morrer e que tanto o padre quanto a mulher do falecido eram testemunhas disso. O liberto apontou, ainda, que as controvérsias que ocorriam o prejudicavam e o expunham a vexame, motivo de desejar registrar em cartório Maria Cordeira como a recebedora do restante da quitação de sua liberdade. O

---

[341] Fontes: Instituto Histórico de Pitangui, Arquivo Histórico de Pitangui – Seção colonial, Série – Ações cíveis. Subsérie - Ação de notificação. Autor: Antônio de Souza, preto forro. Notificados: Maria Cordeira de Oliveira e ao Revendo Miguel de Albuquerque. 1784, CX 146/014, p. 1-6.

reverendo recebeu a notificação, demonstrou ciência do pedido de Antônio e selecionou dois advogados para acompanhar a si e a viúva nos próximos trâmites do processo.

Em 2 de fevereiro de 1785, a ação foi finalizada com o restante do pagamento da dívida e com a quitação do valor da ação pelo suplicante. Além do fato de iniciar uma demanda para a legitimação da entrada para liberdade, também fica nítida a iniciativa do liberto (ou quartado) em nomear alguém para responsabilizar-se no recebimento do restante da dívida, pois sem a completa quitação dos valores a alforria não poderia ser considerada como efetivada. Esta situação também ocorreu com outros sujeitos em Pitangui durante o século XVIII, cerne de ações de outra tipologia, como os libelos cíveis iniciados por Domingas e Joana, trabalhados no segundo capítulo.

Outra forma utilizada pelos alforriados para a legitimação de suas liberdades foi por meio das *ações de justificação*. Este tipo de demanda era iniciada quando o indivíduo sentia-se lesado, injustiçado por uma situação ocorrida ou sentença proferida e, por isso, carregava uma "culpa que não lhe pertencia". Nas palavras de Bluteau, justificação era a "descarga de uma culpa, exibição ou produção dos títulos ou testemunhas em ordem à prova de uma verdade".[342] Nota-se, por meio dos dicionários do período, que este tipo de litígio estava intrinsecamente ligado à questão moral religiosa, onde o justificante era considerado como "aquele que se purgava" perante à justiça e livrava-se da culpa por meio de sua defesa, para então, posteriormente, torna-se justo.[343] Tanto os suplicantes quantos as testemunhas realizavam o juramento de verdade sobre os Santos Evangelhos antes de prestarem depoimento.

Bonifácia, por exemplo, recorreu ao tribunal no ano de 1770 para justificar o tipo de conduta adotada durante determinado tempo de sua vida e para que fosse colocada em depósito até a completa quitação de sua alforria. A suplicante havia sido escrava de Rosa Ferreira da Costa, preta forra, que lhe quartou antes de morrer no ano de 1762. Como o Alferes José Ribeiro Domingues, testamenteiro de Rosa, também faleceu e não pôde dar a completa execução dos pedidos da forra, de acordo com a lei os herdeiros dele deveriam dar prosseguimento. Entretanto, os filhos de José eram menores de idade e estavam sob tutela do reverendo Bernardo Rabelo, pessoa que então arcaria com as testamentárias de Rosa e do alferes.

---

[342] BLUTEAU, Raphael. **Vocabulario portuguez & latino.** v. 4, p. 234.
[343] Morais e Silva. **Dicionário da Língua Portuguesa Morais e Silva.** Tomo I, p. 748.

Desta forma, Bonifácia continuaria com a quitação de sua liberdade junto ao padre e o advogado João Alberto da Mota verificaria se tudo estava correto, também a pedido do falecido. Contudo, tais questões não foram levadas em conta pelo religioso.

Nesse período de 8 anos, Bonifácia foi levada à praça pública e arrematada por Antônio Marques do Couto como se fosse ainda cativa e não quartada. Além do padre, ele era um dos inventariantes do falecido alferes e ambos não levaram em conta as últimas vontades descritas nos testamentos e os trâmites já realizados, incluindo a coartação de Bonifácia. Após a arrematação da autora, ela foi levada à casa do novo dono com quem foi obrigada a manter relações sexuais sob a promessa de que, desta forma, a alforria lhe seria cedida. Por este motivo, a suplicante procurou João Alberto da Mota para a auxiliá-la, iniciando a ação contra Antônio Marques do Couto no intuito de ser depositada nas mãos de outra pessoa até o completo pagamento da alforria e para, principalmente, livrar-se do suplicado.

João Alberto da Mota destacou ao juiz que o suplicado era o maior beneficiado nessa relação e que, apesar de Bonifácia ter passado algumas parcelas da quartação, o que pode ser verificado a partir das testemunhas, ele não as levou em conta e continuou sujeitando-a a essa penosa situação. Portanto, por meio da justificação, fazia-se necessária a inquirição das testemunhas para averiguação da verdade e para que "a suplicante saísse da casa do suplicado para *por meios lícitos* adquirir o resto do preço do quartamento". Além disso, acrescentou Mota:

> "que no passado foi acordado que o suplicado lhe passaria carta de liberdade, tudo para ficar com a suplicante dentro de casa continuando lascivos tratos e uma escandalosa mancebia, que deveu ele no mês de fevereiro deste presente ano que após fora obrigado das administrações do rol e com efeito no decurso destes quatro anos, tratava o suplicado a suplicante com notável aperto não a deixando sair fora sem ir na sua companhia tudo por zelos que tinha da suplicante. E pedindo esta por fim lhe passasse carta de liberdade, lhe disse o suplicado que estava pronta, porém para lhe passar lhe era necessário ver o papel do quartamento dizendo a suplicante lhe desse e de fato deu fiada em que o suplicado lhe não faltaria, por ser uma negra rústica e ignorante. Porém, o suplicado como astuto e malicioso e consciência larga lhe tomou e lhe deu por ele um papel dizendo ser carta de liberdade, que também logo lhe tomou violentamente sendo que

> o papel do quartamento havia a suplicante mostrado algumas pessoas que lhe disseram estar bem. E porque o suplicado agora quer faltar aquele trato há de passar à suplicante carta de liberdade. As violências do suplicado recorre a nosso ofício de onde para a prover de remédio mandando pôr a suplicante em depósito para livremente poder tratar de sua justiça e para se efeito."[344]

A partir da fala do advogado, destaco algumas questões. A primeira, a apresentação da justificativa da atitude desonrosa por parte de Bonifácia ao estabelecer *tratos ilícitos* com o objetivo de quitar a própria liberdade. A segunda, que apesar de ter se comprometido a dar andamento à testamentária do alferes, o suplicado não respeitou a parte do quartamento de Bonifácia, mantendo-a em sua posse com ciúme e violência. A terceira, o fato do advogado ressaltar que a ausência de conhecimento jurídico por parte da autora era aproveitada pelo réu para que a mantivesse sob o mesmo teto. E o remédio para todas estas questões, de acordo com Mota, era a justiça. Por meio dela, inclusive, Bonifácia conseguiria ser depositada e poderia arcar com o pagamento do restante de sua alforria pelos *meios lícitos*.

Para melhor averiguação do caso, haveria a coleta dos depoimentos das testemunhas. Bonifácia nomeou cinco pessoas que acreditou poderem corroborar com o caso e melhor esclarecimento da verdade. Desejava, sobretudo, que uma pessoa fosse ouvida: Manuel do Rego Bandeira, pessoa com quem havia compartilhado o documento de corte no momento em que o réu havia feito. A primeira a comparecer, padre Antônio Pedroso da Silva Dimas, 22 anos, ressaltou que era verdade o fato de Rosa Ferreira ter quartado Bonifácia antes de morrer e que o Alferes José Ribeiro Domingues teria ficado responsável para receber as parcelas. No entanto, Domingues faleceu e quem deveria arcar com o trato eram os seus testamenteiros, e finalizou a sua fala.

A segunda testemunha, Manuel do Rego Bandeira, relatou que Bonifácia havia lhe procurado em certa ocasião para lhe mostrar alguns papéis e que neles constava o papel de corte cedido por Antônio Marques do Couto. A terceira, Pedro Manoel do Rego, vendeiro natural da cidade do Rio de Janeiro, 69 anos, disse que sabia e era notório na vila de Pitangui que Bonifácia crioula era escrava de Rosa da Costa, que havia sido penhorada em praça pública pelo Padre Bernardo Rabelo e fora arrematada por

---

[344] Instituto Histórico de Pitangui, Arquivo Histórico de Pitangui – Seção colonial, Série – Ações cíveis. Subsérie - Ação de notificação. Autora: Bonifácia, crioula. Réu: José Francisco Rodrigues. 1770. Cx 119/Dc 046, p. 3-4.

Antônio Marques do Couto. De acordo com o que lembrava, o quartamento da suplicante foi firmado para o completo pagamento em quatro anos, no valor de cento e tantas oitavas. A carta de corte, que era a comprovação do trato, esteve no poder dele testemunha escrita e assinada pelas mãos de Antônio Marques, que já tinha recebido seis oitavas de Bonifácia. Destacou, também, que tinha ouvido dizer a várias pessoas que o réu realizava tratos ilícitos com a dita e ele testemunha presenciou o dito Marques com a crioula. Como o documento estava deteriorado e fora de ordem, não consegui coletar os depoimentos das outas duas testemunhas: Manuel da Costa Ribeiro e José de Souza de Carvalho, ambos naturais de São Salvador, Arcebispado de Braga, Portugal. O primeiro era pedreiro e o segundo "vivia de suas cobranças".

Após ouvir as testemunhas, o juiz local deu o parecer favorável a suplicante e ordenou que fosse colocada em depósito nas mãos de pessoa idônea. Desta forma, o processo estaria resolvido e Bonifácia satisfeita com a sentença. Entretanto, o problema iniciado após morte de sua ex-dona estendeu-se até o ano de 1779. Durante os próximos nove anos a situação manteve-se judicializada, levada à segunda instância em Sabará pelo advogado da autora, porque Antônio Marques do Couto não aceitava que ela saísse de sua casa, mantendo-a como sua manceba e obrigando-a a realizar tratos sexuais contra sua vontade.

Na ouvidoria, os promotores do juízo de Sabará, Reverendo Doutor Lourenço José de Queirós e o Doutor Patrício Antônio Gomes entenderam que a habilitação de testamentaria da falecida Rosa Ferreira feita para eleição dos herdeiros e testamenteiros necessitava de mais provas, e que um dos responsáveis pelo testamento do alferes José Ribeiro Domingues, o Capitão Mário da Silva Souto Maior, ficaria a cargo dos trâmites futuros relacionados a este caso. Após esta decisão que não beneficiaria a suplicante, seu advogado entrou com o pedido de vista ao processo, ressaltando a situação degradante em que Bonifácia vivia por parte de Antônio Marques do Couto: violência doméstica, ciúmes e privação de liberdade. Entretanto, não há o restante do processo, desta forma, infelizmente não consegui compreender o seu desfecho.

Outra notificação iniciada durante a segunda metade dos setecentos em Pitangui foi a de Joaquim Pereira da Silva. No ano de 1785, o suplicante recorreu à justiça para requerer a sua liberdade, algo que, para ele, já deveria ter sido adquirido há tempos, de acordo com o que relatara em juízo:

> Diz Joaquim Pereira da Silva que para requerimentos que tem a bem de sua justiça necessita que vossa mercê o admita a justificar o seguinte:
> 1 - Que ele justificante é filho de Theresa Antonio, filha de índio da América que vivia no estado de cativo e de Cristovão Borges morador em estes arrabaldes desta vila, nascido e batizado na respectiva igreja da mesma vila de Nossa Senhora da Piedade de Pitangui.
> 2 - Que por força da lei de 6 de junho de 1655 e do alvará de 7 de junho de 1755, mandado observar pelos Excelentíssimos Generais e Corregedores das Comarcas foi ele justificante liberto com suas mães, avós e parentes e todos os mais índios que viviam onerados do pesado jugo da escravidão.[345]

Infelizmente o processo estava deteriorado e após o depoimento do autor não havia mais nada, ou seja, estava incompleto. Entretanto, este fato não diminui a sua importância, pois ilustra como a questão da escravização dos povos indígenas ainda era latente na América Portuguesa quase no fim do século XVIII, onde muitas vezes estes eram tratados de forma semelhante aos africanos e seus descendentes escravizados. Ademais, o suplicante refere-se às leis já implementadas relacionadas à liberdade dos índios e à lei pombalina como amparo à defesa de sua justificação. Portanto, demonstra que o conhecimento mínimo de seus direitos poderia auxiliá-lo nesta empreitada e que o reconhecimento da liberdade também deveria partir do social, não apenas do sistema legal. À vista disso, como ressalta Luhmann, o sistema legal necessitava do respaldo social e vice-versa, pois ambos vivem em relação e em interdependência.

No ano de 1787, também fora iniciada uma justificação por Francisco José, cabra forro, contra Manuel da Silva Ribeiro, réu. O liberto se achava retido na cadeia da vila de Pitangui há um ano, ferido com tiros "das costas até a sola dos pés", como ele relatou, disparados por alguns homens a mando do alferes Theodósio José da Silva. Como havia passado um ano e o caso ainda não tinha sido esclarecido e, pior, mantinham-no sob privação de liberdade e com os ferimentos resultantes da munição, Francisco pedia, por meio da justificação, que o exame de corpo de delito fosse averiguado pelo juiz atual para o estabelecimento da verdade, punição dos responsáveis e sua soltura imediata.

De acordo com a fala do suplicante, o corpo de delito foi realizado pelo cirurgião Francisco Pereira de Araújo, acompanhado pelo próprio Manoel da Silva Ribeiro, o que lhe causava prejuízo, visto que fora tendencioso e

---

[345] Instituto Histórico de Pitangui, Arquivo Histórico de Pitangui – Seção colonial, Série – Ações cíveis. Subsérie - Ação de notificação. Joaquim Pereira da Silva – justificante. 1785. Cx 120/030, p. 3.

favorável ao réu. Desta forma, nomeou quatro testemunhas para auxiliá--lo e pedia ao juiz que o suplicante fosse notificado para em pouco tempo jurasse pena de prisão. A primeira testemunha foi Manoel de Freitas Vieira, homem branco, 57 anos, natural da freguesia de São Lourenço de Senda, termo de vila de Guimarães, Arcebispado de Braga, morador da vila de Pitangui que vivia do ofício de solicitador de causas nos auditórios. Quando lhe fora perguntado pelo conteúdo da justificação disse que o justificante foi preso na cadeia da vila de Pitangui no ano de 1786, mas que não se lembrava o mês certo. Porém, recordava que nos primeiros meses do dito ano Francisco havia sido condenado por uns soldados da comandância do Patafufo pertencentes à companhia do alferes Theodósio José da Silva. Ao tentar fugir dos soldados, o suplicante levou vários tiros nas costas, pernas e solas dos pés, e que atrás da cadeia, local por onde Francisco José passou, ficaram várias balas caídas após a perseguição. Disse também que o corpo de delito foi realizado pelo tabelião Manoel da Silva Ribeiro e o cirurgião Francisco Pereira de Araújo, as mesmas pessoas que retiraram as balas que ficaram no corpo do autor.

    A segunda testemunha inquirida foi Antônio José da Silva, homem branco da freguesia de São Bartolomeu, Termo de Vila Rica, Bispado de Mariana, 60 anos, naquele ano morador da vila de Pitangui, onde vivia de suas agências. Ressaltou que sabia que Francisco havia sido preso no dia, mês e ano declarados na petição pelos paisanos da comandância do alferes Theodósio, e que foi à cadeia encontrá-lo após o ocorrido. Relatou, igualmente, que viu o chumbo retirado do corpo do justificante, bem como os restos das balas caídas próximas à prisão, provas que, para ele testemunha, foram ignoradas e negligenciadas pelo agente que o justificante endereçou os requerimentos de corpo de delito e o pedido de petição. Além disso, disse que o exame realizado pelo cirurgião Francisco Pereira de Araújo foi feito na presença do tabelião Manoel da Silva Ribeiro, quem era muito interessado na prisão do autor e assim encerrou a sua fala.

    A terceira testemunha foi o próprio cirurgião, o licenciado Francisco Pereira de Araújo, homem branco, 39 anos, natural da freguesia de Nossa Senhora da Conceição do Campo da Cereja, Termo de São João Del Rei, Comarca do Rio das Montes, na época morador da vila de Pitangui, na qual vivia de "sua arte de cirurgião"[346]. Mencionou na inquirição que realmente havia sido chamado à cadeia para realizar um exame de corpo de delito em

---

[346] Instituto Histórico de Pitangui, Arquivo Histórico de Pitangui – Seção colonial, Série – Ações cíveis. Subsérie - Ação de notificação. Joaquim Pereira da Silva – justificante. 1785. Cx 120/030, p. 6.

Francisco, mas que não se lembrava quem o acompanhara, se realmente fora Manoel da Silva Ribeiro. Salientou que ao chegar na "enxovia da prisão" acompanhado do escrivão Manoel Ribeiro encontrou vários ferimentos de chumbo nas partes detrás do corpo do justificante. Ademais, disse que recebeu do escrivão os valores para a realização do exame e que este lhe pediu silêncio sobre o ocorrido, que este assunto não fosse compartilhado com ninguém.

Por último, Julião de Souza, homem cabra, disse que sabia que o autor da ação havia sido perseguido por homens da comandância do alferes Theodósio e que eles acertaram vários tiros na parte detrás do corpo de Francisco. As próximas páginas que contêm a fala de Julião estão muito deterioradas, não sendo possível a leitura integral da inquirição. Em seguida, há a conclusão da ação e apesar de também estar muito danificada consegui entender que o caso seria mais bem averiguado pelo juiz ordinário e que teria mais etapas. Entretanto, não encontrei mais referências ao caso disponíveis em minha pesquisa no arquivo.

Anos antes, em 1781, Pedro Antônio dos Santos, preto forro, preso na cadeia do arraial do Capetinga, também iniciou uma demanda para requisição do que asseverou ser seu direito, contra Antônio Carvalho da Silva. De acordo com o suplicante, mesmo preso "um Thomas Botelho, sem sua ordem, barganhou com Antônio Ribeiro um cavalo castanho calçado de um pé e uma mão com frente aberta que possuía em troca de um castanho pequeno com estrelinha na testa". Entretanto, o cavalo havia sido passado às mãos de Antônio Carvalho da Silva como forma de pagamento de uma dívida contraída por Pedro antes de ser preso. Por se sentir lesado, Pedro pediu ao Capitão Luís Leite de Brito, homem pardo, juiz de vintena, o embargo da posse do dito cavalo e o retorno a seu poder. Com o auxílio de Bento do Rego Sotomaior como seu advogado, o autor conseguiu a sentença favorável e a restituição do animal.

O réu, não satisfeito, pediu o embargo da sentença ao juiz de vintena por meio do advogado Manoel de Freitas Correa, argumentando que o animal fora colocado em seu depósito de forma justa, pois o autor lhe devia alguns valores antes de ser recluso. Após ouvir as testemunhas, o advogado de defesa pediu ao juiz a exceção de justiça para a aplicação do embargo, tendo resposta positiva e uma nova sentença favorável a Antônio foi dada.

No dia seguinte, o advogado do autor pediu vista ao processo e ressaltou a improcedência do embargo solicitado pelo advogado de defesa e a inaplicabilidade da exceção feita pelo juiz. Munido das Ordenações Filipinas,

Bento Sotomaior ressaltou que o pedido de embargo feito pelo advogado de defesa deveria ter sido pedido ao juiz ordinário da vila de Pitangui, instância maior à de vintena. Nas palavras do mesmo advogado:

> Porquanto o caso deste juiz de vintena não podia fazer de alguma forma fora do seu limite.
> O juiz da vintena estava dentro do circuito do seu limite e cofre, fora ao de São João ou Brumado sempre será nulo, como é, e sem valor e sem efeito algum ao dito embargo, pois tanto o juiz de vintena como o meirinho de ausentes são de vara, e para ter validade havia uns de ser só de vara e outro escrivão. E por esta forma se não ter com vara e escrivão procedido ao embargo acha-se nulo e com nulidade.
> E que conforme nos termos de direito se deve julgar nulo e sem validade alguma o embargo feito no cavalo do excipiente [...] e o recebendo-se e julgando-se por privada este perempitório de exceção. E assim, o excipiente espera julgue e que lhe seja mandado entregar o seu cavalo que em depósito se acha, passando-se sendo necessário, mandado de levantamento. E que seja o exceto condenado nas custas todas em três dobros. No que diz a dita lei pátria.[347]

Após as alegações do advogado, a sentença foi reformada, o réu condenado e o preto forro beneficiado. Desta forma, o conhecimento jurídico do procurador fez a diferença e possibilitou o auxílio ao suplicante, impedindo a "injustiça" e a incoerência da aplicação da penúltima deliberação. Portanto, mais uma vez, percebi as redes de sociabilidade e de favorecimento como importante forma de resguardar não somente a liberdade para aqueles que vivenciaram o cativeiro, como também as posses adquiridas. Principalmente no caso de Pedro que, por se tratar de uma pessoa que estava em privação de liberdade, havia sido vítima de transações não autorizadas em seu nome, o que onerava o seu patrimônio material e lhe causava danos morais, haja vista a própria fragilidade da condição de preso.

Retornando às ações de justificação, a última iniciada durante o século XVIII foi no ano de 1795 por uma cativa de nome Ana, nação Angola, sem o auxílio de um advogado, contra Pedro de Sousa Ferreira. De acordo com a fala da justificante, ela havia sido escrava do Quartel Mestre Antônio Pereira de Abreu e há dois vendida a Pedro de Souza Ferreira, homem pardo. De acordo com Ana, o seu atual senhor lhe perseguia e solicitava

---

[347] Instituto Histórico de Pitangui, Arquivo Histórico de Pitangui – Seção colonial, Série – Ações cíveis. Subsérie - Ação de notificação. Joaquim Pereira da Silva – justificante. 1785. Cx 120/030, p. 7-10.

atos adulterinos rotineiramente, fazendo com que sua esposa lhe olhasse com rancor e mágoa, o que lhe trazia muitos prejuízos. Ressaltou, também, que já tentara pedir a seu antigo dono que a recebesse novamente em casa e que desfizesse o trato com Pedro, pois esta situação lhe causava extremo desviver e perigo de sua alma. Como bônus, Ana não cobraria do réu os dois meses e meio trabalhados em sua casa.

Como Pedro não cedia, a suplicante agarrou-se literalmente ao seu antigo senhor, suplicando que a protegesse e a comprasse o mais rápido possível, como destacou no trecho do processo a seguir:

> [...] mas, vendo que *Pedro em* nada cedia, quis se entregar a Antônio de Abreu, agarrando-se a ele e lhe pediu com grandes insistências a comprasse; por cuja causa veio ter-se com vossa mercê em cuja presença se achou também o dito Pedro de Sousa a quem vossa mercê com muita cortesia e prudência pedia cedesse da suplicante e aceitasse o seu crédito, porém ele a nada quis condescender, dizendo ser a suplicante sua escrava e que por todos os modos lhe devia ser entregue, mostrando tal paixão e desejo de possuir a suplicante que a sua cegueira o fez pronunciar na mesma fala de vossa mercê as palavras seguintes: que a suplicante era muito bonita e por nenhum preço a largaria, dando a conhecer bem claramente o libidinoso fim porque queria a suplicante, e porque a nenhuma escrava se deve forçar a viver com seu senhor quando há ocasião tão próxima de pecado, porque as ofensas de Deus se devem evitar à custa da própria vida; recorrera a suplicante a vossa mercê para que da parte do mesmo senhor e da vossa majestade a rainha Nossa Senhora a proteja com a sua jurisdição, mandando-a logo pôr em depósito em casa segura, admitindo-a a justificar o deduzido e satisfeito, assim, conservá-la no dito depósito, julgando-a por bem para dele tratar a suplicante de sua ação contra o dito senhor para a obrigá-lo a vendê-la na forma de direito.[348]

Aqui a intenção de Ana se torna evidente: livrar o seu corpo, a sua mente e a sua alma dos revezes que passara a vivenciar na presença do atual dono. Ao corpo, desejava proteção contra a violência sexual; à mente, o fim da violência simbólica a partir do ciúme possessivo de Pedro e do rancor da esposa; à alma, a isenção da danação do espírito após a morte por protagonizar adultério e mancebia, atos condenados e proibidos pela igreja e que

---

[348] Instituto Histórico de Pitangui, Arquivo Histórico de Pitangui – Seção colonial, Série – Ações cíveis. Subsérie - Ação de notificação. Ana Preta – Angola escrava. Réu: Pedro de Souza Ferreira. 1795. Cx 120/Dc 027, p. 2 e 2/Verso.

deveriam ser evitados à custa da própria vida, como ressaltado pela mesma autora. A partir disso, Ana remeteu o pedido de clemência à rainha e aos oficiais camarários para a proteção de seu direito, que acreditava que seria executado pela jurisdição, para que fosse colocada em depósito afastada de seu dono para demandar contra ele e para que posteriormente fosse vendida.

Após a fala da justificante, houve a eleição das testemunhas para a inquirição. A primeira foi Ana Joaquina de Abreu Castelo Branco, mulher branca, 36 anos, natural da cidade de Mariana e no presente moradora junto a seu marido Manoel Dias Pereira na Paciência da Onça, Pitangui. Segundo a testemunha, Antônio Pereira e Pedro Ferreira haviam ido à casa do juiz ordinário para discutirem sobre a posse de uma escrava, na qual o primeiro pedia ao segundo que a devolvesse, pois era o seu legítimo dono. Ana Joaquina ressaltou que ouviu o réu dizer que era a própria cativa que não queria sair casa, mas que sabia que era mentira da parte dele e que ele tentava enganar a justiça a partir disso. Além disso, relatou que viu a negra sair à porta muito formosa e Antônio exclamar em voz alta "que não era feia", e após isso Pedro respondeu que "por tesão acudido ao outro querer, ele desejava conservá-la como cativa porque era muito bonita e também porque estava prenhe dele"[349]. E desta forma finalizou o seu depoimento.

A segunda pessoa inquirida, João Portela, homem branco natural do Concelho de Onça, freguesia de São Pedro de Cima do Arcebispado de Braga, 61 anos, morador da vila de Pitangui, onde vivia de seu negócio de sal. Relatou que vira Pedro de Souza e sua esposa irem à casa do Quartel Mestre Antônio Pereira para solicitar a entrega da escrava que para lá havia fugido. Disse que o antigo dono apareceu à porta na companhia da cativa e se recusou a entregá-la, e no instante em que conversavam a suplicante fugiu pelo quintal, não sendo achada por nenhum deles, nem com a ajuda de Domingos Francisco que também presenciara o ocorrido. Declarou, por fim, que sabia por Manoel Teixeira, vizinho de Antônio Pereira, que Pedro sustentava tratos ilícitos com a cativa e que ela estava pejada, mas que não sabia a razão ou de quem era o bebê.[350]

A última testemunha, Domingos Francisco de Paiva, 54 anos, era um homem branco natural de Santo Antônio da Itaberaba e naquele momento morador de Santo Antônio da vila de Pitangui, local em que realizava seus negócios. A primeira questão elencada por ele foi que vira Pedro direcionar-se

---

[349] *Idem*, p. 3 e 3/Verso.
[350] Não há o significado para a palavra "pejada" nos dicionários do período. De acordo com os dicionários atuais, pejada é a mulher ou qualquer fêmea que se tornou prenhe, ou seja, grávida.

à casa do Quartel Mestre exigindo que lhe entregasse a dita escrava e que a levaria embora de toda forma, até amarrada se fosse necessário. Todavia, Ana se recusava a sair da casa de Antônio dizendo que preferia morrer a voltar a viver com Pedro. Ressaltou que Antônio também se manifestou, pronunciando que ela deveria sair de lá se acaso quisesse, não amarrada. No meio da discussão a escrava fugiu pelo quintal e eles não conseguiram achá-la. Destacou, ainda, que Pedro a solicitava para tratos ilícitos, mas não era devido porque estava grávida e a esposa dele sabendo deste fato disse que a protegeria e a vigiaria dele.

Após a inquirição de Domingos, consta o valor do processo sem sentença, conclusão e publicação. Desta forma, não há como saber o fim do caso e se a situação de Ana foi resolvida como almejado por ela. Todavia, demonstra que a justificante, mesmo sendo cativa, possuía ciência de que a comunicação direcionada ao aparato judiciário poderia sanar a injustiça que estava vivenciando, proteção das expectativas frustradas e defesa contra os abusos realizados pelo atual senhor. Portanto, neste caso, de acordo com Luhmann, o Direito não asseguraria apenas o cumprimento da jurisdição, como também a coordenação das condutas desviantes e o retorno delas ao esperado, ou seja, às normas sociais de boa convivência.[351]

Encontrei outra ação relacionada à violência física e psicológica sofrida por mulheres em período anterior à ação de Ana, embora com outra tipologia documental. No dia primeiro de março de 1763, Rita de Assunção, descrita como mulher parda, direcionou-se à vila de Pitangui para iniciar um libelo cível contra Francisco de Souza Ferreira com o auxílio do advogado André Luis Lopo. Desejava "fazer citar ao réu para falar um libelo cível de liberdade, na qual *queria* mostrar ser livre de toda a escravidão, como melhor expressara em seu libelo". Desejava, igualmente, "ser depositada nas mãos de qualquer pessoa em razão de temer que o mesmo a castigasse e não a deixasse tratar de sua liberdade".[352]

De acordo o advogado, Rita era natural do sertão de uma paragem chamada Rio Corrente, local em que situava a fazenda onde morou com Dona Antônia, já falecida. Destacou que Rita não possuía vínculos parentais por ter sido enjeitada, não chegou a conhecer os próprios pais e que Dona Antônia a criara até completar os 6 anos de idade, momento em que a senhora morreu. Após isso, a suplicante foi levada a morar com Polônia,

---

[351] LUHMANN, Niklas. **O Direito da Sociedade**, p. 210.

[352] Instituto Histórico de Pitangui, Arquivo Histórico de Pitangui – Seção colonial, Série – Ações cíveis. Subsérie – Libelo Cível. Autora: Rita de Assunção, parda. Réu: Francisco de Sousa Ferreira. 1763, Cx 128/011, p. 3.

parda forra e, anos depois, foram viver em São Tomás até Rita completar 13 anos. A partir de então, Lopo ressaltou a origem do problema de Rita: Polônia a entregou a um Miguel Ribeiro que a levou fugido para o Rio da Prata, capela de Santa Ana. Neste local, a vendeu a Luís de Sousa sem que ela própria soubesse da transação, vindo a descobrir apenas quando o mesmo se ausentou da localidade, momento em que Rita já se encontrava em posse de Luís. Ademais, relatou o seguinte:

> [...] disse a autora ao dito Luis de Souza que mal podia Miguel a ele a vender se ela era forra. Com essa notícia se entristeceu muito de que resultou metê-la o dito Souza em uma corrente, talvez com receio de que a autora se ausentasse e a trouxe para o Senhor Antonio de Carvalho e dai para este Termo, onde vendeu a autora a um Victorio José Taveira e este ao réu sem que nunca lhe valesse o dizer que era forra, porque quando tal dizia a atemorizavam, que haviam de vender para muito longe, por cuja causa se a levava para que anos fosse desterrada para longe onde lhe fosse mais difícil o mostrar de ser livre. Que depois do réu a comprar a autora, algumas vezes ela lhe disse que era forra porque era enjeitada e não conhecia seus pais [...].
> Que, despedindo-se o réu do Sargento-mor Francisco de Sousa Pontes em casa, e que ia para a cidade do Rio de Janeiro, o mesmo réu e o dito Pontes que, como era mortal, podia morrer na jornada, lhe declarava que a autora era forra e que de nenhuma forma deixasse rematar a autora, caso se tomasse conta de seus bens.
> Que nos termos referidos, conforme os de direito, se deve julgar ser a autora livre da escravidão condenando-se outrossim o réu nas custas dos autos.
> Protesto por todo o necessário juntar papéis, tempo e carta para fora e depoimentos.[353]

Diante do exposto acima, torna-se claro o desejo de expor que Rita havia sido vítima de injustiça por parte de Polônia, Miguel, Luis, Antônio, Vitonino e Francisco Ferreira; o último, ainda em posse da autora e réu na ação. Além disso, revela o teor moral da situação, onde a suplicante, enjeitada, após a morte da senhora ficou sem tutela e sem amparo, levada a morar com alguém que não a protegeu e que possibilitou a sua (re)escravização. Reescravização ou escravização, pois apesar de ser elencada como forra no documento, não há menção da vivência sob regime de cativeiro enquanto morou com a senhora falecida e com Polônia.

---

[353] *Idem*, p. 5-6.

Outro fator destacado pelo advogado é a violência psicológica que a autora estava sujeita: ameaça de ser vendida a local distante, desterrada e sem hipótese de comprovação de sua liberdade. Diante disso, torna-se evidente, mais uma vez, que os libertos ou pessoas livres que tiveram antepassados escravizados precisavam conservar vínculos sociais que reconhecessem as suas liberdades, ou seja, tais condições eram mantidas e poderiam ser revogadas, desfeitas ou enfraquecidas diante do jogo de força cotidiano. Neste contexto, em parte dos casos quem saía perdendo eram os egressos do cativeiro, expostos a possíveis reescravizações ilegítimas e fazendo-se necessário o amparo jurídico para a reconquista da liberdade. Tal situação também pode ser comprovada nesta mesma ação quando o procurador da autora ressalta que o Sargento-mor Francisco de Sousa Pontes poderia afirmar que a suplicante era forra e impedir que fosse exposta à arrematação e ao cativeiro indevido, devendo ser acionado rápido porque estava prestes a deslocar-se ao Rio de Janeiro.

Após ouvir André Lopo, o juiz encaminhou a decisão do depósito de Rita ao réu e seu advogado, que se manifestaram e pediram a carta precatória, documento em que requeriam que todos os despachos e documentos relativos ao processo fossem encaminhados a Victório José Taveira na Comarca do Rio das Mortes, local de moradia do último. Desta forma, o réu transferia a responsabilidade do ocorrido àquele que vendeu Rita, alegando não ter conhecimento de sua condição de manumitida e desejando não mais responder à ação.

A ação termina com a conta do que foi gasto até o momento passada ao réu para pagamento e com o pedido de tutela da autora por parte de seu advogado. Para visualizar o desfecho do caso de Rita eu precisaria ter acesso ao arquivo físico de São João del Rei, entretanto, devido ao fechamento dos arquivos em razão da pandemia, não consegui.

Importante destacar a autonomia das mulheres nestes dois últimos processos ao contactarem à justiça local para tentar amparo jurídico diante do ambiente nocivo à integridade física e psicológica as quais estavam expostas. O pedido de depósito, como vimos no segundo e neste capítulo, foi uma estratégia empenhada por seis quartadas para tentarem sair do jogo de seus senhores. Fato que denota que o conhecimento jurídico mínimo para tal intento era necessário e que estas mulheres compreendiam que havia uma saída para pôr término aos abusos sofridos, de modo que o sistema jurídico era utilizado contra as decepções vivenciadas nas relações sociais e como via para a manutenção das expectativas dos indivíduos e de seus direitos.[354]

---

[354] LUHMANN, Niklas. **O Direito da Sociedade**, p. 210-215.

Outra questão que pode ser apontada é a fragilidade da condição dos quartados: apesar de reconhecerem-se a um passo da liberdade, não pertencentes ao universo do cativeiro, a situação muda de figura na perspectiva de seus donos aos quais consideravam-nos ainda pertencentes ao regime de escravidão; assim, a liberdade apenas seria concretizada mediante o pagamento integral da alforria.

3.3 Ações envolvendo a defesa de propriedade imóvel

Em minha dissertação de mestrado mostrei a relevância da posse da moradia para o segmento social a que pertenciam as mulheres alforriadas da vila de Pitangui. Muitas libertas possuíram casas nas ruas centrais da localidade e mantiveram relações com pessoas de diferentes estratos. Além de constituir-se como local de abrigo, os imóveis eram utilizados como ambiente de trabalho e de sociabilidades para elas.[355]

As casas das forras em Pitangui eram variadas no que diz respeito ao aparato de construção: térreas, assobradadas, cobertas de telha, capim e outros materiais. Os preços também eram diversos, variando de acordo com a localização e qualidade, mas geralmente custaram menos que o preço de um cativo. No interior do lar havia itens relativos aos ofícios que desempenhavam, poucos móveis e adereços vinculados ao vestuário e à religiosidade.[356] Neste espaço, diferentemente do que era vivenciado no cativeiro, era possível mais autonomia e prática das afinidades culturais. Também eram locais desencadeadores de diversos conflitos entre os libertos e seus vizinhos e clientes, comprovados por meio de algumas ações cíveis.[357]

Páscoa de Magalhães, preta forra, por exemplo, protagonizou três processos de diferentes tipos em razão de uma desavença estabelecida entre ela e seu vizinho, Miguel de Souza Ferreira, ambos moradores na paragem do Córrego Seco da rua de Baixo, na vila de Pitangui. O primeiro processo iniciado foi de *força nova*, a pedido de Miguel, em março do ano de 1764. Este tipo de ação referia-se à posse de terras, na qual o autor pedia à justiça a legitimidade de sua permanência no imóvel em que morava há menos de um ano.[358]

---
[355] MIRANDA, Ana Caroline Carvalho. **Sociabilidade e relações econômicas de mulheres forras**...p. 97-105.
[356] MIRANDA, Ana Caroline Carvalho. Para o trabalho, descanso e abrigo: as casas das libertas da vila de Pitangui (1750-1820). **Revista Nordestina de História do Brasil**, Cachoeira, v. 1, n. 2, jan./jun. 2019.
[357] MÓL, Cláudia Cristina. Lar, doce lar: o significado da casa para a mulher liberta de Vila Rica no século XVIII. **Anais da V Jornada setecentista**. Curitiba, 2003; MIRANDA, Ana Caroline Carvalho. Para o trabalho, descanso e abrigo: as casas das libertas da vila de Pitangui (1750-1820) **Revista Nordestina de História do Brasil**, v. 1, n. 2, 2019.
[358] CATÃO, Leandro Pena. **Pitangui colonial**... p. 21.

De acordo com o autor, ele era senhor e possuidor de uma morada de casas cujo quintal e bananal confrontavam de um lado com o quintal de Páscoa e de outro com uma cerca antiga que fazia divisa entre as propriedades de ambos. "Por esta cerca achar-se danificada desde março de 1763, pediu à liberta que a reedificasse com pau-a-pique para que os quintais não ficassem sem limite e também para que seu gado, galinhas e gentes não ficassem desprotegidos. Entretanto, além de não refazer o limite entre os imóveis, Páscoa acabou deteriorando ainda mais a cerca e a depois a retirou, deixando o "quintal e bananal do suplicante destampado, o que causava muita perda". Desta forma, Miguel pedia ao juiz que a ré comparecesse no tribunal para prestar depoimento, jurar testemunhas e que também fosse condenada à restituição do autor por perdas e danos, refazimento da cerca e pagamento das custas do auto.[359]

Nos artigos da ação, João Alberto da Mota, advogado do suplicante, relatou que além de não restaurar a cerca a ré ainda mandou abrir um buraco de 6 a 7 palmos de altura no quintal do autor sem o consentimento e autoridade do proprietário, e usou da justificativa que o buraco não estava no quintal dele, mas no córrego que percorria os quintais. Este córrego recebia as chuvas e mais águas vindas do Morro do Rosário, e com a cova feita por Páscoa a passagem das águas aumentou e causou ainda mais ruínas a Miguel.[360]

Vendo a situação em que fora chamada, nos próximos dias a suplicada fez-se presente no tribunal junto a seu procurador Antônio de Abreu Castelo Branco, que então pediu o início de uma ação de embargo para barrar a ação anterior com a justificativa de que nela há falta de distribuição. O seu argumento foi baseado "em uma lei novíssima", Lei Extravagante, mas não cita qual, e depois pediu a conclusão da ação e condenação do autor às custas do processo. A nulidade de distribuição, neste caso, referia-se ao fato da acumulação de funções do juiz ordinário de Pitangui, o que teoricamente não poderia ocorrer e tais funções deveriam ser divididas entre ele e outro juiz; em outras palavras, deveria haver a repartição da causa entre juízes de igual jurisdição e competência. O juiz reconheceu o sucedido e concluiu a ação, encerrando-a.[361]

---

[359] Instituto Histórico de Pitangui, Arquivo Histórico de Pitangui – Seção colonial, Série – Ações cíveis. Subsérie: Ação de Força Nova. Autor: Miguel de Souza Ferreira. Ré: Páscoa de Magalhães, preta forra. 1764, CX 110/008, p. 2.
[360] Idem, p. 3-4.
[361] BLUTEAU, Raphael. **Vocabulario portuguez & latino**. v. 3, p. 256. SILVA, De Plácido e. **Vocabulário Jurídico**. Atualizadores: Nagib Slaibi Filho e Priscila Pereira Vasques Gomes – 31. ed. – Rio de Janeiro: Forense, 2014, p. 754.

No dia 13 de abril, o procurador do autor pediu uma nova audiência ao juiz que encerrou o caso para esclarecer alguns pontos. Primeiramente, salientou que desejava a impugnação da sentença e que fosse dada vista ao caso, pois desta forma não estava correto. Baseado na Lei de 23 de abril de 1723 expedida pela Coroa, ressaltou que os embargos de nulidade deveriam ser desprezados e eliminados por serem meramente para retardar o caso. Disse também que é falsa a argumentação de que no processo faltava a distribuição, porque de acordo com a lei só haveria essa obrigação aonde há dois escrivães ou mais, o que não era o caso da vila de Pitangui. Em seguida, apresentou a certidão do escrivão da conta para legitimar o seu argumento. Infelizmente, após a fala do procurador não havia mais nada no processo, ou seja, sem conclusão e sentença. Apesar disso, o problema entre as partes estava longe de terminar, pois no mesmo mês Páscoa revidou e iniciou uma ação contra Miguel.

A partir de seu procurador, a liberta impetrou uma ação de embargo para tentar impedir o seguimento da ação de força nova movida pelo adversário, com a justificativa de que ele já possuía muitas terras no local e que avançava sempre na propriedade vizinha. No novo processo, Páscoa pedia aos oficiais camarários que fizessem uma vistoria no local para melhor averiguação da situação e que o réu fosse chamado para responder em juízo. Em defesa do suplicado, o procurador ressaltou ao juiz que este pedido de embargo não tinha fundamento e que era ela quem deveria ser punida pelas perdas que causava a Miguel em razão da não reforma das divisas das propriedades e danos morais. Desta forma, pediu o agravo do processo ao ouvidor da comarca.[362]

Na instância superior, João Alberto da Mota destacou inicialmente a urgência da reforma do local e dos limites entre os imóveis de seu cliente e da alforriada. Salientou também que a origem deste outro processo está ligada ao anterior e que, apesar de Páscoa ter recebido o despacho do juízo local para comparecimento no tribunal ainda no primeiro processo, não compareceu e ainda acreditava que Miguel estava errado em lhe cobrar as indenizações. Da mesma forma, disse que seu cliente foi avisado muito em cima da hora para se fazer presente em juízo para a atual ação e por isso não teria obrigação nenhuma de apresentar-se, conforme assegura as Ordenações, Livro 3, Título 2. Por fim, destacou que a vistoria pedida por Páscoa não poderia ser feita na ausência dele ou de Miguel.[363]

---

[362] Instituto Histórico de Pitangui, Arquivo Histórico de Pitangui – Seção colonial, Série – Ações cíveis. Subsérie: Ação de Embargo. Autora: Páscoa de Magalhães, preta forra. Réu: Miguel de Souza Ferreira. 1764, CX 240/114, p. 1- 3.

[363] *Idem*, p. 4-7.

Em nova audiência, o procurador da autora refutou o procurador do réu asseverando que Miguel possuía terras demais e que pequena parte delas havia sido aforada dentro da propriedade de Páscoa, causando-lhe prejuízo. Além disso, disse que a vistoria que havia sido pedida pela autora era justamente para evitar maiores contendas e melhor delimitação dos imóveis, algo de direito dela, pois pagava todos os impostos regularmente à câmara. Também relatou que na última ação a sua cliente havia pedido tempo para avisar a Miguel para que pudesse se defender, mas que logo em seguida a ré foi condenada pelo juiz ordinário e teria de pagar todas as custas, motivo pelo qual solicitou o embargo da força nova.

Em réplica, o advogado do réu relatou que ao contrário do que fora dito pelo procurador de Páscoa, era ela quem avançava aos quintais de Miguel e isso era fruto do não reerguimento da cerca de divisa. Além disso, a mesma ainda estava construindo mais uma casa em um local que abarcava as terras do réu. Também sublinhou que Miguel estava em pacífica posse da propriedade há pelo menos 17 anos, bem antes da autora ali chegar, e que não deveria tolerar mais este tipo de atitude por parte dela. As terras em que Páscoa habitava eram do seu antigo senhor, Francisco Alves de Magalhães, cedida anteriormente a ele por Manoel da Costa Moreira. Ademais, destacou que nenhuma jurisdição permitia que a câmara daquela vila mandasse aos vereadores que iniciassem demandas perante os juízos, de acordo com as Ordenações, Livro 1, Título 66, artigo 11, em razão da vistoria pedida pela autora. E concluiu dizendo que a vistoria não deveria ser feita enquanto a outra ação não fosse decidida e terminada, pois a questão inicial não havia sido resolvida e que Páscoa deveria arcar com a fiança e custas deste processo.[364]

Aos sete dias do mês de maio do mesmo ano, o procurador da autora manifestou-se novamente diante do ouvidor por meio de uma tréplica. Argumentou que não há lei que diga que os agravados sejam obrigados a dar fiança às custas em pleitos movidos por outrem e que o agravo do autor era muito prejudicial à obra que a autora executava no imóvel, onde Miguel utilizou de malícia e injustiça contra Páscoa. Salientou que, como o procurador do réu havia ressaltado que não tinha sido avisado em tempo hábil para responderem à ação, ele também não poderia, por meio do agravo, pedir reconvenção na mesma ação. E acrescentou o seguinte:

> E se não estamos em reconvenção, nenhum termo nestes autos tem dúvida que de nada vale para o caso o referido, mas antes desprezados as mais revendo em que tanto se quis

---

[364] *Idem*, p. 9-12.

explanar não sendo coerentes para a matérias de presente agravo para a agravada que se julgue no juízo superior não haver feito agravo ao agravante.[365]

Dia 11 de maio, Miguel e Páscoa apresentaram-se diante do ouvidor e fizeram o Termo de Composição para definirem um acordo aceitável para ambas as partes. A liberta colocou a seguinte condição: desistiria da causa e refaria os esteios que dividem as propriedades somente se ele arcasse com parte das custas destes autos. O trato foi firmado em juízo, assinado por ambos e a conta da ação deu 5$276 réis para Miguel e 2$637 réis para a manumitida.[366]

É importante destacar o poder de enunciação desta mulher nas duas ações. Mesmo na condição de ré na primeira demanda, portou-se de forma autônoma e consciente diante do que julgava ser seu, defendendo o que para si era digno de proteção: o imóvel e as mudanças que gostaria de fazer nele. Por conseguinte, mesmo diante de retaliações sofridas pelo vizinho, Páscoa manteve-se firme e obteve significativo apoio jurídico por parte de Antônio de Abreu Castelo Branco, seu procurador. Cabe salientar, de igual modo, como a defesa da propriedade poderia estar também ligada à memória do ex-senhor, pois de acordo com o que fora mencionado no processo, a habitação da alforriada havia sido posse daquele antes dela morar. Isto posto, torna-se compreensível a importância da defesa das terras e da moradia por parte da alforriada frente a possível ameaça de intervenção alheia.

Como mencionei anteriormente, o problema entre os dois vizinhos só terminaria na última ação impetrada por Páscoa, no mesmo ano. Ela não desistiu do pedido de averiguação dos imóveis encaminhado ao juiz ordinário e aos oficiais camarários e solicitou formalmente o início de uma ação de *requerimento e vistoria*. Este tipo de demanda era criado, como está explícito, quando o indivíduo necessitava de inspeção em imóveis, fazendas, viveres ou terras feita pelo juiz e demais auxiliares do tribunal.[367]

Ao depor, Páscoa relatou que entre as suas casas e a do dito Miguel havia um cano de despejo por onde passavam as águas de chuva que vinham da rua, e que este cano estava adentrando à sua casa, inundando-a em períodos chuvosos. À vista disso, pedia mais uma vez que a vistoria fosse feita, pois tudo isso já havia lhe causado muito desgaste e prejuízos, além do mais, pagava impostos à câmara para que desse atenção também à essa

---

[365] *Idem*, p. 15.
[366] *Ibidem*, p. 20.
[367] BLUTEAU, Raphael. **Vocabulario portuguez & latino.** v. 8, p. 859.

questão. Pedia também que, para que a execução da vistoria fosse realizada, fosse levado o livro de foros no intuito de analisar a veracidade da invasão das braças feita por Miguel, e acrescentou dizendo o seguinte:

> [...] na mesma paragem há braças de terras devolutas sem pagarem coisa alguma a este Senado e requer a suplicante que vossa mercê se sirva mandar medir as braças das casas do dito Miguel de Sousa e as da suplicante, e achando terras demais e devolutas que não estejam ocupadas com casas feitas se repartam as mesmas dando a metade a suplicante e outra metade ao dito Miguel de Sousa, pagando ambos foro e caso duvide o mesmo Miguel de Sousa pagá-lo para que toca a sua parte não tem a suplicante dúvida fica com todas as terras e pagará foro a este senado [...].[368]

E finalizou dizendo que o pedido de embargo feito por Miguel para que ela não continuasse com as obras que realizava era mal feito, sem fundamentos, por isso teria o direito de continuar com as edificações que havia começado.

Para sua defesa, Miguel nomeou diversas pessoas para lhe representar juridicamente em diferentes vilas de Minas Gerais: 14 no Termo da vila de Pitangui, 6 em Sabará, 4 em Ouro Preto, 11 em São José do Rio das Mortes, 3 em São João Del Rei, 5 na vila do Príncipe, 9 no Arraial do Tejuco, 1 em Santa Ana, 3 nas Minas de Paracatu, 12 no Rio de Janeiro e 3 na cidade da Bahia, os últimos eram reverendos da Companhia de Jesus. Ao receber o despacho para apresentar-se à justiça, o réu disse que realmente há vários documentos, inclusive em outras duas ações, em que fora citado para responder à questão das terras que divide com Páscoa, mas que até o presente não havia sido realmente ouvido pelo juízo. Desta forma, João Alberto da Mota posicionou-se e pediu que o procedimento de vistoria fosse considerado nulo e sem vigor, pois seu cliente havia sido lesado juridicamente.[369]

A argumentação deste procurador foi elaborada em 27 artigos. De modo geral, centrava-se nas terras devolutas ocupadas por Páscoa sem consentimento do réu, pois de acordo com ele tão terras não poderiam ser usadas ou anexadas à propriedade da autora devido ao pagamento de foro à câmara para usá-las, e se havia uma situação em que se necessitava de

---

[368] Instituto Histórico de Pitangui, Arquivo Histórico de Pitangui – Seção colonial, Série – Ações cíveis. Subsérie: Ação de requerimento e vistoria. Autora: Páscoa de Magalhães, preta forra. Réu: Miguel de Souza Ferreira. 1764, CX 159/003, p. 1-3.

[369] Idem, p. 5.

vistoria era essa. Relatou que poderia provar que Francisco Alves, ex-senhor da suplicante, aforou 11 braças de terra que ia da esquina das casas de Domingos Guimarães até o pé do Córrego Seco na Rua de Baixo, e que Manoel da Costa Moreira, também ex-morador do local, conseguiu, a partir de alvará da Câmara, mais 6 braças até onde mora Páscoa, mas que ela não satisfeita avançou e ocupou mais braças.

Adiante, o procurador expôs que em uma vistoria antiga para determinação das divisas entre as casas de Miguel e da autora havia um rancho não incluído e que não precisava pagar foros à câmara devido à isenção de impostos que ainda vigorava. No local do rancho, já demolido, situava-se o portão de Miguel, exatamente onde Páscoa aproveitou para ampliar o seu espaço, agindo de má-fé, de acordo com ele. E que as obras feitas por ela prejudicaram a casa em que o suplicado morava, fazendo correr águas de enchente adentro, alagando e causando ruínas. Tais obras também o lesava em razão do esteio fincado para a construção de uma nova casa que ocupava mais de uma vara e meia de terra, assim como a retirada do restante da cerca que havia entre as propriedades.

Por fim, o procurador ressaltou a importância da anexação das demandas anteriores a este processo para o entendimento do problema de forma integral. Acentuou que a iniciativa de Páscoa em iniciar ações contra Miguel o expunha a vexame, como destacou a seguir no artigo 23:

> Que a embargada com seus dolosos intentos nos requerimentos tem vexado ao embargante e vexa atualmente dando-lhe ocasião a multiplicada demandas só assim dever se com o terror delas priva ao embargante a defesa de sua terra e do que é seu fazendo a embargada da sua terra e do que é seu fazendo a embargada que quer fiada em ter muito quem a defenda ou patrocine nos seus intentos.[370]

Além disso, destacou que era necessária a defesa do que possuía por direito e que seu cliente tinha muitos gastos com o deslocamento, visto que era morador na vila de São José, Comarca do Rio das Mortes, distante de Pitangui mais de 60 léguas. Devido à distância Miguel não foi ouvido, citado ou convencido, e apesar de ter nomeado Joseph Pacheco para o representar, não o concedeu permissão para assistir a vistoria. Portanto, este processo não poderia ser continuado sem antes avisar o seu cliente sobre a situação em que estava inserido e sem o réu apresentar novos documentos para o caso.

---

[370] Idem, p. 17. As partes que estão sublinhadas foram feitas pelo escrivão, ou seja, estão literalmente como na fonte.

Nesta parte do processo, também é interessante mencionar o comentário feito pelo escrivão à margem da folha: "uma pobre negra contendendo com um homem rico e poderoso".[371] Esta anotação deixa claro como o oficial camarário enxergava o ato de enunciação de uma liberta: uma luta de forças desproporcionais, e nessa luta havia um lado mais forte e um lado mais fraco, o mais forte Miguel e o mais fraco Páscoa. Além disso, denota como a atitude de uma egressa do cativeiro frente à justiça era tida como afrontosa e audaciosa; e realmente era, visto que a maior parte dos problemas sociais envolvendo a população negra, escrava e liberta, não chegava às vistas legais, muitas vezes resolvidos por meio dos jogos de poder do cotidiano, de acordos informais e de silenciamentos. Isto posto, concordo com a tese de Renata Romualdo Diório de que o acesso à justiça foi um importante mecanismo de enunciação para os indivíduos escravizados ou libertos no período colonial brasileiro, mesmo quando estavam na condição de réus.[372]

Para tentar o desfecho favorável, Miguel apresentou ao juiz dois alvarás: um que concedia seis braças de terras devolutas a Manoel da Costa, ex-morador do local em que Páscoa residia e outro que dava a Francisco Alves meia pataca por braça. Estes documentos, criados ainda na primeira metade do século XVIII, foram usados para tentar provar que a parte da propriedade ocupada pela suplicante não era registrada legalmente, como as de seus antecessores, e que a vistoria pedida por ela não era necessária. Desta forma, o procurador do réu pediu o embargo da ação e dos locais não ocupados por Páscoa e não registrados na câmara e conseguiu a conclusão da demanda, feita pelo juiz.

Não satisfeito com o fim, o procurador da liberta apresentou-se em audiência e declarou que o embargo não pode ser concluído porque é mentiroso, feito apenas para "inquietar a suplicante para que esta não amparasse as suas casas, sendo esta uma pobre e por isso necessariamente se devem desprezar". Alertou ao juiz que a outra parte envolvida era abastada, credora na região, e que temor algum uma pobre negra poderia oferecer a ela. Portanto, havia a necessidade da vistoria na presença de ambos e das autoridades, da continuidade das obras de Páscoa e do conserto da paragem de água que prejudicava o réu. E em relação ao pagamento das fianças pedido por Miguel, relatou que não era aplicável, pois de acordo com as Ordenações apenas os autores das ações seriam obrigados a pagar, não os réus, e na primeira ação Páscoa estava na condição de ré.

---

[371] *Idem*, p. 18.
[372] DIÓRIO, Renata Romualdo. **Os libertos e a construção da cidadania em Mariana**..., p. 57.

No mês de abril, o advogado do autor apresentou documentos que tentavam argumentar a não necessidade da vistoria pedida pela suplicante, insistindo que Páscoa somente poderia pedir a vistoria de algo que era dela e como não era o caso, já que não possuía permissão da câmara para aforar mais braças de terra, os oficiais não teriam razão em fazê-la. Infelizmente o processo está incompleto e não sei qual foi o fim deste caso. O restante pode ter se perdido durante os anos, descartado ou anexado em outro local do arquivo.

Outro caso envolvendo a defesa de propriedade por parte de egressas do cativeiro foi o de Ana Teixeira de Jesus, caracterizada no título de abertura do processo como "solteira" pelo escrivão. Aos nove dias do mês de novembro de 1792, ela procurou a câmara da vila de Pitangui junto a seu advogado João Antônio da Silva para iniciar um libelo cível contra o Alferes José dos Santos Silva. A partir da ação, requisitava a posse de uma "roça sita atrás do morro desta vila chamada Solidade e uns escravos: Caetano, José Angola, Andresa e Ana crioula e tudo o mais que havia nela"[373].

Na primeira audiência, o procurador da autora elencou os seguintes artigos:

> 1 - [...] que sendo a autora Senhora e possuidora de uma fazenda denominada Soledade sita atrás do morro desta vila a qual se compõe de capoeiras, campos com suas casas e vivenda coberta de telhas, paiol, monjolo, bananal e vivendo ali com 4 escravos a saber: Caetano, José Angola, Andresa e Caetana crioula. 2 - Provará que a autora vendeu mais ao réu um quartel de mandioca, um carro, duas cangas, um couro de boi, 4 enxadas, um machado novo, uma enxada, um martelo, dois formões, um serrote de mão, uma corrente graça com seus colares de pé, dois tachos grandes de cobre, um novo e outro em bom uso, tacho de madeira de cobre novo, três quartos de cana, 2 quartos de algodão, uma espingarda pela quantia de 500 oitavas de ouro com mais desobrigar de seus o crédito, pagando logo seguidos que estava sendo e outras para seu vencimento lhe ficasse restando da fatura da venda oito anos, como se vê do crédito no primeiro passado pelo réu. 3 - Provará que o réu há mais de 3 anos estava tratando a fazenda sem cumprir tratos que fez com a autora e sendo esta vexada dos credores que querer que ela lhes pague por causa do réu não lhe ter pagado como devem na forma estipulada para este com *acudimento* da fazenda só tem cuidado em pagar as suas dívidas próprias e não as da autora.

---

[373] Instituto Histórico de Pitangui, Arquivo Histórico de Pitangui – Seção colonial, Série – Ações cíveis. Subsérie: Libelos cíveis. Autora: Ana Teixeira de Jesus – forra solteira. Réu: José dos Santos Silva. 1792, Cx 136/Dc 003, p. 2.

4 - Provará que a autora é mulher de verdade e consciência, rústica, inimiga de pleitos.

5 - Provará que nos referidos termos e conforme o direito deve-se o réu ser condenado a abrir mão da dita fazenda e mais bens vendidos entregando-a à autora com todos os frutos pela má fé com que a está possuindo ou ali a desobrigar a autora de seis a credores e condenado nos vistos por ser tudo fama pública pede recebimento melhor.[374]

A partir da fala do procurador é possível compreender o motivo do processo: a autora teve problemas financeiros e precisou vender o local em que vivia ao réu como forma de quitação das dívidas para com seus credores. Entretanto, como o suplicado não cumpria com o estabelecido há pelo menos três anos, a suplicante encontrou no meio legal uma forma de resolução da pendência e ressarcimento do que possuía materialmente. Por meio disso, é notório que Ana viveu até determinado momento da vida em razoável condição financeira, pois possuía uma casa simples, coberta de telhas, com quintas, bananais e escravos. Também é importante observar as diferentes formas de reconhecimento da autora diante do juízo no início do processo: pelo escrivão, como solteira, e pelo advogado, como senhora.

Igualmente, destaca-se como a qualidade de ser honesta, verdadeira, honrada, nunca ter se envolvido com demandas e sem conhecimento de seus direitos eram motivos para que seu procurador a defendesse e evitasse mais injustiças. E o réu, ao contrário, é citada como sujeito de má-fé, pois não pagava o que havia sido acordado entre as partes, expondo a suplicante à desonra e ao vexame frente aos credores.

Após a fala do procurador, foi apresentado o comprovante de crédito que o réu devia à suplicante, na qual ele assumia o compromisso de quitação de 500 oitavas de ouro procedidas de um sítio, 4 escravos e tudo que constava em uma escritura de venda que ela lhe passou. Após isso, foi emitido um despacho para a citação de José dos Santos e pedido de comparecimento dele ao tribunal para jurar se o que fora dito pela autora e seu representante era verdade. Não obstante, o pagamento não foi feito e então a suplicante recorreu mais uma vez à justiça e nomeou outro advogado para lhe representar: Julião Carlos Rangel, que logo ressaltou ao juiz que o suplicado já fora chamado a duas audiências e que não havia comparecido.

Vendo tal situação em que fora exposto, o alferes nomeou Manuel Ferreira da Silva como seu procurador para cuidar da defesa. A princípio, Manuel pediu *vista* alegando que os juízes que estavam atuando na ação não

---
[374] *Idem*, p. 3-5.

poderiam exercer seus ofícios em razão de um deles ser parente do réu em quarto grau. Além disso, estes juízes não poderiam passar a demanda para os oficiais do ano anterior, pois de acordo com a lei os juízes que atuam no presente são suficientes e para não retardar o andamento do processo. Portanto, de acordo com o procurador, o correto seria aguardar os juízes do próximo ano entrarem, visto que faltava pouco mais de um mês para o ano acabar. E assim foi feito, os autos foram concluídos em cinco de dezembro do mesmo ano, publicado no dia sete, e as partes arcaram com a feitura da ação: 1$619 para a suplicante, 912 réis para o suplicado. Desta forma, o réu e seu advogado ganharam mais tempo para organizarem-se para responder ao processo.

Mal iniciara o ano de 1793 e o procurador de Ana compareceu em juízo para requisitar a retomada da demanda, a contrariedade, a delação e a dilação de 20 dias para juntar provas contra o suplicado. Três meses se passaram e em abril a autora apresentou as seguintes testemunhas para deporem a seu favor: o capitão José Fernandes Valadares, o ajudante Roberto Alves de Araújo, o tenente Manoel Ferreira Vale, Francisco Soares Faria e João Domingues Portela.

A primeira a comparecer foi Francisco, nomeou-se como homem branco, natural desta freguesia e vivia de seus negócios de fazendas secas, 36 anos, sobrinho em grau remoto do falecido marido da autora. Disse que sabia que ela era senhora e dona de um sítio chamado Solidade, composto por capoeiras, campos, coberto por telhas, paiol, árvores, bananal e que o vendeu ao alferes junto a mais quatro cativos. Também relatou que além de vender tudo isso, passou também um quartel de mandioca "de vez", duas cangas de couro, quatro enxadas, um tacho de cobre, duas enxadas, dois formões, um serrote de mão, uma corrente grossa de dois colares, uma escumadeira de cobre nova e três vestes de cama de algodão. E que tudo isso havia sido vendido pelo valor de 500 oitavas de ouro, com a condição de desobrigar a autora em relação aos credores que possuía, tanto em dívidas atrasadas, quanto as que iriam vencer nos próximos anos. Mas o réu não havia cumprido com o estabelecido e Ana, além de ter perdido o sítio, ainda estava sendo cobrada pelas dívidas, o que não deveria ocorrer, pois "ela era mulher de verdade, rústica e ignorante dos termos de justiça".[375]

Não é a primeira vez que um indivíduo escravizado ou liberto de Pitangui é descrito como *rústico* e *ignorante* por seu advogado como forma de defesa. De acordo com o dicionário da época, *rústico* pode ser enten-

---
[375] *Idem*, p. 10.

dido como "homem do campo, grosseiro, vilão, descortês e inurbano", e no que tange ao caráter, *rusticidade* diz respeito à "ignorância do honesto e decoro".[376] Partindo disso, conclui que os procuradores dos escravos e alforriados usavam este adjetivo de forma consciente para justificar ao juiz o não entendimento de parte dos tratos que vieram a desencadear as ações cíveis protagonizadas por estes sujeitos. Portanto, atestar a rusticidade e ignorância perante as transações era uma das táticas utilizadas para a não responsabilização total dos indivíduos ou abrandamento da penalização.

Retomando o processo, a segunda testemunha foi João Domingues Portela, branco, natural da Freguesia de São Pedro do Servo, Arcebispado de Braga, no presente morador na vila de Pitangui, vivia de seu negócio de sal, de idade de 61 anos. Perguntado pelos artigos elencados pelo advogado da autora, disse que sabia por ver que Ana era senhora e possuidora de um sítio chamado Solidade, situado atrás do morro da vila e que ela o vendeu ao réu junto com mais 4 escravos e móveis. Que viu o crédito de 500 oitavas passado pelo suplicado à suplicante antes de haver este pleito, com o acordo do Alferes desobrigá-la a pagar os credores que a cobravam e as demais dívidas que ela teria que arcar nos próximos oito anos. Além disso, disse que desde a compra da fazenda a autora lhe deve algumas quantias de tratos e negócios que haviam feito e que não os quitou até o presente. Por fim, ressaltou que Ana era mulher ignorante dos termos de justiça.

A terceira testemunha, Capitão José Fernandes Valadares, 58 anos, branco, natural da freguesia de Valadares, Auto de São Cristovão de Lafões, Bispado de Viseu, no presente morava na vila e vivia de negócios de fazenda seca. Da mesma forma que as outras duas testemunhas, relatou que sabia que a autora foi dona e possuidora do sítio, dos escravos e quartéis de plantas. Sobre o terceiro artigo, disse que sabia por ouvir dizer de Francisco Xavier Monteiro e de várias pessoas que a venda que a autora fez ao réu era para desobrigá-la das dívidas e pagamentos vencidos que possuía com algumas pessoas, que chegou a ver a relação dessas dívidas, mas não sabia ao certo o valor total delas. Do quarto artigo, ressaltou que o Alferes está em posse do sítio até o presente momento e que tem levado a ele pequenas dívidas que a suplicante tem consigo para que ele possa quitar. E concluiu destacando que sempre teve boas relações creditícias com Ana, que ela era mulher de verdade e consciência, nunca ouviu dizer de pessoa alguma o contrário, e também que era sincera e ignorante dos termos de justiça.

---

[376] BLUTEAU, Raphael. v. 7, p. 402. Dicionário Antonio de Moraes Silva, p. 650.

A quarta testemunha, o ajudante Roberto Alves de Araújo, 72 anos, homem branco, natural da freguesia de São Miguel das Caldas, Termo de Guimarães, Arcebispado de Braga e morador de Pitangui, local em que vivia de minerar, relatou o mesmo que as demais em relação à venda do sítio e dos itens a mais que havia dentro dele e escravos ao Alferes. Salientou que era sabido por ele e por várias pessoas que o réu estava em posse do imóvel há seis anos e não arcava com o estabelecido no trato com a autora. Por último, disse que Ana era mulher de verdade e consciência, apesar de ignorante dos termos de justiça.

E a última testemunha a falar em defesa da suplicante foi o Tenente Manoel Ferreira do Vale, homem branco, 54 anos, natural da freguesia de São Martinho do Vale, Termo de Barcelos, Arcebispado de Braga, morador na vila de Pitangui, aonde vivia de suas roças. Relatou exatamente o mesmo que a penúltima testemunha e finalizou o seu depoimento.[377]

O advogado da autora utilizou as falas das testemunhas para pedir *vista* mais uma vez ao processo e argumentar sobre o duplo vexame e desonra a que sua cliente estava exposta: as sucessivas cobranças de seus credores que não paravam de procurá-la e o fato de nem ter mais direito de posse sobre o sítio. Também utilizou as Ordenações, Livro 4, título 5, parágrafos 1 e 2 para ressaltar que quando uma pessoa vende algo a outra e ela não paga, o vendedor poderá cobrar do comprador e até mesmo requisitar o bem de volta caso o contrato não seja cumprido. Portanto, alegou que Ana deveria receber o imóvel e os bens que nele estavam inseridos de volta e o Alferes deveria ser condenado "pela má-fé com que tem possuído tais bens".[378]

Em contraposição, Manuel Ferreira da Silva, procurador do réu, asseverou que seu cliente havia quitado parte das dívidas da autora, como bem sabia o capitão Fernandes Valadares, pois ele mesmo havia recebido alguns valores do alferes. Destacou que em nenhum momento da ação Ana descreveu as dívidas e seus devedores de forma pormenorizada, desta forma, o suplicado não teria como adivinhar o que precisaria quitar. Além disso, disse que muitas dívidas feitas por ela não constavam no trato, portanto, seu cliente não teria obrigação de pagar. E finalizou expondo que este era um modo fácil dela enganar o comprador, dizendo que as dívidas não passavam de tanto e depois lhe pedindo que pagasse mais no futuro.

---

[377] *Idem*, p. 11-18.
[378] *Ibidem*, p. 20.

Passaram-se alguns meses e apenas em dezembro do mesmo ano a ação foi concluída. O réu, "homem doloso e sem sinceridade", foi condenado ao pagamento das dívidas contraídas pela autora, mulher "assistida de direito".[379] Entretanto, após a publicação o advogado do suplicante pediu o embargo da sentença e o procurador da autora a permanência do veredito. O primeiro, elencando mais uma vez a falta de sentido e contradição da autora em pedir pagamento dos credores sem ao menos listá-los; o segundo ressaltando que o réu agia de má-fé porque sabia muito bem a quem Ana devia, sendo declarado por ela muitas vezes ao fazerem o trato. Além disso, o procurador da autora argumentou que era muito abusivo o alferes desfrutar de bens comprados e nunca pagos, deixando a suplicante, que era "uma miserável viúva e decrépita", sem amparo[380].

A ação se estendeu até fevereiro de 1797, entre réplicas e pedidos de vista dos advogados. O procurador do réu tentou impedir a continuidade do pleito, justificando que não poderia ser considerada jurídica uma sentença que condena uma pessoa a pagar o que não consta nos autos, sem a quantidade e a qualidade da dívida. Criticou o despreparo do corpo de oficiais que atuava nas demandas na vila de Pitangui e a falta de conhecimento jurídico por parte deles. Entretanto, em março do mesmo ano o novo juiz manteve a sentença dada pelo anterior e endereçou os custos da ação e pagamento da autora ao réu.

Como a situação não era favorável, Antonio Lopes de Faria, outro advogado do réu, recorreu ao Tribunal da Relação no início de abril por meio de um pedido de apelação. Para marcar a audiência nesta instância foi enviada a solicitação à ouvidoria em Sabará, sendo posteriormente aprovada pelo ouvidor e endereçada ao Rio de Janeiro. Por parte de Ana, Julião Carlos Rangel enviou à mesma instância o pedido de manutenção da sentença dada pelo juiz ordinário. A ação encerrou-se nesta etapa com os valores de 26$542 para a autora e 29$748 para o réu pagarem os trâmites judiciais e gastos com os oficiais de justiça realizados até o momento.

Não consegui acessar o processo da Relação e, por conseguinte, não sei qual desfecho teve o caso. Entretanto, pude compreender diante desta petição, assim como no caso de Páscoa de Magalhães, como a casa tinha grande importância no cotidiano das libertas e como a defesa do imóvel era essencial para a manutenção da vida e do status social das ex-cativas. Da

---

[379] *Idem*, p. 25.

[380] *Ibidem*, p. 27.

mesma forma, também era valorosa para os egressos do cativeiro a criação e o estabelecimento de redes sociais com indivíduos de outros segmentos sociais durante a vida e pessoas influentes, pois poderiam ser estes indivíduos que os auxiliariam diante das demandas.

Outra questão a ser levantada é a maneira como a autora foi descrita e tratada durante o processo: citada como forra em apenas um momento por um escrivão, no meio do processo. Outros marcadores sociais relacionados à autora foram usados diante do local de fala dos participantes. Por exemplo, as testemunhas de defesa a descreveram como Senhora, Dona, verdadeira e honrada, mas ignorante de justiça; o advogado de defesa como viúva, decrépita e necessitada de justiça; o escrivão que iniciara a ação como solteira e o réu e seu advogado como enganadora e aproveitadora. Ela mesma apenas disse o seu nome e não mencionou pertencer ao mundo dos libertos ou livres e nem qualquer outra característica. Portanto, havia a diferença entre a forma de enunciação da suplicante e a forma como ela era vista e tratada pelas outras partes que compuseram a demanda. Ou seja, sua representação social variava de acordo com o enunciador.

Questões trazidas por estas demandas, somadas às demais trazidas neste capítulo, ilustram como a sociedade (ambiente) e o Direito (subsistema social) estão interligados. A sociedade é composta por indivíduos que estabelecem diversificada gama de relações, e nessas relações, por vezes, (talvez na maioria das vezes) não haja consenso, resultando em conflitos com potencial de alcançarem as vias legais. Para lidar com as contingências trazidas pelos indivíduos, o sistema jurídico abre-se para englobá-las e decidir sobre os casos, que são transformados em petições, baseado nos casos passados e visando a manutenção da estabilidade do próprio sistema no presente e no futuro. Portanto, as demandas eram formas de tentativa de resolução dos conflitos gerados cotidianamente e reivindicações de comportamentos e desapontamentos.[381]

Assim, o Direito pode ser entendido como uma via utilizada e sustentada pelo corpo social, assim como o corpo social encontra parte do respaldo que necessita no Direito. No caso específico de meu objeto de pesquisa, o sistema jurídico pode ser entendido como um dos mecanismos utilizados pelos libertos para angariarem créditos cedidos e não pagos bem como outros bens materiais móveis e imóveis de valor monetário e emocional, aliada ainda à manutenção da própria liberdade e honra. Desta

---

[381] LUHMANN, Niklas. **Sociologia do Direito**...p. 57-59.

forma, o sistema jurídico era usado como possibilidade de expressão dos fatos cotidianos, judicializados na medida em que as comunicações eram a ele direcionadas.

Como mencionei anteriormente, parte das relações vivenciadas entre cativos, alforriados e pessoas livres na América Portuguesa não constava nas Ordenações do Reino pelo fato de terem sido compostas para incluir, em sua maioria, os povos lusos. Apesar de haver seções da legislação voltadas aos demais povos, as realidades na América Portuguesa as sobrepuseram e a abertura do sistema jurídico tornou-se necessária para incluí-la. Esta abertura é aqui entendia por meio das comunicações endereçadas pelos ex-escravizados aos tribunais, aceitas e transformadas em petições; nos pedidos de exceção de justiça feitos pelos libertos e seus procuradores aos juízes ao verem que os casos que protagonizavam não possuíam resoluções previstas nas Ordenações, e também nas Leis Extravagantes, leis adicionais compostas durante o período colonial e imperial, na qual parcela foi direcionada à população negra escravizada, liberta e livre.

Como destaca Luhmann, o Direito está inserido em ordens sociais gerais, depende das estruturas e também serve a outras funções: à família, à moral e à religião, codeterminado pela estratificação social. Ele está incrustado na linguagem cotidiana, é dinâmico, muda e ajusta-se de acordo com as *irritações* da sociedade e fecha-se diante de sua operacionalização. Portanto, sistema e ambiente são dados simultâneos e as normas e leis são confeccionadas para que as expectativas de conduta sejam resguardadas e cumpridas, visando a estabilidade (*autopoiese*) do sistema jurídico.[382]

Nem todas as expectativas sociais eram protegidas pelo sistema legal, apenas as que valiam a pena e eram de seu interesse[383]. Em relação à sociedade de Antigo Regime, as expectativas que prevaleciam eram essencialmente voltadas à manutenção da ordem, da honra, da propriedade e da moral. Dentro disso, o acesso à justiça pelos alforriados também pode ser entendido como forma de requisição de seus direitos a partir da participação e manutenção do *status quo*. Em outras palavras, frente ao sistema jurídico os libertos expunham as suas necessidades particulares e solicitavam a "sua justiça", baseados nas normas contidas no próprio sistema. E isso ocorria porque apenas o sistema jurídico definia o que é legal ou ilegal e, portanto, apenas nele os litígios outrora não conciliados pelas demais vias poderiam ser encerrados.

---

[382] LUHMANN, Niklas. **O Direito da Sociedade**. p. 123, 124, 137 e 177.
[383] *Idem*, p. 182.

Apesar de serem taxados como pretos e pretas rústicos e ignorantes em relação ao conhecimento das normas jurídicas, todos possuíam suas concepções de justiça e por isso fizeram-se presentes nos tribunais. Para Luhmann, a justiça é definida como fórmula para a contingência, princípio puramente ético e uma reação ao que é considerado injusto. Mas para a obtenção de validade, as noções de justiça devem amparar-se à normatização jurídica, ou seja, na legislação e operacionalização do sistema jurídico, e também nos precedentes vinculativos, ou seja, em decisões anteriormente aplicadas a casos semelhantes que podem ser utilizadas nos próximos casos. Portanto, a fundamentação do argumento do litigante deveria ser pautada na jurisdição e na lógica.[384]

No próximo capítulo, discorrerei sobre as demandas em que os libertos estiveram unicamente na condição de réus, seus comportamentos e o posicionamento dos demais indivíduos que se fizeram presentes nessas situações.

---

[384] LUHMANN, Niklas. *Idem*, p. 285-315.

CAPÍTULO 4

ENTRE OS RÉUS: ESCRAVOS E LIBERTOS CHAMADOS A RESPONDER ÀS DEMANDAS NA VILA DE PITANGUI NO SÉCULO XVIII

Na maior parte das ações cíveis os escravos e libertos aparecem na condição de réus, representando 77% do total. Das 127 ações em que eram demandados, 77 foram respondidas por homens e 50 por mulheres, fato que sugere o menor envolvimento das libertas em conflitos cotidianos, fosse porque tiveram maior impulso para resolverem as pendências fora do âmbito legal ou porque teriam lidado com a questão de maneira mais amigável que os homens. Não há a possibilidade de conhecimento exato sobre o total de manuscritos desta natureza salvaguardado pelo Arquivo de Pitangui, uma vez que o acervo ainda não está totalmente higienizado e serializado até o momento da confecção desta obra, mas possivelmente as demandas cíveis se afiguram como sendo a maioria, de acordo com a equipe da Funedi-UEMG, organizadora do acervo. As ações de alma, por exemplo, constituem-se como uma das maiores coleções Minas Gerais, totalizando 1119 documentos.[385]

As motivações que levaram à composição das petições em que os escravizados e alforriados foram chamados ao tribunal giraram, de modo geral, em torno da cobrança de dívidas. Fato que demonstra que o endividamento era algo comum entre estes grupos sociais e também entre os demais indivíduos em Pitangui, uma vez que, como citei, foi significativo o número total de ações de alma executadas comparativamente aos números de outras localidades de Minas Gerais para o período.[386] Ainda tendo por base o aporte teórico proposto por Niklas Luhmann, sugiro que a constante produção de ações indica que estes sujeitos que buscavam o tribunal para

---
[385] O acervo do Arquivo Histórico de Pitangui é composto por 7043 documentos, dentre eles ações cíveis, inventários *post mortem*, testamentos, cartas de sesmarias e autos criminais. Os testamentos e inventários somam 1736 documentos, o restante são as demais tipologias. De acordo com o levantamento feito pela equipe da FUNEDI-UEMG de Divinópolis – MG, a maioria das fontes são ações cíveis, muitas ainda não serializadas e higienizadas. Fonte: CATÃO, Leandro Pena. Pitangui colonial...p. 16-17.
[386] *Idem*, p. 16-24.

a resolução dos conflitos viam nele uma instância confiável, protetora de seus direitos e aplicadora da justiça, ou mesmo como uma das únicas formas para se conseguir o que não fora possível a partir do diálogo.[387]

Neste capítulo, discorrerei e problematizarei as principais questões cotidianas que ocasionaram a produção destas petições de ordem cível em que os escravos e manumitidos fizeram-se presentes. Da mesma forma, exporei como estes sujeitos portavam-se frente a justiça, seus pares, advogados e adversários e como eram tratados pelos envolvidos nos casos.

4.1 Conflitos cotidianos judicializados: as principais motivações das ações respondidas pelos escravos e libertos de Pitangui

Cláudia Coimbra do Espírito Santo e Raphael Freitas Santos pesquisaram a concessão de crédito e o endividamento na Capitania de Minas Gerais durante o setecentos e compreenderam que tais práticas eram comuns e contínuas. Verificaram que a insolvência era inerente às atividades creditícias praticadas, uma vez que grande parcela das transações era acordada verbalmente, sem contrato ou registro físico e em alguns casos apenas em bilhetes.[388]

A concessão de crédito, empréstimo ou prestação de serviços tinha caráter primeiramente social, associado à confiança, lealdade, estima e honra, não encerrando apenas o valor monetário em si. De acordo com Raphael Santos, a dependência financeira momentânea poderia significar uma estratégia de subordinação pela qual o credor ampliava seus laços de clientelismo. Também significava mais uma forma de enriquecimento e manutenção das hierarquias sociais.[389]

Além das ações de alma e de crédito, as notificações e libelos cíveis também foram usadas para requerimento de valores relativos às dívidas contraídas, empréstimos de itens e prestações de serviços realizados e não pagos pelos libertos. E além do endividamento, outras motivações perpassaram as ações respondidas por eles, como descreve a Tabela 1 a seguir:

---

[387] LUHMANN, Niklas. **O direito da sociedade...** p. 527.
[388] SANTOS, Raphael Freitas. **Devo que pagarei: sociedade, mercado e práticas creditícias na comarca do rio das Velhas, 1713-1773**. 2006. Dissertação (Mestrado em História) – Universidade Federal de Minas Gerais, Minas Gerais, 2006. DO ESPÍRITO SANTO, Cláudia Coimbra. Crédito e Economia Cotidiana: a participação feminina nas demandas judiciais em Vila Rica – 1730/1770. **XIIIº Encontro Nacional de Estudos Populacionais**, 2002.
[389] SANTOS, Raphael Freitas. *Idem*, p. 12.

Tabela 1 – Motivos dos conflitos que desencadearam as ações cíveis respondidas pelos libertos da vila de Pitangui (1740 a 1799)

Motivações	Número
Dívida de fazenda de secos e molhados/mantimentos	45
Dívida de empréstimo/obrigação	20
Dívida de escravos comprados	10
Dívida de animais comprados/alugados	8
Dívida de jornal de negros	8
Dívida de serviços solicitados	6
Herança	5
Pagamento da alforria/reescravização	5
Dívida de esmola à Irmandades/missas	5
Dívida de Algodão/tecidos/rodas de fiar	3
Avanço de divisa de propriedade	2
Roubo	2
Dívida de miudezas (para casa, armas e vestuário)	2
Paternidade	1
Dívida de casa/fazenda	1
Despejo	1
Dívidas de remédios	1
Dívida de aluguel de casas	1
Embargo de funcionamento de loja	1
Total	127

Fonte: Instituto Histórico de Pitangui, Arquivo Histórico de Pitangui – Seção colonial, Série – Ações cíveis, 1740-1799

No topo das motivações, como é demonstrado acima, estava o endividamento pela compra de itens de consumo de primeira necessidade, como mantimentos, carnes, fazenda seca, aguardente da terra, assim como pela compra de cativos, da própria liberdade, serviços solicitados e outros. Como exemplo, no dia 24 de setembro de 1751, na vila de Pitangui, Ana Maria de Jesus, preta forra, fora chamada ao tribunal por Joseph Viera Fernandes para responder a uma ação de alma em razão de uma dívida de 11 oitavas e ¾ de ouro, resto de maior quantia relativa a cargas compradas. Como representante jurídico principal, o autor nomeou Bento do Rego da Silva

Soutomaior e depois mais dois, João Ferreira da Costa, Antônio da Silva e Manoel Fernandes de Oliveira. Também nomeou procuradores em outras localidades: em Sabará, o capitão Bartolomeu e na Bahia o Doutor José Ribeiro, Antônio da Silva Guimarães e José Cícero.

Como os oficiais de justiça não encontraram Ana Maria em casa, o despacho da ação e intimação para comparecimento em tribunal fora entregue a Micaela Carneira, preta forra, sua vizinha. Os dias passaram e a ré não se apresentou à justiça para responder à petição e nem enviou alguém que a representasse, desta forma, o juiz a condenou ao pagamento da quantia pedida pelo autor e às despesas da ação, totalizando 14$100 réis.[390] Quatro meses antes, Ana Maria também havia sido ré em outra ação de alma, impetrada por Manoel Pinto Batista, devido a um empréstimo cedido no valor de 4 oitavas e 7/4 de ouro. De modo semelhante, não compareceu em juízo e foi condenada.[391]

Não se apresentar à justiça para assumir as dívidas ou qualquer outra questão que fosse acusado denotava falta de compromisso e desonra por parte do réu. Como mencionei anteriormente, por se tratar de uma sociedade de Antigo Regime, estes valores eram valorizados em demasia. Já o comparecimento frente ao juiz, oficiais camarários e demais partes envolvidas no processo demonstrava honra, retidão e integridade do suplicado. De modo geral, os libertos apresentaram-se à justiça para tentar resolver os atritos e assumir os compromissos outrora estabelecidos. Em menor medida, há demandas que não compareceram, assim como também há ações sem término, sem sentença, que pararam em alguma fase, além dos problemas de deterioração e falta de páginas que possivelmente foram desmembradas ao longo do tempo.

Assim como Ana Maria, Joana Dias, preta forra, no ano de 1753, também estabeleceu dívidas em virtude da compra de mantimentos para o consumo próprio. A suplicada havia comprado o valor de 17 oitavas, ¾ e 6 vinténs de ouro em fazenda de secos e molhados na paragem de José de Vasconcelos, e como não pagava, o autor desejava que ela fosse citada para "na presente audiência deste juízo vir pessoalmente jurar se é devedora da quantia mencionada, ficando condenada no que fora pedido e citada para os termos e autos judiciais e extrajudiciais até o final da sentença e

---

[390] Instituto Histórico de Pitangui, Arquivo Histórico de Pitangui – Seção colonial, Série – Ações cíveis. Subsérie: Ação de alma. Autor: José dos Santos Silva. Ré: Ana Maria de Jesus, preta forra. 1751, Cx 186/Dc 011.

[391] Instituto Histórico de Pitangui, Arquivo Histórico de Pitangui – Seção colonial, Série – Ações cíveis. Subsérie: Ação de alma. Autor: Manoel Pinto Batista. Ré: Ana Maria de Jesus, preta forra. 1751, Cx 186/Dc 010.

completa execução".[392] Diferente de Ana Maria, Joana recebeu o despacho e compareceu na audiência para confessar, jurar a dívida e pediu 10 dias para pagamento do valor, que totalizava 21$521 réis.

Outro caso de dívida relativa à compra de comestivos resultando em petição foi o de Luís de Souza Barreto e José Coelho. José, juntamente com sua mulher, Perpétua Rodrigues Nogueira, ambos escravos de Maurícia Gonçalves Fiuza, preta forra Mina, foram chamados ao juízo no ano de 1770 para pagamento do valor de 33 oitavas ¼ e 6 vinténs de ouro, procedidos de comestivos de todos os gêneros comprados na venda do suplicante. O autor pediu a Manoel Ferreira da Silva que o representasse juridicamente e o réu foi representado por sua dona, que posteriormente elegeu João Alberto da Mota como advogado.

Em quatro de maio do mesmo ano, os suplicados receberam o pedido de comparecimento em audiência para jurarem a dívida. Passados quatro dias, Maurícia Gonçalves compareceu ao tribunal junto a Perpétua, sem José Coelho, e nomeou outro advogado para os representar, José Gonçalves Paredes. As duas disseram ao juiz que estavam prontas para declarar a verdade, realizar juramentos e responder às perguntas que fossem feitas. Ao presenciar tal fato, o procurador de Luís Barreto disse que havia perguntas direcionadas somente a José e que somente ele poderia respondê-las, portanto, a sua presença era fundamental. O juiz acatou o pedido do autor e enviou outro despacho a José Coelho para comparecimento em audiência. Como resposta, Maurícia apresentou-se no tribunal no lugar de seu cativo novamente e ressaltou que por ser dona dele tinha o direito de representá-lo; assim o faria e, por fim, pediu a nulidade da ação. Passaram-se os dias e o advogado do suplicante retornou à câmara para dizer que seu cliente pedia a conclusão da demanda e o pagamento das custas desta.[393]

Além de participar como tutora de seu escravo na petição acima, Maurícia Gonçalves envolveu-se em mais duas ações iniciadas na vila. Na primeira, um libelo cível iniciado em 1753 contra Lourenço Pereira de Barros, ela almejava a quitação do valor relativo a uma escrava. Como o réu não lhe pagava, pediu à justiça por meio de seu advogado a restituição da cativa ao seu poder. No fim, Maurícia desistiu de continuar com a demanda

---

[392] Instituto Histórico de Pitangui, Arquivo Histórico de Pitangui – Seção colonial, Série – Ações cíveis. Subsérie: Ação de alma. Autor: José de Vasconcelos. Ré: Joana Dias, preta forra. 1753. Cx 186/ Dc 071.

[393] Instituto Histórico de Pitangui, Arquivo Histórico de Pitangui – Seção colonial, Série – Ações cíveis. Subsérie: Ação de alma. Autor: Luis de Souza Barreto. Réus: José Coelho e Perpétua Rodrigues Nogueira – escravos. 1770, Cx 188 Dc 088.

e disse que negociaria com o réu por meios extrajudiciais.[394] Na segunda ação, outro libelo cível, datado no ano de 1769, Maurícia estava na condição de ré em razão de uma dívida contraída com João Antônio da Silva. O valor pedido pelo autor não foi citado e Maurícia ressaltou ao juiz que estava sendo cobrada por algo que não devia, alvo de vingança por parte do suplicante. Deste modo, a solicitação de anulação da petição foi feita por ela e concedida pelo juiz, sendo o autor obrigado a pagar os gastos da ação.[395]

Ao analisar as petições acima, juntamente com os dados encontrados em minha pesquisa de mestrado nos testamentos e inventários *post mortem*, pude concluir que Maurícia Gonçalves foi uma liberta com destaque social e econômico na vila de Pitangui. Social, porque estabeleceu relações com pessoas de diferentes estamentos: alferes, padres, advogados, escravos e outros forros e participou de irmandades leigas. E econômico devido ao poder aquisitivo possuído ao longo de sua trajetória, chegando ao fim da vida no ano de 1797 idosa, solteira, com uma casa ampla em uma das principais ruas da vila de Pitangui, vários móveis, vestuário, 13 escravos e créditos a serem recebidos de seus devedores.[396] Diante dessas evidências, é provável que esse destaque tenha contribuído para os desenlaces favoráveis à Maurícia nas petições que se envolvera

Além das ações mencionadas envolvendo a compra de mantimentos por parte dos libertos, houve também o endividamento resultante do consumo de aguardente da terra. Luiza Pinto, preta forra, esteve na condição de ré duas vezes por este motivo: no ano de 1759 e em 1763. Na primeira demanda, o autor foi Manoel Gonçalves Reguengo, pessoa a quem devia 05 oitavas e dois vinténs de ouro; na segunda, o valor cobrado era de 7 oitavas e meia de ouro, que deveria ser paga a Domingos de Souza Azevedo. Nas duas petições, Luiza não compareceu em juízo e fora condenada às custas das ações e aos valores solicitados pelos adversários.[397]

Curiosamente, a produção de aguardente foi motivo de grande levante ocorrido Pitangui em 1720, em razão do estanco que o brigadeiro João Lobo de Macedo queria impor sobre a vila. Liderada por Domingos Rodrigues do Prado,

---

[394] Instituto Histórico de Pitangui, Arquivo Histórico de Pitangui – Seção colonial, Série – Ações cíveis. Subsérie: Ação de alma. Autora: Maurícia Gonçalves. Réu: Lourenço Pereira de Barros. 1753, CX 125/009.

[395] Instituto Histórico de Pitangui, Arquivo Histórico de Pitangui – Seção colonial, Série – Ações cíveis. Subsérie: Ação de alma. Autor: João Antonio da Silva. Ré: Maurícia Gonçalves. 1769, Cx 125/001.

[396] MIRANDA, Ana Caroline Carvalho. **Sociabilidades e relações econômicas**...p.

[397] Instituto Histórico de Pitangui, Arquivo Histórico de Pitangui – Seção colonial, Série – Ações cíveis. Subsérie: Ação de alma. Autor: Manoel Gonçalves Reguengo. Ré: Luiza Pinto. 1759, CX 187/018; Autor: Domingos de Souza Azevedo. Ré: Luiza Pinto. 1763, Cx 137/Dc 070.

a população amotinou-se e afugentou o representante régio sob juramento de morte. Para lidar com a situação, Conde de Assumar enviou o ouvidor de Sabará junto a mais de 500 militares da Companhia Soldados Dragões para a localidade, onde travaram longa batalha. Após várias mortes, os pitanguienses foram vencidos, uma devassa fora instituída para avaliar a situação e o contrato que limitaria a oferta de aguardente da terra fora estabelecido.[398]

A questão da aguardente foi novamente tema de outros problemas enfrentados na vila durante o século XVIII. O padre Veríssimo de Souza Rocha, por exemplo, fora acusado pela ouvidoria em 1755 por coordenar a construção de um engenho na paragem São Joanico, arraial do Termo. Tal acusação provinha da Lei de 1715 que proibia o levantamento de novos engenhos sem licença régia.[399]

Valquíria Ferreira da Silva, ao pesquisar o consumo de aguardente em Minas Gerais durante o século XVIII, concluiu que *aguardente* e *cachaça* não possuíam a mesma conotação para o período. A cachaça incorporava um sentido pejorativo, sendo associada ao vício, ao que não era decoroso, e era consumida por pessoas pobres, escravos e libertos. Já *a aguardente da terra*, ou *aguardente do reino* era uma bebida mais fina, destinada ao consumo dos brancos da elite e segmentos mais elevados, além de ser consumida como aperitivo, era utilizada como panaceia curativa, receitada por médicos, boticários, cirurgiões e manipulada em medicamentos. Silva também ressalta que tais bebidas eram consumidas pelos diversos estamentos que compunham a sociedade na América Portuguesa e em Portugal, mas os grupos mais condenados pela ingestão e pela venda eram os que viviam ou vivenciaram o cativeiro, associados à embriaguez e à toda ordem de problemas sociais.[400]

Em 1771, dois sócios mineradores pediram à justiça o embargo de uma venda possuída por um crioulo forro, localizada no Morro do Batatal, com a justificativa de que aquele era um local de "acobertar negros fugidos e de incentivo da embriaguez"[401]. Roberto Alves de Araújo e Dona

---

[398] VASCONCELOS, Diogo de. **História antiga das Minas Gerais.** Rio de Janeiro: Imprensa Oficial, 1948, v.2. p. 256-258.

[399] MILAGRE, Marcela Soares. **Entre a bolsa e o púlpito: eclesiásticos e homens do século nas Minas de Pitangui (1745-1793)**. 2011. Dissertação (Mestrado em História) – Universidade Federal de São João Del Rei, São João Del Rei, Minas Gerais, 2011.

[400] SILVA, Valquíria Ferreira da. **De cabeça de porco à bebida de negro: um estudo sobre a produção e o consumo da aguardente nas Minas Gerais no século XVIII.** 2015. Dissertação (Mestrado em História) – Universidade Federal de Minas Gerais, Belo Horizonte, Minas Gerais, 2015.

[401] Instituto Histórico de Pitangui, Arquivo Histórico de Pitangui – Seção colonial, Série – Ações cíveis. Subsérie: Ação de embargo. Autores: Roberto Alves de Araújo e Dona Maria Teresa Joaquina. Réu: Eusébio Monteiro – crioulo forro. 1771, CX 240/027.

Maria Teresa Joaquina, com o auxílio do advogado João Alberto da Mota, iniciaram a petição no fim de setembro solicitando que a loja de Eusébio fosse autuada e proibida de funcionar porque era ilegal, não pagava foros e não possuía licença da câmara. Após receber a intimação, o liberto fez-se presente em juízo e pediu o registro de sua venda para livre atividade. O pedido foi aceito pelos oficiais camarários no dia 4 de outubro e a taberna foi registrada no livro de posturas para futuras fiscalizações e pagamento dos impostos.

Não satisfeitos com a permissão de funcionamento cedida a Eusébio, os suplicantes pediram a continuação da ação por meio de *vista* e citaram vários artigos para o embargo proceder-se. No primeiro artigo, o advogado salientou que seus clientes eram senhores e possuidores de terras minerais no Morro do Batatal e arrabalde da vila, onde operavam com grande número de escravos. Por esta razão, nestes locais não poderia haver a ereção de uma taberna, pois o ambiente de trabalho não devia se misturar com bebidas. Portanto, o juiz deveria substituir a licença de funcionamento pelo documento de embargo e proibição da venda.[402]

Passou-se o período de dois meses e o estabelecimento de Eusébio ainda se mantinha ativo, funcionando conforme o exigido pela justiça, mas desagradando os autores da demanda. Em dezembro, mais uma vez, o procurador dos mineradores pedira revisão do processo para o embargo efetuar-se e citaram mais uma pessoa envolvida: Sebastião Sutil de Oliveira, preto forro, sócio de Eusébio na venda. O último também foi acionado pela justiça para comparecer em audiência e falar sobre as atividades que desempenhavam na taberna. Sebastião ressaltou que o local era de trabalho e que não prejudicavam ninguém, além disso, possuíam registro na câmara, fato que regulamentava o funcionamento.

Em contraposição aos réus, João Alberto da Mota elencou vários motivos para a nulidade da permissão cedida aos suplicados e embargo da taberna, dentre eles:

> 1- Porque as tabernas que funcionam ao pé das lavras são muito prejudiciais aos senhores destas, por se divertirem os escravos, acharem embriagados e em este detrimento sentem com mais vigor os embargados por também trazerem alguns de seus escravos, faiscando naquele morro. E permitiu fossem tabernas naquela paragem em que toda ocasião [...] negros fogem para o mato.

---

[402] *Idem*, p. 5-6.

> 2- E outros mineradores empregam grande número de escravos minerando no Morro do Batatal, sentindo-se lesados.
> 3- Porque o embargado Eusébio Monteiro é um crioulo capaz de congraçar-se com os negros fugitivos que sempre procuram ter semelhantes casas para lhe servir de couto, e para nelas buscarem mantimentos e asilos dos assaltos de que se tomem. E com mais razão ali o hão de fazer profícuos aquela paragem junto à mesma, a donde de ordinário se ocultam negros fugitivos.
> 4- Porque os embargantes são de muita verdade e continuava inimigos do réu até o pleito, são justos e incapazes de alegar o exposto se assim não fora.
> 5 - Portanto, diante dos termos referidos, se deve declarar por envigoradas as licenças.[403]

Após as alegações do advogado não houve conclusão do processo, apenas em março de 1772 ele seria retomado e um despacho foi enviado aos réus para comparecerem novamente em audiência. Como não se fizeram presentes e diante do que fora analisado pelo novo juiz ordinário, em maio foi decretada a conclusão e sentença do processo, na qual os réus foram impedidos de continuar com as atividades da taberna. A justificativa dada pelo juiz baseava-se na premissa de que os próprios donos da venda incentivavam os negros que mineravam a sabotar o trabalho, a beberem e a fugirem, dando muito prejuízo aos senhores mineradores.

Importante ressaltar que os réus em momento algum da demanda tiveram auxílio de advogado, representando-se a si mesmos diante do tribunal e rivais. Diante da leitura do processo, entendo que, graças à legitimidade da licença de funcionamento da venda, os libertos não viram necessidade de justificarem-se novamente diante das acusações que recebiam. Como a cada ano os juízes ordinários eram trocados, possivelmente o que entrou no próximo ano, influenciado pelos suplicantes, atendeu ao embargo. Já mencionado nos capítulos anteriores, poderia haver jogos de força extrajudiciais muito maiores do que o que é expressado e contido nas ações. E pensando nesta petição em específico, os alforriados não possuíam nenhuma rede de apoio para sustentar os seus argumentos e para os auxiliar diante de seus acusadores e oficiais de justiça. Nota-se, neste caso, unicamente a proximidade dos réus com pessoas do mesmo segmento social e com escravos.

Além de ser sócio de uma taberna no principal centro minerador da vila de Pitangui, Eusébio eventualmente estabeleceu laços socioeconômicos com Marcelino Sutil, crioulo forro morador em Onça, parente

---
[403] *Ibidem*, p. 10-13.

de Sebastião Sutil. A partir de outras ações de alma e de crédito, notei a cobrança de valores relativos à venda de toucinho, escravos, vacas, cavalos e empréstimos feitos por ambos a outras pessoas. Também encontrei os três libertos respondendo a petições relacionadas a créditos não quitados. De modo que os três mantiveram comércios e negócios na vila e em arraiais do Termo, cedendo e contraindo crédito, relacionando-se principalmente com pessoas do mesmo estamento.

Em sua pesquisa, Valkíria da Silva também encontrou menção às lojas de libertos associadas a locais degenerados e deturpadores morais. Em São Bartolomeu (MG), alguns moradores insatisfeitos com o escrivão de vintena da localidade descreveram-no como "bebedor de cachaça", "metido nas tabernas com os negros e negras".[404] Consumidores e comerciantes da bebida eram vistos como desclassificados e possivelmente associados a problemas sociais. No caso de Pitangui, esta era a principal argumentação utilizada pelos suplicantes no pedido de embargo da taberna dos libertos, e mesmo não havendo evidências e testemunhas que corroborassem com tal premissa, os réus saíram perdedores da causa.

Além da cachaça, a carne de porco – amplamente consumida também pelo restante da população de Pitangui –, foi outro item causador de dívidas por parte dos libertos, a julgar pelas petições realizadas na vila. Bernardino Simões, pardo forro, no ano 1763 fora chamado a juízo por Joaquim dos Santos devido a uma dívida de 5 oitavas de ouro, procedidas de toucinho e miudezas compradas em sua loja. Como lhe "pedia várias vezes e não lhe pagava, queria citá-lo para vir pessoalmente em audiência ou um procurador para o juramento sobre os Santos Evangelhos". O réu assumiu diante do juiz que realmente era devedor e que esta carne era para o seu sustento e de sua família, assumindo que deveria ser condenado.[405] Além dele, outros manumitidos foram sentenciados pela dívida de carne e couro de animais na vila de Pitangui durante o século XVIII.

Os itens de primeira necessidade expostos acima, utilizados na dieta da população de Pitangui e de seu termo, também foram encontrados nas petições analisadas por Marcela Milagre e Faber Clayton Barbosa. Além dos libertos, os demais indivíduos daquela sociedade também mantiveram dívidas relativas à produtos alimentícios e parte das vezes não cumpriam

---

[404] SILVA, Valquíria Ferreira da. *Idem*, p. 164-165.
[405] Instituto Histórico de Pitangui, Arquivo Histórico de Pitangui – Seção colonial, Série – Ações cíveis. Subsérie: Ação de alma. Autor: Joaquim dos Santos. Réu: Bernardino Simões, pardo forro. 1763, Cx 187/Dc 071.

com o pagamento de seus credores, mesmo após a condenação nas ações.[406] Portanto, os alforriados não foram os únicos devedores chamados ao tribunal, pelo contrário, eles inseriam-se nesta lógica clientelar própria do Antigo Regime e a reproduziam.

O fato de as demandas cíveis gravitarem, em sua maioria, em torno da questão do endividamento em razão da compra de gêneros alimentícios sugere que a compra destes itens em Pitangui era feita geralmente a prazo ou, como conhecemos, vendas a fiado. Demonstra, igualmente, que uma de suas maiores preocupações era relativa à alimentação de si e de seus familiares. Como os preços dos alimentos eram relativamente baixos se comparados aos outros itens de uso do dia a dia como roupas, calçados e móveis, eram comum as compras serem registradas em bilhetes e pagas posteriormente quando vendedor e comprador acordavam.[407]

A cobrança de juros também ocorria, mas havia a necessidade de apresentação de algum bem a ser penhorado ou a eleição de um fiador como garantia. Para Raphael Santos:

> A regularidade com que a população usava essa prática creditícia derivava, portanto, da facilidade de sua difusão – já que era lastreada, essencialmente, na confiança de uma posterior solvência. Além disso, sua ampla utilização pode ser explicada pela relativa escassez de dinheiro sonante no mercado, dos inconvenientes do uso do ouro em pó como meio circulante e, sobretudo, devido à sazonalidade e as incertezas da produção agrícola e mineral.[408]

A confiabilidade do vendedor ou de quem cedia o crédito em receber a dívida também era sustentada nos possíveis constrangimentos sociais que poderiam pesar sobre os devedores, como penhoras e prisões. Apesar de as prisões por este motivo serem raras, em 27 de dezembro de 1749, Miguel de Souza Ferreira, morador de Onça, acionou os oficiais de justiça para iniciar uma petição e solicitar a reclusão de Ana Maria de Souza, mulher parda. Além de pedir o embargo da ré, solicitou ao juiz de vintena que ela fosse obrigada a nomear um novo fiador para realização da quitação do crédito. No mesmo dia a liberta foi presa, entregue ao carcereiro da cadeia da vila de Pitangui. Em seguida, as testemunhas que sabiam do caso foram ouvidas.

---

[406] MILAGRE, Marcela Soares. *Idem*; BARBOSA, Faber Clayton. *Idem*.

[407] SANTOS, Raphael Freitas. **Devo que pagarei:** sociedade, mercado e práticas creditícias na comarca do rio das Velhas, 1713-1773. 2006. Dissertação (Mestrado em História) – Universidade Federal de Minas Gerais, Minas Gerais, 2006.

[408] SANTOS, Raphael Freitas. **Vendas fiadas e outras práticas creditícias na economia colonial** – Minas Gerais, século XVIII. REVISTA ANGELUS NOVUS – no 4 – dezembro de 2012, p. 7-8.

Francisco Lourenço Cintra, 29 anos, escrivão da vara do alcaide, foi a primeira pessoa interrogada. Disse que sabia por ouvir dizer que "a ré queria se ausentar para as partes de Sabará, ou para onde lhe guiasse o seu destino, fugitivamente". Relatou também que era público e notório que Ana havia comprado um escravo de Miguel por duzentas oitavas de ouro, a pagamentos, "para efeito de com esta adquirir a sua liberdade da mão de seu senhor Domingos da Costa Guimarães", e que tinha como fiador Manoel Tavares Pinto, o qual ao tempo da dita fiança estava com bom crédito e reputação".[409] Por sim, assinalou que, em posse de alguns bens, Manuel ausentou-se fugitivo de Pitangui sem deixar algo em sua casa que pudesse ser usado como fiança à ré.

A segunda testemunha ouvida foi Luiz Ribeiro Santiago, alcaide e morador na vila de Pitangui, de trinta anos de idade pouco mais ou menos. Segundo ele, a ré havia comprado um escravo de Miguel e tinha como principal pagador e fiador Manoel Tavares Pinto, pessoa que colocou suas moradas de casa, vários bens, escravos e uma olaria na fiança. Entretanto, os bens da fiança foram dilapidados e o suplicante não foi pago. E concluiu sua fala dizendo que era de fama pública que a suplicada, "com ânimo deliberado"[410], tentou fugir para Santa Luzia em companhia de Luiz para morar em casas de aluguel que ele possuía.

A terceira testemunha, Manoel de Morais Ferreira, 31 anos, era morador em Lagoa Dourada e assistente em Pitangui, local em que vivia de suas lavouras. Da mesma forma que os depoentes anteriores, destacou que Ana Maria tinha Manoel Tavares como principal fiador e pagador de sua liberdade, mas como ele havia falido, não pôde continuar arcando com o compromisso. Além disso, ainda tentou "fugir com a ré para parte onde não se sabe sem deixar coisa alguma para usar como pagamento"[411] ao autor da ação.

Após a análise das falas das testemunhas, no dia 29 de dezembro, o Capitão João da Rocha Gandavo, juiz ordinário da vila de Pitangui, concluiu e deu sentença à ação. Ana continuaria embargada na prisão e não poderia sair enquanto não quitasse a fiança pedida por Miguel. Dia 30 de dezembro a decisão judicial foi publicada. Ao iniciar o ano de 1750, a ré pediu vista ao

---

[409] Instituto Histórico de Pitangui, Arquivo Histórico de Pitangui – Seção colonial, Série – Ações cíveis. Subsérie: Ação de justificação. Autor: Miguel de Souza Ferreira. Réu: Ana Maria de Sousa - parda. 1749 Cx 240 Dc 005, p. 3/Verso e 4.

[410] Citação direta da fonte, p. 4/Verso.

[411] Idem, p. 5

processo e alegou que queria nomear Domingos Maciel Aranha em Onça e João Ferreira de Macedo em Pitangui como seus representantes jurídicos. No pedido de vista, Ana Maria foi citada como parda forra por João Veloso Ferreira Rabelo, vereador mais velho da câmara de Pitangui, que no momento atuava como juiz ordinário. No início da ação, ela era descrita como cativa pelo juiz do ano anterior.

Outra audiência foi realizada a pedido do advogado da suplicada em dois de janeiro. Nela, ele asseverou ao juiz que Ana Maria não poderia ser mantida em cárcere porque não devia o valor total cobrado pelo autor, visto que já havia quitado várias parcelas; fato que poderia ser comprovado por meio dos recibos que estavam em posse do suplicante. Ademais, requereu à justiça que ela fosse solta imediatamente e que o autor lhe ressarcisse pelas perdas e danos sofridos na prisão e que fosse condenado a pagar o dobro das custas da ação pela malícia e dolo com que se portou.

Em resposta ao procurador da ré, o advogado do autor alegou que seu constituinte não tinha obrigação de juntar os recibos referentes aos pagamentos feitos por ela e quem tinha qualquer obrigação neste momento era ela, pois deveria apresentar novo fiador ou dar custas às próprias dívidas para que saísse da cadeia. Para mediar a situação que ora se apresentava, no dia 10 de janeiro, o juiz definiu que o autor deveria lhe conceder os comprovantes de créditos mencionados pela ré e que ela deveria nomear outro abonador para quitar o restante da dívida ao suplicante.

No dia 22, a própria Ana Maria enviou um pedido de ajuntada ao tribunal. No documento, solicitava ao juiz que exigisse de Miguel a apresentação dos recibos no tribunal, visto que já se passaram dias e ele não o havia feito, o que lhe causava muito prejuízo, pois ainda permanecia privada de liberdade, padecendo sob muitas necessidades e sem os remédios que fazia uso. Requereu, ainda, que seu oponente fosse notificado para nas próximas três horas comparecer à câmara portando os registros de quitação a serem anexados nos autos do processo e, caso não comparecesse, sua liberdade fosse recuperada. Em oposição a ela, o procurador de Miguel reafirmou que ele não tinha a obrigação de mostrar os registros de crédito e que inclusive as testemunhas relataram muito bem o ocorrido, expondo o prejuízo a qual seu cliente vivenciava.

Para tentar solucionar o caso, o procurador da ré, amparado nas Ordenações do Reino, pediu a nulidade da fiança e da prisão a qual ela estava submetida. Argumentou que, de acordo com a jurisdição, para se proceder com a prisão do devedor antes da sentença definitiva o credor deverá provar os seguintes requisitos básicos: a dívida por escritura pública, ou crédito e obrigação, e a dissipação de bens ou fuga para além do território da comarca, o que não ocorreu e podia ser provado a partir da fala das testemunhas do suplicante. Também disse que quando Ana contraiu a dívida e fez o contrato com Miguel, seria para lhe vender um escravo por nome Francisco, de nação Angola, no valor de duzentas oitavas de ouro, cujo pagamento deveria ser completado no tempo de dois anos. Em longa argumentação, destacou o seguinte:

> Artigo 01 - Provará que no momento do contrato era a embargada pobre miserável cativa de Domingos da Costa Guimarães e o embargante abonou e aprovou existindo a embargada na mesma pobreza, o que bem sabia o embargante, e ser de fuga por não ter bens alguns por ser cativa e assim não está obrigada a dar novo fiador nem ficar na prisão com tantas necessidades de alimentos por ser pobre.
> Artigo 02 - Provará que no mesmo tempo do cativeiro a embargada se obrigou e abonou ao licenciado Manoel Tavares Pinto as duzentas oitavas de ouro ao embargante para lhe pagar ao tempo de obrigação da embargada como fiador e principal pagador da dita quantia.
> Artigo 03 - Provará que o embargado recebeu duas oitavas do predito licenciado a conta de duzentas oitavas de ouro o que se prova este artigo com o recibo do embargado que se lhe oferece e porque o dito fiador da embargada começou a pagar ao embargante e recebeu duas oitavas de ouro não tem ação contra a embargada em lhe pedir duzentas oitavas de ouro, sendo menos, e só sim tem ação contra o fiador da embargante por estar na mesma comarca no termo da vila Real de Sabará no Arraial de Santa Luzia onde é o dito fiador o seu domicílio com bens bastantes.
> Artigo 04 - Provará da súplica do embargante a folhas duas ter vexado a embargada na cadeia por duzentas oitavas de ouro, não devendo senão cento e noventa e oito e o fiador era o principal pagador da embargante.[412]

Analisando o primeiro artigo, verifiquei a tentativa do advogado em enfatizar as características sociais e econômicas da ré durante a realização do contrato com o autor da ação: pobre, miserável e cativa, dependente de um abonador para o cumprimento do acordo estabelecido. A partir disso, teceu o seu argumento sobre a justificava da não obrigação de Ana diante

---
[412] Idem, p. 11-13.

de seu cobrador: no momento do contrato ela era escrava e escravos não possuem bens, logo, não poderiam arcar com compromissos econômicos que colocassem bens como seguro. Portanto, a ação poderia ser considerada inválida, digna de anulação e Ana Maria deveria sair da prisão.

Relaciono esta petição a outra que citei no segundo capítulo desta obra, a de Antônio da Rocha, preto forro, também morador de Onça, iniciada em 1753, quatro anos após o caso de Ana Maria. Na demanda de Antônio, que igualmente estava na condição de réu, seu advogado argumentou, baseado nas Ordenações, que o forro não poderia arcar com a dívida cobrada pelo autor da ação porque quando fizeram a transação econômica seu cliente ainda era cativo. Ressaltou que escravos não podiam contratar em razão de não serem reconhecidos como pessoas jurídicas e, quando o fizessem, tal ato não resultaria em qualquer obrigação civil.

Diante disso, mais uma vez é demonstrado na prática como a legislação sobre os escravos poderia ser utilizada a favor deles próprios e dos alforriados, diante da interpretação das leis e de seus usos no tribunal. De modo semelhante, torna-se evidente como o cotidiano setecentista em Pitangui era contingente e maleável, pois mesmo que as Ordenações determinassem que escravos não poderiam contratar, eles assim mesmo o faziam. Entretanto, cabe destacar que, apesar de tanto o caso de Antônio quanto o de Ana Maria tratarem de transações econômicas realizadas por escravos, o objeto de compra não era o mesmo: o primeiro havia adquirido um cavalo, a segunda um cativo.

Na historiografia sobre o período colonial brasileiro há pouca menção sobre o fato de cativos adquirirem cativos, apesar de essa prática possivelmente ter sido algo recorrente, visto que a escravidão entrelaçava todas as relações e era a base da sociedade e economia à época. Andréa Lisly Gonçalves e Fernanda Domingos Ribeiro, ao analisarem o cotidiano de escravos e libertos em Minas Gerais setecentista e oitocentista, verificaram casos em que um cativo dava outro ao patrono para pagamento da própria alforria.[413] Estas situações, somadas ao caso de Ana Maria, lançam luz sobre o passado escravista no que tange à autonomia dos cativos negociarem a própria liberdade. E no caso da cativa de Pitangui, seu advogado ainda utilizou desta situação como justificativa para a não validação da cobrança

---

[413] GONÇALVES, Andréa Lisly. **As margens da liberdade:** estudo sobre a prática de alforrias em Minas colonial e provincial. Belo Horizonte: Fino Traço, 2011, p. 253-254. PINHEIRO, Fernanda Domingos. **Libertos, coartados e livres de cor no tribunais do Antigo Regime Português** (Mariana e Lisboa, 1720 a 1819). Belo Horizonte: Fino Trato, 2018, p. 55-56.

da dívida contraída para com o autor da ação, salientando que escravos não poderiam negociar, e quando o fizessem o trato deveria ser invalidado perante a lei. Desta forma, além da discussão acerca das diversas facetas para se chegar à liberdade, há também, na prática, o debate sobre a permissão de escravos realizarem transações econômicas e de colocarem-se como fiadores/abonadores.

A estratégia utilizada pelo procurador de Ana Maria de fato funcionou, visto que recebeu a liberdade após Miguel – que era dono do escravo que havia acabado de comprar –, ter passado o mesmo escravo ao seu antigo dono. Entretanto, a única coisa que ela não esperava era que o fiador escolhido para a quitação de sua dívida junto ao suplicante não cumprisse com os pagamentos, desencadeando o processo que ora respondia. O que mais incomodava ao autor, então, era o não recebimento dos valores e não o fato de que ela, sendo escrava, realizasse tratos mercantis. Lembrando que, no momento da ação, Ana já não era mais cativa, mas liberta. E o que de fato tornou-se o cerne da ação não foi a manobra que ela fez para chegar à liberdade, mas a dívida que ainda perdurava com o autor.

À luz da teoria luhmanniana, estes dois casos podem ser entendidos como *irritações* do *ambiente* ao sistema jurídico, visto a interferência do social no Direito vigente. O *ambiente*, por sua vez, auxilia o *sistema* a que recorre a partir da inclusão de demandas, promovendo o dinamismo e a autopoiese do próprio sistema do Direito.[414] Dentro disso, os libertos, auxiliados por seus advogados, eram amparados na linguagem normativa e inseridos na lógica de funcionamento do sistema jurídico, expondo reivindicações e necessidades, percebendo nele o meio para requisição e manutenção de seus direitos.

A abertura do sistema nestes casos que ora citei ocorria a partir das perspectivas descortinadas pelos problemas trazidos até ele. Os libertos foram chamados ao tribunal para responderem pelos tratos mercantis realizados no passado, comuns entre os indivíduos e possíveis dentro da lei, mas no momento do contrato gozavam da condição de cativos, *status* social não permitido nas transações econômicas. Desta forma, os advogados utilizaram da própria legislação escravista para incorporar as solicitações dos alforriados e provar que não queriam ir de encontro com a lei, mas ao seu encontro, assinalando que se eram proibidos de realizar os contratos enquanto escravos, tais tratos deveriam ser desconsiderados e a ação anulada. Diante disso, a dinâmica e a autopoiese do sistema jurídico eram mantidas, bem como o *status quo*.

---

[414] LUHMANN, Niklas. O direito da sociedade, p. 369-373.

Retomando os demais artigos utilizados durante a argumentação de defesa feita pelo procurador de Ana Maria, é notório que a requisição de liberdade da ré é igualmente baseada na afirmação de que ela já havia pagado parte da dívida e nomeado um fiador, portanto, a sua prisão seria injusta. Além disso, foi ressaltado pelo advogado que o responsável pelo restante do pagamento ainda não realizado era Manoel Tavares, e este sim deveria estar respondendo à ação, não ela.

A argumentação de Domingos Maciel Aranha não terminou no artigo quarto. Nos dois posteriores, apontou ao juiz que a suplicada comprou um escravo do suplicante por 200 oitavas de ouro e que ele deveria passar o cativo a Domingos da Costa Guimarães, dono da ré, como pagamento da alforria dela. Como fiador e abonador junto a Miguel, Ana nomeou Manoel Tavares Pinto. A partir disso, Miguel estabeleceu dois contratos: o primeiro com a ré, o segundo com o dono dela. Ao ex-senhor da parda o autor entregou o escravo e recebeu em troca 200 oitavas de ouro. Dela, o suplicante recebeu parte do pagamento do cativo, primeiro motivo e que por si só já bastava para que ela não fosse mantida em cárcere.

O segundo motivo, e que para o procurador da ré era o mais alarmante, consistia no fato dela ter sido presa sem ser ouvida em audiência, privada da oportunidade de apresentar testemunhas a seu favor e isso por si só seria suficiente para o pedido de anulação da ação, de acordo com o advogado. E concluiu a sua fala frisando ao juiz que ela deveria ser colocada em liberdade imediatamente e pedindo que o suplicante fosse condenado a pagar à ré os danos que sofreu e as custas da ação, "pelas vias que o direito permitir, o que assim se esperava com justiça".[415] Por fim, apresentou os recibos relativos aos pagamentos realizados pela suplicada ao suplicante e o comprovante de recebimento das 200 oitavas do escravo vendido por Miguel a Domingos.

Em 18 de fevereiro, Miguel e seu advogado solicitaram a desistência e término da petição, assumindo os custos totais gastos até o momento em sua feitura. Entretanto, tal pedido não foi aceito por Ana Maria, que no dia 23, auxiliada por seu advogado, enviou ao juiz um pedido de vista alegando que a desistência por parte do autor a oneraria, que não havia sido ouvida para posicionar-se sobre a anulação e fim da ação, por isso desejaria seguir com o processo. Na *vista*, Domingos Maciel Aranha protestou sobre a desistência, asseverando que era conveniente para o suplicante requerer

---
[415] *Idem*, p. 13 e 13v.

o não prosseguimento da ação por não querer apresentar os comprovantes de pagamento realizados pela suplicada e o contrato estabelecido com o fiador Manoel Tavares Pinto. Solicita, por fim, o seguimento da petição e a saída de sua cliente da prisão devido ao padecimento, vexame e exposição a todo gênero de malefício à sua saúde.

Baseado nas Ordenações, o advogado do autor apresentou ao juiz a justificativa de que qualquer pessoa poderia pedir a desistência em uma petição e completou o argumento dizendo que daí por diante seu cliente não tinha mais o interesse de arcar com o pagamento das custas da ação. Em nove de março, o juiz acatou o pedido do procurador e concluiu a ação, julgando a desistência válida baseada na Doutrina dos Doutores e determinou que o suplicante pagasse as custas dos autos até a página 22 verso e a suplicada arcaria com o pagamento da página 23 em diante. Além disso, a ré continuaria presa até a total quitação a Miguel por parte de seu fiador.

Desfavorecida, Ana Maria fez-se presente em audiência no dia 20 de março e pediu ao juiz ordinário de Pitangui a apelação e agravo da sentença ao ouvidor da comarca. No dia 14 de abril, o suplicante foi citado para comparecimento no tribunal em Sabará, mas não compareceu quem o representasse judicialmente. Como o agravo não propiciou o desfecho rápido do caso, a ré, pelo seu advogado, enviou uma súplica ao rei pedindo ajuda na resolução da ação e saída da prisão.

Domingos Aranha relatou ao monarca todas as fases do processo até o momento e manteve o seu argumento de que Ana não poderia ser responsabilizada pela transação econômica porque era cativa quando a fizera, desta forma, não teria também a obrigação de nomear um fiador e a ação deveria ser anulada e Ana posta em liberdade. Destacou veementemente que tal situação prejudicava muito a sua cliente, pois era vexada e padecia de muitas necessidades no cárcere. Da mesma forma, disse que o suplicante era muito esperto, pois além de receber as 200 oitavas pela venda do escravo comprado por Ana a Domingos, recebeu parte do pagamento do mesmo escravo feito por ela a ele, de modo que recebia duplamente por um escravo. E concluiu pedindo a soltura da ré e que o autor fosse condenado ao pagamento das ações e dos danos morais que ela havia sofrido até momento.

A ação da ouvidoria ficou parada durante sete meses e não consegui saber se houve resposta do rei. Em outubro, o ouvidor de Sabará finalizou o agravo, sentenciou Miguel ao pagamento de todas as custas nas duas instâncias e ordenou a soltura imediata da ré. O advogado do suplicante apelou da sentença, mas não há prosseguimento do caso na mesma petição e não encontrei mais menção sobre o caso nos anos posteriores. A partir deste caso, notei como a ação do advogado da ré foi essencial para a "sua justiça e direito", como este asseverou diversas vezes durante a petição. Por meio do conhecimento jurídico sobre o que se aplicava e não se aplicava à população cativa e liberta, o procurador embasou sua argumentação frente aos tribunais e conseguiu, pela própria lei, fazer a defesa de Ana. No fim do processo há o seguinte comentário do escrivão: "o autor teve que pagar os danos causados à ré, segundo os sólidos fundamentos de direito, pois havia sido inibida de poder usar do remédio que implorava".[416]

Por meio do caso de Ana, torna-se evidente, igualmente, os diversos caminhos que os cativos utilizaram para adquirem a liberdade e a manterem. Uma vez cedida a carta de alforria, integralmente paga pelo abonador ao antigo senhor, o indivíduo, para a justiça, seria considerado liberto e a dívida já não mais seria pela manumissão, uma vez que já havia sido quitada. Em outras palavras, esta dívida era encarada apenas como um crédito não pago e que não tinha o poder de anular o ato da manumissão.

Neste sentido, defendo que o uso dos protocolos e normas do sistema jurídico foram feitos para abarcar a demanda individual trazida pelo *ambiente* e manutenção da autopoiese do sistema jurídico. Assim, as comunicações trazidas pelo ambiente, transformadas em ações cíveis, exprimiam apresentavam aos tribunais o tema das legislações para abarcá-las e como estas legislações poderiam ser aplicadas nas decisões. Para Luhmann a argumentação jurídica é uma operação do próprio sistema do Direito, baseada na recursividade, e se dá por meio da redundância e do uso da lógica, tendo como objetivo final a correção do problema trazido ao tribunal e redução da contingência.[417]

Isto posto, torna-se evidente que a ação dos advogados era de suma importância para a mediação entre os sujeitos leigos e o ambiente legal, para a interpretação das leis e para a manutenção do próprio sistema jurídico. De modo semelhante, os procuradores legais podem ser entendidos como aqueles que transformam a linguagem cotidiana em linguagem jurídica e que podem usar da mesma nomenclatura para justificar as ações dos indivíduos e também proteger seus próprios interesses. Frente ao juiz, o papel destes oficiais resume-se a impedir a "injustiça" e os "desvios" em relação às normas, fundamentados nas mesmas normas, para contribuírem, desta forma, para a estabilidade e autopoiese do sistema.

---

[416] *Idem*, p. 30.
[417] LUHMANN, Niklas. **O direito da sociedade...** p. 471, 488 e 500.

Apesar de toda a tecnicização do aparato jurídico, de seus protocolos e suas leis, os advogados, oficiais que nele trabalham e demais pessoas que a ele acessavam eram compostos de subjetividades e moralidade. Luhmann destaca que:

> [...] o código legal/ilegal possui um lado muito humano, pois a maioria dos que estão em posse do direito quer continuar estando – não basta que lhes confirme estarem em seu direito. Também gostariam que seus adversários não estivessem de posse do direito; e com frequência é difícil dizer o que aqui seja o motivo primário. Mediante o simples (e mesmo técnico) acoplamento de valor e não valor, o código permite que isso se dê quase automaticamente e que não seja o caso de se expor de maneira especial como alguém que está interessado sobretudo em que seu oponente esteja comprovadamente em situação de não direito.[418]

A tentativa de provar o não direito dos oponentes nas demandas é algo evidente e natural dentro do sistema jurídico, como menciona o autor. Entretanto, para que isso ocorra faz-se necessário o conhecimento prévio acerca da legislação e do aparato jurídico a que se recorre, ou possuir um advogado que o possua. Além do caso de Ana Maria, outros libertos em Pitangui foram chamados ao tribunal para serem responsabilizados por dívidas relativas ao pagamento de suas liberdades e de outrem e, com a ajuda de um procurador, conseguiram respondê-las e acertarem-se com a justiça.

No ano de 1784, em Onça, Quitéria Ferreira da Silva, crioula, foi acusada de dever ao Guarda-mor Jerônimo Antônio Rabelo o valor de sua liberdade. Na ação de crédito é citado que Quitéria era casada com o escravo José Matheus e que eram propriedade de Manuel Ferreira da Silva, advogado atuante em vários processos durante a segunda metade do século XVIII, em Pitangui. De acordo com Manuel, ele e Jerônimo estabeleceram um contrato que consistia na troca de Quitéria por um moleque chamado Antônio, de nação Benguela, no início do ano de 1775. Ao apresentar-se em audiência, ela relatou ao juiz que possuía uma dívida para com o suplicante da ação no valor de 150 oitavas de ouro, procedidas de sua alforria negociada no mesmo ano. Também destacou o seguinte:

> [...] devo 150 oitavas de ouro procedidas do preço de minha liberdade para o que deu o dito senhor por mim um moleque por nome Antonio ao Senhor Doutor Manoel Ferreira da

---

[418] LUHMANN, *Idem*, p. 244.

> Silva meu legítimo senhor que foi havendo a mim a si pelo dito moleque para eu lhe poder pagar as ditas 150 oitavas em que nos ajustamos por tempo de três anos em três pagamentos iguais e não lhe satisfazendo os ditos pagamentos no fim de cada ano que hão de principiar da data deste ficarei sua cativa como de antes era do dito Senhor Doutor sem mais dúvida ou contradição alguma e para clareza deste trato lhe passei este por mim somente assinado. Vila de Pitangui, aos 10 de janeiro de 1775 e declaro que me assinei com uma cruz por não saber escrever, dia e era supra.
> Eu que este escrevi a rogo da sobredita – Manoel Ferreira da Silva.[419]

Diante da fala de Quitéria, fica demonstrado que a dívida outrora firmada era para o *ajustamento* de sua liberdade e que o moleque passado por Jerônimo a Manuel era para ressarci-lo do desfalque que teria pela falta da escrava. O trato foi escrito, legitimado e assinado pelo antigo senhor da cativa, em seguida ela foi para casa de Jerônimo e começou a quitação das parcelas de sua manumissão. Mas como não cumpriu com os valores acordados no contrato, pagando menos a cada ano, Jerônimo iniciou a ação contra ela para receber como fora combinado. Após comparecimento na audiência, Quitéria estabeleceu novo trato, pagando ao suplicante duas parcelas em cada ano até a quitação do valor integral tornando-se forra no ano de 1791.

Este caso, somado ao de Ana Maria, ilustra que o fato de adquirir um fiador ou abonador para pagamento da própria liberdade foi uma das estratégias utilizadas por certos escravos na vila de Pitangui para deixarem o cativeiro. Diferente de Ana, Quitéria tinha sido trocada por outro escravo e não havia recebido a carta de alforria de imediato, tendo que pagar por ela. Entretanto, demonstra como estas ideias poderiam estar em constante propagação na sociedade e motivar postura semelhante por parte de outros escravizados. Portanto, exemplifica a circulação das ideias ocorrida entre pessoas deste segmento social, atestada por meio das comunicações endereçadas ao sistema jurídico.

Além das dívidas relacionadas à compra da própria liberdade ou pagamento de fiadores que arcariam com ela junto aos antigos donos, os libertos de Pitangui contraíram débitos relacionados a escravos adquiridos e não pagos. Manoel Francisco Rodrigues, preto forro natural de Angola, respondeu

---

[419] Instituto Histórico de Pitangui, Arquivo Histórico de Pitangui – Seção colonial, Série – Ações cíveis. Subsérie: ações de crédito. Autor: Jerônimo Antônio Rebelo. Ré: Quitéria Ferreira da Silva – crioula. 1784, Cx 222/002, p. 3.

a uma ação de crédito relativa à dívida de um cativo, cujo autor era Ignácio Antônio Ferreira. Em oito de agosto de 1767, o suplicante requisitou ao juiz de vintena de Onça que o réu fosse citado e condenado ao valor de 200 mil réis, apresentando como prova da transação o registro de crédito feito em oito de maio de 1758, ou seja, há quase 10 anos Manoel lhe devia. Como procuradores, Ignácio nomeou João Alberto da Mota e Antônio Lopes de Faria.[420]

Em 11 de agosto, o réu escolheu Bento do Rego Soutomaior para lhe representar juridicamente, que logo pediu vista ao processo para apresentar a defesa. No argumento do advogado constava o pedido de embargo e nulidade da ação, com a justificativa de que Manoel havia pagado o suficiente do que devia ao suplicante e que há anos vivenciava uma série de problemas com o dito escravo. Bento Soutomarior também disse que Ignácio não era o legítimo dono do cativo e que Antônio José Teixeira, a pedido do Capitão Caetano Gonçalves, o vendeu ao réu. Quando o vendeu, Antônio disse a Manoel que o escravo era de bem, sem vícios, apto e pronto para trabalhar. Entretanto, dias após o negócio, passou a ter o hábito de fugir e de não prestar os serviços exigidos, motivo pelo qual o suplicado desejou muitas vezes desfazer o trato com o vendedor, mas sem sucesso. Antônio Teixeira justificou que não poderia arcar com o prejuízo causado a Manoel porque havia passado o contrato de compra e venda ao Capitão Caetano José.

O advogado de defesa também relatou que o cativo fugiu algumas vezes para Itatiaia, local de morada do antigo senhor e que seu cliente já havia pagado 150 mil réis e não pagaria mais, visto que um escravo fujão não valia os 200 mil réis. Salientou também que o hábito de fuga era comum quando estava na presença do vendedor e que seu cliente só tinha prejuízo com o escravo, pois por cinco vezes tinha sido apanhado e trazido por capitão do mato à cadeia e para o tirar o réu fazia gastos e despesas. Igualmente, disse que o cativo roubava do réu e induzia os outros cativos a conspirações e fugas, além de não prestar serviço útil ao réu, apenas trazendo-lhe incômodos. Destacou que todos estes motivos eram suficientes para a absolvição do réu e desobrigação do restante do pagamento do crédito, e que ele deveria ser ressarcido pelo vendedor.

Por fim, o procurador do réu relatou que, de acordo com o direito e leis do Reino, as ações de crédito só podem ser estabelecidas entre aquele que fez a escritura de venda e o comprador, e como no caso atual isso não ocorreu, pois Ignácio não fez o contrato e sim Antônio, a ação por si só

---

[420] Instituto Histórico de Pitangui, Arquivo Histórico de Pitangui – Seção colonial, Série – Ações cíveis. Subsérie: ações de crédito. Autor: Ignácio Antonio Ferreira. Réu: Manoel Francisco Rodrigues. 1767 Cx 214 Dc 048, p. 2.

deveria ser invalidada. E concluiu destacando que seu cliente era "homem rústico e ignorante, fácil de se enganar, mas de muita verdade, inimigo de demandas e nunca negou dívida que na verdade devesse." Que se havia alguém que deveria ser condenado, este seria o autor, pois vendeu algo que não exercia a função que prometera e ainda ficou com o dinheiro pago pelo réu, portanto, o autor deveria ser condenado nas custas em dobro.[421]

No dia 18 de agosto foi publicado a sentença que dava a vitória na ação por parte do suplicante. No dia 4 de setembro o representante do suplicado se fez presente novamente na câmara para pedir vista ao processo e embargo da sentença. Dentre as alegações, Bento Soutomaior destacou o título 25 do livro 03 das Ordenações que versa sobre as demandas sobre escrituras públicas. De acordo com a cláusula, se for comprovado o pagamento das dívidas feitas por escritura pública, a demanda deverá ser encerrada e o réu absolvido, caso a quitação não seja comprovada, o réu seria condenado. Como Manoel já havia quitado 150 mil réis pelo cativo, comprovado pelos recibos, e ainda tinha prejuízo com ele, o advogado ressaltou que a ação por si só deveria ser encerrada. Além disso, o procurador utilizou o mesmo título das Ordenações para asseverar novamente que Ignácio não poderia ser autor na ação, em razão dele e o réu não serem contraentes em obrigação, que a obrigação do réu era para com Antônio, o vendedor.

Passaram-se 10 dias e a sentença foi dada a favor do réu. No mesmo dia, o procurador do autor apresentou-se e pediu vista ao processo solicitando a reformulação da sentença. Disse que o réu não poderia usar do fato do escravo ser vicioso para "refugiar-se da dívida" e que há nove anos o mantinha em sua posse sem quitar ao todo o valor ao vendedor. Igualmente, ressaltou que o pedido de anulação da ação não procedia porque, apesar de o autor não ter feito o contrato, o réu consentiu com a transação desde o início. O juiz aceitou a argumentação e publicou nova sentença, desta vez favorável ao autor e o réu deveria pagar ao todo pela ação 12$152 réis. Insatisfeito, em 26 de setembro o advogado do réu pediu apelação e agravo da sentença junto à ouvidoria. Entretanto, esta próxima fase não está incluída no processo, poderá não estar no Arquivo de Sabará ou mesmo não indisponível para consulta no próprio Arquivo de Pitangui.

Além de serem comprados, os cativos poderiam ser alugados. Esta também foi uma das motivações das ações cíveis iniciadas na vila Pitangui durante o setecentos, inclusive tendo como réus os libertos. Ventura de

---

[421] Idem, p. 7-9.

Abreu, preto forro morador em Brumado, foi chamado a juízo para responder a uma ação de crédito no ano de 1760 devido à dívida de 40 oitavas, ¼ e 6 vinténs de ouro procedidos de jornais de três moleques e fazenda seca. João Antônio da Silva, dono de uma loja, era a pessoa a quem o réu devia há um ano e como não recebia, quis levar a questão às vias legais com a ajuda do advogado Bento do Rego da Silva Soutomaior. No dia 10 de maio a procuração foi enviada ao réu e dia 22 o suplicado apresentou-se sozinho, confessou a dívida e foi condenado.[422]

Ventura de Abreu também foi citado por dívidas contraídas em outras duas ações nos anos posteriores a esta ação. A primeira, em 1771, teve como Antônio Barbosa Fiuza, preto forro, a quem devia um crédito de 200 mil réis relativo a um moleque por nome Paulo, de nação Benguela, "comprado a seu contento tanto em preço como em bondade".[423] Diante da exposição em juízo, o réu assumiu a dívida e comprometeu-se a pagar o crédito a juros, colocando como fiadora e *abonadeira* a sua comadre Maria Machado, preta forra.[424] Esta liberta já havia emprestado dinheiro a juros a outras pessoas da vila para quitarem seus débitos, como foi o caso de José Pires Pencas, preto forro, condenado a pagar Domingos Pereira Alves o valor de 222 oitavas de ouro procedidas uma moleca chamada Ana, nação Angola.[425] E a segunda ação respondida por Ventura foi no ano de 1772, em razão de uma dívida de 23 oitavas e ¼ de ouro provenientes de diversos itens comprados na venda de José Pereira da Silva Lobo, autor da ação. Também compareceu, assumiu a dívida e também foi condenado a arcar com as custas dos autos.[426]

Da mesma forma que Ventura, Maria Ribeira, parda forra, foi citada em 1762 para comparecer em juízo e assumir uma dívida relacionada a aluguel de cativos. José Vaz Pinheiro, autor do libelo cível, relatou ao juiz daquele ano, Manuel Ferreira da Silva[427], que havia cedido um seu escravo à liberta para que fossem realizados serviços de carpintaria e cortar madeira, mas que os jornais não foram completamente pagos por ela, fato ocasionador

---

[422] Instituto Histórico de Pitangui, Arquivo Histórico de Pitangui – Seção colonial, Série – Ações cíveis. Subsérie: Ações de crédito. Autor: João Antônio da Silva. Réu: Ventura de Abreu. 1760, CX 212/002.

[423] Palavras do próprio Ventura no registro de crédito feito. *Idem*, p. 4.

[424] Instituto Histórico de Pitangui, Arquivo Histórico de Pitangui – Seção colonial, Série – Ações cíveis. Subsérie: Ações de crédito. Autor: Antonio Barbosa Fiuza, preto forro. Réu Ventura da Rocha. 1771, Cx 216/057.

[425] Instituto Histórico de Pitangui, Arquivo Histórico de Pitangui – Seção colonial, Série – Ações cíveis. Subsérie: Ações de crédito. Autor: Domingos Pereira Alves. Réu: José Pires Pencas. 1768, CX 213/035.

[426] Instituto Histórico de Pitangui, Arquivo Histórico de Pitangui – Seção colonial, Série – Ações cíveis. Subsérie: Ações de crédito. Autor: José Pereira da Silva Lobo. Réu: Ventura de Abreu. 1772, CX 216/060.

[427] Neste ano atuou como juiz, nos outros como advogado. Inclusive esteve presente em muitas petições em que os libertos se envolveram.

da petição. Além de ressaltar que a ré lhe devia 11 oitavas e ¼ de ouro provenientes dos aluguéis do cativo, disse que também cobraria oito vinténs de pão que dele comprou, que era "homem de muita verdade e consciência, muito verdadeiro em suas contas e incapaz de pedir o que se lhe não deve".[428] Ao lado do suplicante, havia o procurador João Alberto da Mota.

Para fazer a sua defesa, Maria Ribeira escolheu Salvador Correa de Almeida como advogado e este apresentou ao juiz o pedido de vista e contrariedade ao processo dias após ela ter recebido o despacho e citação para comparecimento em audiência. Asseverou ao juiz que ela não devia coisa alguma a José Pinheiro e que ele deveria ser condenado por tratá-la como "mulher meretriz há mais de dois anos, causando mal a ela". Disse também que houvera dias em que, à meia noite pouco mais ou menos, o autor foi até a janela da casa dela querendo chamá-la a continuar "naquele estado", o que podia ser comprovado por várias pessoas vizinhas da ré. E por não consentir e negar ceder ao intento de José, ele se escandalizou e tratou de vingar-se de Maria por meio da cobrança da dívida mencionada no libelo. E concluiu destacando que ela nunca negou a dívida, mas que já havia pagado, sendo chamada a juízo sem motivo algum. Por fim, disse que Maria era mulher de muita verdade e pediu que o autor fosse condenado ao pagamento de três dobros do valor da ação.

Manuel Ferreira da Silva deu o parecer final sobre a ação favorecendo ao réu e o concluiu em 05 de janeiro de 1763, ano em que deixou o cargo. Dois dias após, o advogado de José Vaz solicitou a contrariedade da sentença ao novo juiz empossado, José Bahia da Rocha, e uma nova audiência. Para contrapor ao pedido de contrariedade e réplica feito pelo procurador do autor, o advogado da ré ressaltou ao juiz que sua função era de não permitir que estes autos fossem abertos e tornados públicos às partes porque na primeira delação a ré não havia apresentado testemunhas. Desta forma, pediu que o juiz assinasse o termo de 10 dias para que a segunda delação ocorresse e as testemunhas fossem ouvidas, como "o mesmo Direito menciona sobre esta praxe, deduzido de Direito pelas Ordenações no Livro Terceiro, Capítulo 15".[429] O juiz permitiu o tempo pedido e presença das testemunhas foi marcada.

Dentre as testemunhas elencadas por Maria Ribeira para depor a seu favor, estava o porteiro João da Cruz, Manuel Luis Pereira, Francisco de Almeida Lima e Juliana Maria. Ao verificar tais nomes, o advogado do

---

[428] Instituto Histórico de Pitangui, Arquivo Histórico de Pitangui – Seção colonial, Série – Ações cíveis. Subsérie: Ações de crédito. Autor: José Vaz Pinheiro. Ré: Maria Ribeira – parda forra. 1762, CX 127/034, p. 3/Verso.
[429] *Idem*, p. 13.

suplicante compareceu em audiência e pediu o embargo destas testemunhas, justificando que seu constituinte não estava de acordo com a apresentação delas e asseverando veementemente ao juiz que ele deveria tomar uma das seguintes atitudes: repulsar as testemunhas escolhidas pela ré ou permitir que houvesse a réplica de seu cliente.

Após isso, a ação ficou parada durante sete meses e foi retomada apenas no fim setembro, quando o autor apresentou testemunhas em sua defesa. A primeira, Manoel da Silva Almeida, homem branco, casado, natural da vila de São Miguel, Bispado de Angra e no presente morador em Pitangui, disse que já tinha visto o escravo alugado pela ré trabalhando nas casas do autor e que também fazia jornais por meia oitava. Também disse que o suplicante era pessoa de muita verdade e consciência. A segunda pessoa ouvida foi Antônio Esteves Lima, 50 anos, homem branco, solteiro, natural da freguesia de São Miguel do Termo da vila de São José, Arcebispado de Braga, também morador em Pitangui, local em que vivia de sua venda. Relatou que nunca ouviu dizer que a ré pagou os jornais prestados pelo escravo cedido pelo autor, que José era homem de muita verdade e consciência.

A terceira pessoa ouvida, Manoel Ferreira Vale, homem branco, solteiro, natural da freguesia de São Martinho do Vale, Arcebispado de Braga, 20 anos, reafirmou o que os anteriores disseram. A quarta, Maria de Jesus, 30 anos, solteira, natural da vila de São Paulo, no momento moradora em Pitangui, onde vivia de suas agências, destacou que morando com a ré a viu ir para a casa do autor e lá ficar toda a semana. E a última testemunha, Nicolau Barbosa da Silva, homem pardo, casado, alfaiate, relatou que viu o autor ir à morada da ré em uma noite, mas que ao certo não se lembra o que lá sucedeu. E que também viu João da Cruz e Salvador Coelho de Almeida frequentaram a casa de Maria Ribeira.[430]

Infelizmente, este foi um dos processos mais deteriorados que encontrei, por isso não consegui verificar as próximas fases e a sentença final. Embora o cerne desencadeador do processo seja a dívida dos jornais do negro, torna-se latente também o debate sobre a vida íntima da ré, usada pelo autor de forma difamatória como justificativa para exposição e pedido de condenação dela. Aqui estamos diante de duas situações: os advogados fazem uso de argumentações baseadas nas leis para tentar resolver o caso, que de fato é o que vale e que deve ser considerado dentro do sistema jurídico, e, por outro lado, os envolvidos e testemunhas acionando a subjetividade do ambiente como agravantes.

---

[430] Idem, p. 20-30.

Isto posto, ficam expostas as duas faces do sistema do direito, a humana e a técnica. A segunda é a que teoricamente deveria prevalecer, haja visto que todo sistema visa abarcar o coletivo e não as particularidades do *ambiente*, ou seja, o sistema do Direito possui pretensão ao universal, pois tem como cerne as expectativas generalizantes englobadas e normatizadas, baseadas no código binário lícito e ilícito.[431] Assim como no caso de Maria, em todos os demais casos que eu trouxe até aqui há menções à legislação e ao modo operacional do sistema jurídico, tanto pelos advogados quanto pelos oficiais camarários, de modo que ambos se baseiam nas Ordenações do Reino para legitimarem os atos praticados e justificarem seus pedidos e despachos. Portanto, a tentativa de manter a estabilidade do sistema sob a utilização das próprias normas nele contidas pode ser verificada nesta ação, e a máxima de que "apenas o que está contido no Direito é válido" também, ou seja, esta situação exemplifica o conceito de *autorreferência* criado por Luhmann.

Assim como Maria Ribeira e Ventura, outros libertos também ficaram devendo jornais de negros e por isso foram chamados a responder às ações de crédito. José Veloso, crioulo forro, em 1772 foi condenado a pagar a quantia de 7 oitavas e um quarto e três vinténs de ouro a João Barbosa da Silva.[432] Antes disso, no ano de 1769 José esteve presente em duas ações de alma em razão de dívidas relativas à fazenda seca e empréstimos adquiridos. Na primeira ação, o escrivão endereçou o despacho a ele na pessoa de sua mulher e de seu irmão, descrito como Capitão Vicente Veloso. José compareceu com o auxílio de um procurador e confessou a dívida; já na segunda petição não compareceu e em ambas foi condenado. Interessante ressaltar que José Veloso era um negro alfabetizado e este foi um valor ressaltado pelo procurador que o representou na primeira demanda que respondeu.[433]

Além de comprar e alugar cativos, os libertos endividaram-se devido à compra e aluguel de animais para auxiliá-los nos afazeres cotidianos. O crioulo forro Joaquim Machado, chamado em juízo por Manoel Francisco Rodrigues no ano de 1774, comprou um boi e uma vaca do autor e ficou devendo 7 oitavas e 12 vinténs de ouro. O réu não compareceu e foi condenado no valor de 1$035 réis.[434] Maria da Silva, preta forra moradora de Brumado, também foi

---

[431] LUHMANN, **O direito da sociedade...** p. 108.

[432] Instituto Histórico de Pitangui, Arquivo Histórico de Pitangui – Seção colonial, Série – Ações cíveis. Subsérie: Ações de crédito. Autor: João Barbosa da Silva, Réu: José Veloso - crioulo forro. 1772, CX 217/025.

[433] Instituto Histórico de Pitangui, Arquivo Histórico de Pitangui – Seção colonial, Série – Ações cíveis. Subsérie: Ações de crédito. Autor: José Fernandes Valadares. Réu: José Veloso de Carvalho – crioulo forro. 1769, CX 188/069; Autor: José Vaz de Carvalho. Réu: José Veloso de Carvalho- crioulo forro. 1769, CX 188/075.

[434] Instituto Histórico de Pitangui, Arquivo Histórico de Pitangui – Seção colonial, Série – Ações cíveis. Subsérie: Ações de crédito. Autor: Manoel Francisco Rodrigues. Ré: Joaquim Machado, crioulo forro. 1774, CX 189/027.

chamada em juízo na década seguinte pelo mesmo motivo, devia a Bernardo Ferreira da Silva o valor de ¾ de ouro, procedidos de bois para carregar madeira emprestados pelo autor durante um dia. Igualmente, não compareceu e foi condenada no valor de 900 réis, valor da dívida e custas dos autos.[435]

A contratação do trabalho de carpinteiros e ferreiros também esteve presente nos débitos dos libertos e foi motivo de ações cíveis criadas na vila. Estes serviços oferecidos pelos oficiais eram cobrados por diária e cada uma custava em média de 11 a 27 oitavas, de acordo com as fontes consultadas.[436] Outros temas relacionadas ao universo do trabalho chegaram às vias legais, por exemplo, débitos contraídos devido à compra de itens para a manutenção do desempenho dos ofícios realizados pelos alforriados, como alimentos a serem revendidos e itens para a elaboração de comestivos a serem comercializados, e tecidos e rodas de fiar para a produção de vestimentas a serem vendidas.

Em 1741, Ana Maria Teresa, preta forra morada na vila de Pitangui, foi citada em uma ação de alma em razão da dívida de 42 oitavas de ouro relativas a diversos tecidos que comprou de Crispim dos Santos. No momento em que a petição havia sido iniciada, a liberta encontrava-se presa na cadeia, mas não há menção sobre o motivo da prisão nem se havia sido em razão da dívida para com o suplicante. Como comprovante da transação econômica realizada no ano de 1738, Crispim apresentou ao juiz uma lista enorme descrevendo os tecidos e retróses de linhas com seus respectivos valores, dentre eles, tafetá, veludo, seda e crepe, panos que possuíam alto valor monetário e conferiam status a quem os vestia à época,.[437] Diante da acusação, e sem amparo de advogado, a ré compareceu em audiência, confessou a dívida e estabeleceu novo contrato para pagamento ulterior e com maior quantia.[438]

Dentre o rol das dívidas, há as relacionadas ao aluguel de casas, como foi a ação respondida por Maria Caetana, parda forra descrita pelo escrivão como *solteira* na abertura do processo iniciado no ano de 1751. De acordo com José de Abreu Lima, suplicante na petição, a ré lhe devia 7 oitavas

---

[435] Instituto Histórico de Pitangui, Arquivo Histórico de Pitangui – Seção colonial, Série – Ações cíveis. Subsérie: Ações de crédito. Autor: Bernardo Ferreira da Silva. Ré: Maria da Silva, preta forra. 1784, CX 190/017.

[436] Instituto Histórico de Pitangui, Arquivo Histórico de Pitangui – Seção colonial, Série – Ações cíveis. Subsérie: Ações de crédito. Autor: Manoel Rodrigues da Silva. Ré: Rosa – preta forra. 1748, CX 206/056; Autor: José Vaz Pinheiro. Ré: Maria Ribeira, preta forra. 1762, CX187/061; Autor: José de Sousa Ferreira. Réu: Paulo Veloso Ferreira, crioulo forro. 1779, CX 189/078.

[437] MAGALHÃES, Beatriz Ricardina de. A Demanda do Trivial: vestuário, alimentação e habitação. **Revista Brasileira de Estudos Políticos**. Belo Horizonte/UFMG, n 65, p. 153-199, jul,1997; COSTA, Manuela Pinto da. Glossário de termos têxteis e afins. Revista da Faculdade de Letras. Ciências técnicas e do patrimônio. Porto, 2004 I Série vol. III, p. 137-161.

[438] Instituto Histórico de Pitangui, Arquivo Histórico de Pitangui – Seção colonial, Série – Ações cíveis. Subsérie: Ações de crédito. Autor: Crispim dos Santos. Ré: Ana Maria Teresa, preta forra. 1741, CX 185/020.

de ouro procedidas de aluguéis de uma moradia, e como não lhe pagava queria que ela se apresentasse em juízo para jurar a dívida sobre os Santos Evangelhos. No dia quatro de maio, o alcaide Luiz José Raimundo relatou que a citou na própria pessoa e após ler o documento ela "bem entendeu a forma da petição". Todavia, não compareceu no tribunal, fato ocasionador de sua condenação ao valor pedido pelo autor e pelas custas da ação.[439]

O aluguel de casas de morada era comum entre a população liberta para o período analisado, visto que a minoria de egressos do cativeiro conseguiu adquirir imóveis e acumular riqueza. Diante disso, tais dívidas também poderiam ser recorrentes e chegar às vias legais, como o caso mencionado. Outra questão digna de menção relacionada a Maria Caetana é o fato dela ser mencionada como *solteira* pelos oficiais camarários. Não foi a primeira vez que percebi marcadores civis referenciando as mulheres libertas nas ações, também verifiquei os termos *abandonada pelo marido* e *viúva*, ou seja, (des)classificando tais mulheres em relação à vida conjugal ou ausência dela. Não acessei os documentos relacionados às mulheres brancas existentes para Pitangui neste período para concluir se estes marcadores eram endereçados também a elas ou somente às negras. Entretanto, demonstra como tais mulheres eram vistas pelos oficiais camarários e demais pessoas do sexo masculino que vivenciava o cotidiano jurídico e como o social possivelmente caracterizava aqueles que acessavam os tribunais.

Além dos temas mais recorrentes nas ações elencados até aqui, houve outros ocorridos em menor medida e que merecem ser citados, como, por exemplo, as dívidas derivadas de obrigações feitas por irmandades leigas e padres. Ações de alma, de crédito e libelos foram iniciados contra os alforriados de Pitangui por este motivo e na maioria das vezes eles se apresentaram e assumiram as dívidas. Em 1753, José da Silva, pardo forro, foi chamado em juízo por Manoel Luiz Pereira Viana devido ao não pagamento de duas oitavas e quatro vinténs de ouro, "procedidas de o suplicado assistir a duas missas cantadas com o sacristão na matriz, como também de três quartos por dia em nove que assistiu a novena de São José".[440] O réu compareceu, assumiu a dívida e comprometeu-se em pagá-la.

No ano de 1761, em Onça, o crioulo forro Thomé da Rocha também respondeu a uma petição desta natureza, iniciada pelo Reverendo Bernardo Rabelo. De acordo com o advogado do autor, o réu devia ao suplicante o

---

[439] Instituto Histórico de Pitangui, Arquivo Histórico de Pitangui – Seção colonial, Série – Ações cíveis. Subsérie: Ações de alma. Autor: José de Abreu Lima. Ré: Maria Caetana – parda forra. 1751, CX 186/005.

[440] Instituto Histórico de Pitangui, Arquivo Histórico de Pitangui – Seção colonial, Série – Ações cíveis. Subsérie: Ações de Alma. Autor: Manoel Luiz Pereira Viana. Réu: José da Silva - pardo forro.1753, CX 186 Dc 057.

valor de 28 oitavas e meia e quatro vinténs de ouro relativos a procissões e missas realizadas nos últimos 7 anos e, além disso, os juros de 6% que iniciariam correr sobre esses valores a partir daquele ano. Thomé recebeu a citação em casa, se apresentou em juízo para firmar o acordo de quitação da dívida e em seguida foi condenado a pagar os custos da ação.[441]

De modo semelhante, no ano de 1772, Ignácia Campos, parda forra, foi citada em uma ação de alma em razão da dívida de 06 oitavas de ouro, procedidas de esmola ao juízo da Irmandade de Nossa Senhora do Rosário da qual fazia parte. De acordo com Bento Soutomaior, advogado da irmandade, estes valores eram relativos aos últimos três anos não pagos por Ignácia e que agora, em juízo, deveria pagar. A ré recebeu o despacho em casa, compareceu para jurar a dívida e foi condenada no valor de 7$200 réis.[442] Em minha dissertação, também encontrei a atuação das mulheres manumitidas em irmandades leigas na vila de Pitangui por meio dos testamentos, onde deixaram pedidos de missas, honrarias, ritos funerários e dívidas a serem pagas, para si, para familiares, comadres e ex-senhores. As irmandades que mais fizeram parte foram a de Nossa Senhora do Rosário, Nossa Senhora da Conceição dos Pardos e a das Almas.[443]

Já o tema da herança e sucessão de bens desencadeou menor número ações, mas também foi verificado nas testamentarias e libelos produzidos. Gil Machado, mencionado sem marcador social, cor, ou naturalidade, mas reconhecido a partir da análise documental como sendo filho de Maria Machado, a preta forra que mencionei anteriormente como fiadora de outro forro em uma ação, foi réu em um libelo cível. No ano de 1777, a liberta faleceu e deixou Gil como primeiro testamenteiro, responsável pela execução de todas as suas vontades. No testamento, havia diversos bens, dentre eles seis escravos, roupas de luxo, bens de raiz, imóveis, ouro, joias e créditos a serem recebidos.[444] Entretanto, a alforriada não imaginava os problemas que se desenrolariam após sua morte em razão da herança.[445]

---

[441] Instituto Histórico de Pitangui, Arquivo Histórico de Pitangui – Seção colonial, Série – Ações cíveis. Subsérie: Ações de crédito. Autor: Reverendo Padre Bernardo Rabelo. Réu: Thome da Rocha – crioulo forro. 1761, CX 212/067.

[442] Instituto Histórico de Pitangui, Arquivo Histórico de Pitangui – Seção colonial, Série – Ações cíveis. Subsérie: Ações de Alma. Autor: Antonio Esteves Lima. Ré: Ignácia de Campos – parda forra. 1772, CX 231 Dc 008.

[443] MIRANDA, Ana Caroline Carvalho. Sociabilidade e relações econômicas...p. 120 a 130.

[444] Este testamento foi estudado com mais afinco por nós neste artigo: MIRANDA, Ana Caroline Carvalho. As últimas vontades: considerações sobre o testamento de Maria Machado Pereira, preta forra – Vila de Pitangui (1777). **Revista de Fontes – UNIFESP**, n. 4 / 2016-1 / p. 71-78.

[445] Instituto Histórico de Pitangui, Arquivo Histórico de Pitangui – Seção colonial, Série – Ações cíveis. Subsérie: Libelos Cíveis. Autor: Alferes Manoel Gonçalves Reguengo. Réu: Gil Machado. 1788, CX134/042.

Em 1788, o Alferes Manoel Gonçalves Reguengo compareceu à câmara de Pitangui para solicitar a feitura de um libelo cível contra o filho da manumitida, com a justificativa de que ele, na época com mais de 10 anos após a morte de sua mãe, não havia cumprido corretamente os pedidos deixados no testamento. A principal queixa levantada por Antônio Lopes de Faria, advogado do alferes, era de que Gil não tinha dividido a herança deixada pela mãe de forma honesta, excluindo os demais herdeiros. Maria Machado era casada com Sebastião Veloso Vila Nova, também preto forro Mina, tutor dos órfãos e administrador dos bens do casal. Deste casamento não houvera filhos, mas antes deste relacionamento a liberta havia tido quatro, dentre eles, o réu. Anos após a morte de Maria, o esposo também veio a óbito e tudo o que era da família ficou a cargo de Gil.

Outra questão elencada pelo advogado de acusação era o fato de a falecida ter quartado em testamento uma escrava por nome Theresa, nação Mina, pelo preço de 128 oitavas de ouro pelo tempo de quatro anos, e esses eram os valores que deveriam ter sido divididos entre os quatro herdeiros, mas ficaram em posse apenas de Gil. Além disso, ressaltou que aos netos José, Joaquim e Manoel pertencia mais um quinhão em trastes, tecidos, ouro e outros itens deixados no rol do inventário *post mortem*, mas que Gil não os estregou amigavelmente. Disse também que o "padrasto do réu era um preto muito culto e frouxo, mas muito velho e frágil"[446], motivo pelo qual Gil zombava dele e o enfrentava, não encontrando nenhuma reação. Que o esposo era quem cuidava dos três órfãos herdeiros porque a mãe deles, filha de Maria Machado, também já havia falecido. Sem a mãe e os avós para cuidarem dos órfãos, o autor da ação ficou como tutor, assim como responsável por tudo que lhes pertencia. Portanto, vendo que Gil não contribuía de forma honesta para a divisão dos bens deixados por Maria, o advogado pediu a condenação no valor de 102$400 réis relativos à escrava quartada e aos trastes e ouro do rol, corrigidos pelos juros de cada ano.

Em seguida, o procurador listou os seguintes bens que o suplicante desejava que fossem divididos entre os órfãos: um escravo por nome José arrematado por Gil em praça pública, um par de botões de ouro no valor de 6$387 réis, uma cruz de ouro filigrana de 5$542 réis, um par de brincos de alistar de 1$618 réis, um pano de lemiste de 6$000, uma saia de camelão escuro de 2$400 réis, duas saias de guingão de 2$400 réis, duas cintas de

---

[446] Citação literal da fonte. *Idem*, p. 6-7.

algodão de 1$200 réis, uma cesta velha de veludo carmesim de 2$400 réis, um colete de veludo preto de $400 réis, uma camisa de bretanha de 1$200 réis e uma toalha de algodão de $300 réis. Após isso, a ação ficou parada durante um ano, retomada apenas em maio de 1779 por meio do pedido de vista do advogado do autor.

Na *vista*, Antonio Faria destacou que para o réu era muito simples não se preocupar em repartir os bens, pois todos eles estavam na casa em que vivia, assim como o escravo que arrematou e os valores recebidos pela quartação de Theresa. Como resposta, o Gil nomeou Bento Soutomaior como seu advogado e ele relatou ao juiz que tais pedidos por parte da acusação não procediam porque havia passado muito tempo após a morte de Maria Machado e só agora o alferes queria reaver os bens. Portanto, pedia a impugnação da ação e seu encerramento. Diante disso, o advogado do alferes juntou todos os documentos relativos ao caso, inclusive o testamento, inventários *post mortem*, termo de penhora do escravo e de quartação da escrava e apresentou ao juiz, pedindo o agravo do libelo à instância superior.

Dos valores apresentados à ouvidoria também foi incluído 43$846 réis relativos ao escravo penhorado, 30$688 réis procedentes dos juros do ano de 1780 até o presente e 20$510 réis de juros da herança dos órfãos, somando 95$044 réis. Em réplica, o advogado do réu asseverou que metade do valor cobrado era de posse legítima de seu cliente e que, por isso, não deveria passar o valor integral aos sobrinhos. Em tréplica, o advogado do suplicante, baseado no Livro 04, título 91, artigo 02 das Ordenações Filipinas ressaltou que a herança não era apenas pertencente a Gil, mas a todos aqueles elencados pela testadora. E com igualdade de partilha, os órfãos devem ser respeitados e devem receber o que lhes cabe, pois *"os netos concorrerão na sucessão do dito morto com o tio vivo"*.[447] Para finalizar sua exposição, o

---

[447] Ordenações Filipinas, Livro 04, título 91, artigo 02: "Porém, se o filho ou filha que tiver bens, que houve por patrimônio herança de seu pai, ou do avô da parte do pai se finar abintestado sem descendentes, e sua mãe lhe suceder nos ditos bens, e ela se casa com outro marido, ou já no tempo que sucedeu era casada, se ela do primeiro marido tiver outro filho, ou filhos, irmãos do filho defunto, haverá sua mãe o uso e fruto somente dos ditos bens em sua vida; os quais não poderá alhear, nem obrigar, nem haverá o segundo marido parte dela os haverão livremente os filhos do primeiro matrimônio, que por falecimento de sua mãe ficarem vivos, sem os filhos do segundo matrimônio sem os ditos bens poderem suceder, nem haver neles parte alguma. E se ao tempo do falecimento de sua mãe não ficarem filhos vivos do primeiro matrimônio, posto que fiquem netos, filhos de alguns dos ditos filhos, não haverá lugar a disposição desta lei. Porém, ficando filho ao tempo do falecimento de sua mãe, e algum neto de outro filho já morto, *o dito neto concorrerá na sucessão do dito morto com o tio vivo; e se o filho ou filha que se finou, de cuja sucessão se trata se finar com o testamento, guardar-se-á o Direito Comum neste caso"*. Em itálico, grifos meus para descrever de onde o advogado retira o argumento apresentado ao juiz. Disponível em: http://www1.ci.uc.pt/ihti/proj/filipinas/l4p938.htm. Acesso em: 11 abr. 2022.

procurador do alferes destacou que esta ação não precisava de mais longa disputa, pois "o direito e sua resolução sempre é certa e fixa", portanto, as partes deveriam passar às contas para resolução do conflito.[448]

As contas foram recalculadas entre as partes, levando em consideração a adjudicação dos órfãos, valores dos escravos, juros e abatimento dos valores relativos ao funeral de Maria Machado gastos por Gil Machado. Desta forma, foi estabelecido o acordo que favorecia os herdeiros e que não onerava ao réu, finalizando a demanda. Com isso, o Direito, "certo e fixo" como mencionado pelo advogado, pode ser interpretado como uma estrutura estável e autodeterminada, que por si só dá as soluções aos casos e não deixa margem à dúvida.[449] Nesse sentido, o procurador recorreu à autorreferência inerente ao sistema jurídico para justificar seu argumento e pautar o pedido de resolução do caso. Diante da lógica vista pelo juiz, o veredito foi dado e o caso encerrado. Isto posto, a validade do argumento jurídico é medida pela referência que este faz ou não às operações e às normas e se estas garantirão a unidade e a autopoiese do próprio sistema.[450]

Sobre dívidas relacionadas à compra de vestimenta e calçados, no ano de 1770, João de Abreu, preto forro, fora chamado por Manoel de Sousa, também forro, para assumir a dívida de duas oitavas e ¼ de ouro procedidas de um calção de couro.[451] No mesmo ano, Germana, preta forra, também foi citada em uma petição de mesma natureza em razão da dívida de uma oitava e ¼ de ouro, relativa a um chinelo que havia comprado e não pago a José Alves Pereira, suplicante na demanda.[452] Nos dois casos os réus não compareceram e foram condenados a arcar com os valores pedidos pelos autores e com os gastos da petição. Estas dívidas módicas também foram contraídas pelos alforriados para adquirirem remédios e, da mesma forma, chegaram aos tribunais. O licenciado e boticário Manoel de Sousa Silva, morador do arraial de Brumado, impetrou uma ação de alma contra José da Costa, preto forro, no ano de 1761 para cobrar "09 oitavas e 04 vinténs de ouro, procedidos de vários remédios de sua botica". O réu também não compareceu e foi condenado.[453]

---

[448] Citação literal da fonte, p. 12-13.

[449] LUHMANN, Niklas. **O direito da sociedade**, p. 67.

[450] Idem, p. 137.

[451] Instituto Histórico de Pitangui, Arquivo Histórico de Pitangui – Seção colonial, Série – Ações cíveis. Subsérie: Ações de alma. Autor: Manoel de Sousa – preto forro. Réu: João de Abreu – preto forro. 1770, Cx 188 Dc 087.

[452] Instituto Histórico de Pitangui, Arquivo Histórico de Pitangui – Seção colonial, Série – Ações cíveis. Subsérie: Ações de alma. Autor: José Alves Pereira. Ré: Germana – preta forra. 1770, CX 188, Dc 091.

[453] Instituto Histórico de Pitangui, Arquivo Histórico de Pitangui – Seção colonial, Série – Ações cíveis. Subsérie: Ações de alma. Autor: Manoel de Sousa Silva. Ré: José da Costa – preto forro. 1761, CX 187/029.

Para encerrar a pormenorização das fontes encontradas na pesquisa deste livro, discutirei um caso em específico que alude à luta pelo reconhecimento de paternidade e que inicialmente teve um alforriado como autor, mas que no decorrer do processo tornar-se-ia réu. No ano de 1778, o pardo forro Luís Leite de Brito, natural do arraial de Capetinga, procurou a câmara da vila de Pitangui para iniciar um libelo cível contra o licenciado Manoel de Sousa Silva, o boticário que mencionei há pouco. Como seus procuradores, o suplicante escolheu o Reverendo Domingos da Silva Xavier, o advogado Antônio Lopes de Faria e Manoel de Freitas. Em depoimento, Luís Leite requereu ao juiz e oficiais que averiguassem se uma menina de nome Maria, filha de Inês Nunes dos Santos, crioula forra, era sua filha e que as testemunhas que ajudariam a esclarecer o caso fossem ouvidas.[454]

O réu recebeu o despacho e nomeou Manuel Ferreira da Silva como seu advogado. A ação foi retomada em maio de 1779, com o pedido de vista por parte do procurador do réu. Em sua fala, Manuel ressaltou que o suplicado tinha "o único e total direito"[455] da paternidade da menina por certidão de batismo, como exige as Ordenações, Livro 03, título 20, artigo 22, e que o autor deveria ser o réu na ação e condenado, pois era a causa de todo o problema.[456] Em resposta ao posicionamento do advogado do réu, o representante do autor manifestou-se em audiência e pediu apelação.

Na apelação, o procurador de Luís ressaltou que seu cliente em tempo algum morou naquela região e que por fragilidade teve tratos ilícitos com Inês Nunes, moradora em Onça, e destes tratos nasceu uma menina a quem deram o nome de Maria. Disse também que no momento em que Luís e Inês relacionaram-se ambos eram solteiros, livres e sem nenhum impedimento, hábeis para casarem-se, "se a acaso isso resolvesse o fato da gravidez"[457]. Relatou que logo no início da gravidez a mãe da menina o procurou ao autor e o disse que ele era o pai da criança e como tal devia tratá-la quando nascesse, por desencargo de consciência. Igualmente, destacou ao juiz que Luís sempre a considerou como filha e isso Inês poderia confirmar, pois mandou batizá-la e sempre a amparou com roupas e alimentos até completar cinco anos, período em que ela viveu apenas com a mãe. Após isso, Luís

---

[454] Instituto Histórico de Pitangui, Arquivo Histórico de Pitangui – Seção colonial, Série – Ações cíveis. Subsérie: Ações de alma. Autor: Luis Leite de Brito – pardo forro. Ré: Manoel de Sousa Silva. 1779, CX 133/018.

[455] Citação da fonte, *idem*, p. 3.

[456] Este artigo das Ordenações menciona literalmente a questão da comprovação da razão do cliente em libelo por meio de escritura pública e que, quando isso ocorresse, o autor da ação deveria ser condenado. Para acessar o artigo: http://www1.ci.uc.pt/ihti/proj/filipinas/l3p592.htm.

[457] Citação da fonte, *idem*, p. 4.

precisou ausentar-se da região rumo a uma bandeira dos Godois e, daí em diante, Inês levou a criança para a casa do réu, local em que se encontrava até o presente. Mesmo a filha estando na guarda do réu, o suplicante ainda a amparava com vestuário e demais necessidades.

Em seguida, o procurador destacou também que mesmo o autor estando casado no presente com outra pessoa, Inês os procurou e disse que tinha o interesse que eles cuidassem e educassem a criança para ela. E que durante muitas vezes a mãe tentou tirar a menina de posse do réu e levá-la para a casa do suplicante, mas sem sucesso. Até mesmo o autor tentou resolver a questão de forma amigável e sem contenda de justiça; entretanto, Manoel nunca cedeu. Disse também que "o autor era pessoa de verdade e consciência, temente a Deus e às justiças, vivia com honra em companhia de sua mulher e se não fosse obrigado pelo paternal afeto, não moveria o presente pleito ao réu"[458]. E finalizou salientando que, de acordo com os termos de direito, Manoel deveria ser condenado a entregar a filha a seu cliente e arcar com as custas da ação.

Em réplica e pedido de reconvenção, o advogado de Manoel disse ao juiz que "era indubitável que qualquer mulher solteira mandasse batizar os filhos e não denunciasse ao pároco o cúmplice de seu delito para que não se constrangesse a largar o seu amásio". Por isso, julgava casualidade o juiz ter encontrado algum assento de batismo de filhos de mulher solteira em que fosse citado o nome do pai. E que as Constituições Primeiras do Arcebispado da Bahia determinavam aos reverendos párocos que em semelhantes situações, para evitar escândalo, o nome do pai não deveria ser mencionado no registro de nascimento. Também destacou o seguinte:

> [...] é certo que o assento ou declaração que costumam fazer os reverendos párocos no livro dos batizados quando batizam qualquer filho de mulher solteira é tão somente achar informação ou simples dizer de um mensageiro da mãe da criatura, que o pai ordinariamente é um preto ou pardo e muitas vezes cativo. E se copiado aquele simples dito pelo reverendo no seu livro com uma certidão deste assento se prova a paternidade melhor prova oferecesse o autor em o documento que apresenta e com ele satisfaça ao requerido pelo réu.[459]

Nas audiências subsequentes o procurador do réu novamente ressaltou que não havia como saber a origem da paternidade da criança porque no momento em que fora concebida a mãe era "mulher meretriz, sem

---

[458] Citação da fonte, p. 6.
[459] *Idem*, p. 10.

amásio certo e particular, vivendo exposta e disposta para todos os que pretendiam". Que o suplicante nunca deu nada à menina, nem vestimentas e nem alimentos e no momento queria que ela o chamasse de pai. E quem realmente "cuidou, educou, vestiu, sustentou, deu amor e zelo e a curou de duas largas enfermidades de pleuris e bexigas foi o suplicado, padrinho dela, sem nenhuma ajuda do suplicante e da mãe". Também asseverou que era mentira que Luís tivesse feito um banquete para celebrar o batizado da suposta filha, e se realmente o fez foi somente para si porque os padrinhos, que eram o réu e Pedro Antônio, nunca foram convidados.

O advogado destacou, igualmente, que no presente os "ditos pais" desejavam a presença da criança, mas no passado nunca tiveram interesse em cuidar dela, portanto, ela só sairia da casa do réu após casar-se. Que o autor tentou retirar a criança da casa de Manoel diversas vezes sob violência e tentou raptá-la com gente armada momentos antes do início deste pleito. E que a declaração de paternidade feita pela mãe deveria ser desconsiderada pelo juiz, pois no momento da feitura ela era mulher meretriz. E concluiu dizendo que o réu era uma pessoa de muita verdade e consciência, caritativo no exercício de boticário e cirurgião, que por amor e piedade defendia a afilhada, desejava que tivesse boa educação e se casasse honestamente, como havia contratado com a mãe quando a acolheu ainda bebê. No fim, pediu a apelação à ouvidoria e asseverou que quem deveria ser réu na ação era o autor, não seu cliente.

Não há o desfecho do caso nesta petição, pois após esta fase o caso foi direcionado à ouvidoria em Sabará e não encontrei menções posteriores relativas a ele na documentação geral de Pitangui. Apesar disso, tecerei alguns apontamentos sobre o quadro que se delineou a partir desta petição. É relevante como o representante jurídico do réu compreendia a responsabilidade dos filhos de mulheres solteiras com pais ausentes, sendo ela única e exclusiva à mãe. Igualmente, há a tentativa do procurador do réu em invalidar a certidão de batismo apresentada pelo suplicante, com a justificativa de que os filhos de mulheres solteiras podem ter sido fruto do relacionamento com qualquer homem, mas sobretudo com os de ascendência africana, ou os que vivenciavam ou vivenciaram o cativeiro. Sob esse viés, o pai da filha de Inês poderia ser qualquer negro ou pardo, livre, liberto ou cativo e não necessariamente o autor da ação. Portanto, sugiro que, para o advogado, apenas os homens negros tinham relacionamentos furtivos e que eles eram os principais suspeitos em qualquer caso de pais incógnitos, escancarando um preconceito social arraigado na sociedade.

Nesta situação, estamos diante de mais um exemplo de como as relações sociais excediam o que era estipulado e teorizado pelas jurisdições europeias implantadas no principal território colonial durante a modernidade. Em outras palavras, verifica-se nesta petição como o *ambiente* também influenciava outros subsistemas sociais, como o religioso, e como esse subsistema estava conectado ao subsistema jurídico. E se conectavam justamente porque o sistema do Direito mantinha-se ligado às ordens sociais gerais e servia a outras funções, como à moral, família, política e religião, codeterminadas pela estratificação social.[460] Como exemplo disso, na petição acima, além do procurador de defesa mencionar as Constituições Religiosas, destaca-se o fato de um dos advogados do autor da ação ser padre.

Outra questão que é demonstrada neste libelo diz respeito a como a presença dos africanos e de seus descendentes influenciaram na interpretação das noções de delito, de legalidade e na aplicação das normas na América Portuguesa, e como os legisladores percebiam o local destes sujeitos dentro da hierarquia social e utilizavam o sistema jurídico mediante tais influências. Dentro da perspectiva luhmaniana, este tipo de situação denota o acoplamento estrutural entre sistema e ambiente, pois ambos existem em interdependência, visando a estabilidade dinâmica. Em outras palavras, podemos perceber quanto a aplicação do direito se dava mediante o reconhecimento e acolhimento do jurídico pela sociedade. Diante disso, as Ordenações Filipinas e Constituições do Arcebispado da Bahia operavam paralelamente às hierarquias e estratificações sociais com o objetivo de gerar consenso universal sobre os conflitos e expectativas frustradas do cotidiano; o Direito era dinâmico, abria-se e fechava-se diante do que era trazido pelo social e delineava o que poderia ser incorporado ou rejeitado do sistema para manter-se estável e reconhecido pelos indivíduos.[461]

Diante disso, considero que os trâmites judiciais vivenciados pelos escravos e libertos em Pitangui durante o período em que esta obra trata lhes permitiram maior compreensão acerca de suas próprias condições sociais, sobre o funcionamento do aparelho jurídico a qual eram chamados e maior consciência sobre seus direitos e deveres, de modo que a constituição mesma das noções de direito e justiça na vila se deram em ato, ou seja, durante o processo a que eles recorriam em busca de seus direitos. Como o direito se desenvolve na sociedade e com a sociedade, e como a maioria da população que habitava a região de Pitangui durante o setecentos era africana e seus

---

[460] LUHMANN, Niklas. O direito da sociedade... p. 78.
[461] *Idem*, p. 658-663.

descendentes, tais indivíduos contribuíram para a construção não somente das estruturas físicas do local, mas também das noções de justiça e injustiça. E estas noções, como pode ser visto nas ações elencadas ao longo da obra, eram baseadas tanto nas Ordenações quanto nas vivências cotidianas levadas ao sistema jurídico por meio de demandas variadas.

Para Luhmann, o sistema jurídico é um sistema que pertence à sociedade e a ela realiza. O autor também destaca que:

> [...] a sociedade não é simplesmente o ambiente do sistema legal. Em parte, ela é mais, à medida que inclui operações do sistema jurídico, e em parte, menos, à medida que o sistema do direito tem a ver também com o ambiente do sistema da sociedade, sobretudo com as realidades mentais e corpóreas do ser humano, e também com as outras condições, que pode ser físicas, químicas e biológicas, dependendo dos extratos que o sistema do direito declarar juridicamente relevantes.[462]

Ao estabelecer a relação entre a visão teórica do autor ao objeto de análise dos capítulos desta obra, interpreto a presença dos libertos de Pitangui frente ao tribunal, mesmo como réus nas ações, como uma forma de internalização do próprio sistema jurídico em seus cotidianos. Diante das petições em que foram chamados, os alforriados comportaram-se de duas maneiras: assumiram o que era posto ou pedido pelo suplicante, o que ocorreu de modo geral, ou não assumiram e, a partir disso, construíram narrativas sobre seu direito, por meio de argumentações para suas defesas junto a seus advogados.

As argumentações, baseadas nos textos jurídicos e nas Ordenações, visavam diferentes interpretações sobre o mesmo problema, a fim de convencer os juízes e reverter a situação ao réu. Assim, os argumentos dos advogados se configuram como *comunicações* dentro do próprio sistema do Direito, fundamentados nas *rationes*, ou seja, nas razões boas e comprovadas, amadurecidas a partir das próprias leis e dos numerosos casos judicializados e sentenciados, construindo um modelo recursivo de dados e informações disponíveis ao jurista.[463]

Nesse sentido, verifiquei por meio das fontes a tentativa dos manumitidos e de seus advogados alertarem aos oficiais operantes nos tribunais de que não tinham interesse em se contrapor às leis e às normas sociais; pelo contrário, desejam seguir a mesma legislação, mas com interpretações

---

[462] LUHMANN, Niklas. **O direito da sociedade**, p. 74.
[463] *Idem*, p. 489-493.

diferentes sobre o conflito. Além disso, é demonstrado que, para os libertos, eles também se inseriam nas Ordenações do Reino e que a essas leis eles também poderiam recorrer para solicitar suas demandas e garantir "a justiça e seus direitos", expressão comumente encontrada em suas falas nas petições.

Em análise sobre os conflitos cotidianos que desencadearam as petições civis respondidas pelos alforriados de Pitangui durante o século XVIII, sugiro uma reflexão acerca das permanências de uma sociedade marcada pelas hierarquias próprias do Antigo Regime, tais como: o clientelismo, relações de mercês, baixa circulação monetária, endividamento, moralidade cristã e a escravidão como algo estruturante. Diante de tais problemáticas, o sistema jurídico reproduzia a estratificação social e os indivíduos eram tratados juridicamente mediante o estamento a qual pertenciam. Retomando São Tomás de Aquino, Luhmann destaca que "era precisamente o estatuto social diferente que justificava o tratamento desigual" nos tribunais, uma típica problemática do direito distributivo.[464]

---
[464] *Idem*, p. 150.

CONCLUSÃO

Esta obra teve como objetivo adentrar sobre a atuação de escravos e libertos nas ações cíveis produzidas na vila de Pitangui durante o século XVIII. Para compreender o funcionamento do aparato burocrático a que recorriam ou eram chamados, fez-se necessário o entendimento mínimo da estrutura jurídica e política portuguesa implementada na localidade. Apesar da tentativa de reprodução fiel da burocracia operante em Portugal no solo colonial, os representantes régios encontraram em Pitangui um *ambiente* diverso, marcado por conflitos entre *paulistas* e *reinóis* desde a sua transformação em vila. Tais rivalidades eram resultantes do convívio entre sujeitos de interesses difusos, com naturalidades diferentes e subjetividades que interferiam diretamente na aplicação da justiça e na política.

Também discorri sobre a economia e sociedade da região de Pitangui que se desenvolveram em torno do achado aurífero, da agricultura e da pecuária. Como o ouro encontrado não era em grandes proporções, as outras duas atividades mantiveram a economia da vila aquecida durante o setecentos e oitocentos. Nesse amplo cenário político, econômico e social, os escravizados e os alforriados fizeram-se presentes e eram a maioria demográfica. Atuaram em diversas atividades e ofícios, estabeleceram relações com pessoas de diferentes segmentos sociais e buscaram nos tribunais o "seu direito e justiça", como demonstram as fontes utilizadas ao longo deste trabalho.

Concluí que, apesar de a jurisdição portuguesa relativa aos escravos ser taxativa quanto a não serem considerados pessoas jurídicas e, por conseguinte, em raros casos permitir o ato de peticionar a eles, encontrei onze ações cíveis iniciadas e seis respondidas pelos cativos na região. Na maior parte dos casos, o motivador das demandas era o perigo de reescravização, o pedido de reconhecimento da liberdade pela justiça e a cobrança de determinadas dívidas.[465] Para angariar apoio nestas situações, tais sujeitos

---

[465] Em pesquisas sobre o século XIX, Keila Grinberg e Sidney Chalhoub também verificaram que o trânsito entre a escravidão e a liberdade poderia delinear-se de duas formas: o escravo poderia alcançar a alforria, assim como os manumitidos poderiam sofrer o processo de reescravização. Em parte dos casos abordados pelos dois historiadores, as alforrias condicionais eram as principais responsáveis pelos problemas relativos ao retorno ao cativeiro por parte dos quartados. GRINBERG, Keila. "Reescravização, direitos e justiças no Brasil do século XIX." *In:* LARA, Silva Hunold; MENDONÇA, Joseli Maria (org.). **Direitos e Justiças no Brasil:** Ensaios de História Social. Campinas: Editora da Unicamp, 2006, p. 101-128; GRINBERG, Keila. "Senhores sem escravos: a propósito das ações de escravidão no Brasil Imperial". Almanack Braziliense. São Paulo, n. 6, 2007, p. 4-13.

utilizaram de advogados e das redes de sociabilidade construídas ao longo de suas vidas para adquirirem o que achavam legítimo. Também houve o caso de Ana, escrava de nação Angola que, sem o auxílio de um advogado, iniciou uma ação de justificação no ano de 1795 contra seu dono, acusando-o de abusos sexuais e desejando ser colocada em depósito nas mãos de outra pessoa.

A partir das 165 ações cíveis pesquisadas, igualmente averiguei que o *status* de quartado ou liberto, para a sociedade em questão, necessitava de comprovação e de reconhecimento social. Em outras palavras, serem portadores da carta de corte ou de alforria não era o suficiente, as demais pessoas da sociedade também precisavam aceitar e assentir a liberdade em curso ou já alcançada pelos africanos e seus descendentes. Desta forma, não bastava apenas serem egressos do cativeiro, era necessário porta-se como tais, ou seja, distanciar-se de qualquer atitude, vestimentas, postura, e até mesmo laços que remontassem ao cativeiro. Além disso, para os escravos e libertos, a construção de vínculos com pessoas livres, de influência e de segmentos sociais mais elevados era substancial para o afastamento do passado escravista e obtenção de melhores condições de vida.

A partir disso, também identifiquei a instabilidade e vulnerabilidade da condição dos quartados: enxergavam-se próximos ao mundo dos livres, entretanto, para seus donos, ainda pertenciam ao mundo dos escravos. A vulnerabilidade dos quartados pode ser verificada, principalmente, por meio da jurisdição lusa, pois não havia cláusulas específicas que regulamentassem a vida das pessoas nesta situação. De modo geral, as legislações portuguesas eram divididas apenas entre o binômio escravidão/liberdade, e mesmo os que recebiam a carta de corte encaixavam-se como cativos dentro das Ordenações. Nos aditamentos, igualmente, não há menções sobre esta questão e em sua maioria demonstram demasiada preocupação com o controle do tráfico transatlântico e das populações escravas e libertas. Parte destas leis acrescidas às Ordenações foram feitas com o auxílio do Marquês de Pombal.

Para além da natureza das Leis Extravagantes, não verifiquei maior produção de legislações que referissem à condição dos africanos e seus descendentes durante o período de instalação das normas pombalinas. Também

---

CHALHOUB, Sidney. "Escravização ilegal e precarização da liberdade no Brasil império". *In:* AZEVEDO, Elciene *et al.* (org.). **Trabalhadores na cidade.** Cotidiano e cultura no Rio de Janeiro e em São Paulo, séculos XIX e XX. Campinas: Editora da Unicamp, 2009, p. 23-62; CHALHOUB, Sidney. Precariedade estrutural: o problema da liberdade no Brasil escravista (século XIX). História Social. Campinas, n. 9, 2010, p. 33-62;

CHALHOUB, Sidney. **A Força da Escravidão.** Ilegalidade e costume no Brasil oitocentista. São Paulo: Companhia das Letras, 2012.

não observei menções nas petições cíveis produzidas na vila de Pitangui que referissem ao cumprimento do que era proposto pelo marquês, apenas o processo do índio que pedia o reconhecimento de sua liberdade pautado nas leis anteriores sobre a escravidão indígena e na nova lei proposta pelo reformista. Pelo contrário, como mencionei anteriormente, identifiquei nas fontes sobre o século XVIII a permanência das normas de conduta pautadas em honra, religiosidade, clientelismo e personalismos, características marcantes de sociedades de Antigo Regime.

Também compreendi, a partir dos manuscritos utilizados e de meu referencial teórico, que a abertura do sistema jurídico frente às necessidades trazidas pela administração e controle dos escravizados e alforriados era inevitável, de suma importância para a saúde do próprio sistema e para a manutenção do poder monárquico. Tal abertura poderia beneficiar os africanos e seus descendentes – na menor parte dos casos – ou penalizá-los, sempre com o objetivo de manter as estruturas de poder e a operacionalidade do sistema jurídico e político.

A partir das ações cíveis, concluí, igualmente, que na maioria dos casos os escravos e os libertos estavam na condição de réus e que isso poderia incidir na forma com que eram tratados pelos demais indivíduos envolvidos nas demandas. Portanto, havia a diferença entre a maneira como os cativos e alforriados se viam e se definiam, e a que os outros sujeitos os remetiam. Identifiquei que as mulheres tiveram um pouco mais de impulso para procurar a justiça para resolver as situações em que se sentiram lesadas. Além disso, na situação de réus, os homens aparecem como a maioria. Por outro lado, os homens foram citados 10% a mais do que as mulheres nos processos, não havendo uma diferença exorbitante entre os gêneros para a localidade. Esses dados sugerem que tanto as mulheres quantos os homens acessaram a justiça para recorrer às situações em que se sentiram lesados e que, igualmente, envolveram-se em diversa gama de conflitos que não tiveram resoluções amigáveis, culminando em petições.

As contendas pesquisadas nas demandas surgiram em contato com pessoas do mesmo segmento social, ou seja, entre libertos, e com indivíduos de segmentos sociais mais elevados, como padres, alferes, capitães-mores e "Donas". Do total das petições, mesmo as que não eram de crédito e de alma, foram iniciadas para resolver problemas inerentes à concessão de crédito, empréstimo, serviços prestados, ou determinado bem adquirido por uma das partes, nestas inseriam-se os bens móveis e os imóveis:

escravos, ouro, alimentos, roupas, imóveis etc. Os valores cobrados pelos libertos nestas ações eram, em geral, muito baixos. Fato que denota a afirmação da honra e compromisso por parte de quem cedia o empréstimo ou vendia algo, e a desonra daqueles que deviam. Além disso, verifiquei que a maior parte das ações iniciadas pelos alforriados era contra outros alforriados ou escravos.

Da mesma forma, as ações cíveis, em suas diferentes tipologias, nos auxiliaram a perceber as redes socioeconômicas tecidas pelos alforriados durante suas vidas. Nos permitiram observar parte do conjunto de relações vivenciadas anteriormente às petições e os motivos que desencadearam os problemas que chegaram aos tribunais. De igual modo, por meio das fontes compreendi a atuação dos advogados como mediadores nas comunicações jurídicas iniciadas ou endereçadas aos libertos, contribuindo, por conseguinte, para a consciência dos direitos e deveres e para construção das noções de justiça por parte dos alforriados e dos escravizados.

À vista disso, foi verificada a complexidade, a dinamicidade e a maleabilidade do sistema jurídico português no processo de acolhida dos diversos estratos sociais que habitavam a América Portuguesa. Para além dos estatutos jurídicos dos escravos e dos livres, havia as problemáticas regionais concernentes ao cotidiano dos quartados e dos libertos que forçaram as autoridades locais e metropolitanas a refletirem sobre as suas demandas e, em alguns casos, a produzirem novas leis ou emendas que as incorporassem. Como exemplo disso, destaca-se o caso de exceção de justiça que eu trouxe e as diversas interpretações sobre as leis régias elencadas pelos advogados dos libertos para os defenderem e de seus adversários para os acusarem. Ademais, como ressaltei, destaca-se a produção de Alvarás e Leis Extravagantes relacionadas aos escravos e alforriados na América Portuguesa durante o período colonial e imperial, tendo como objetivo a contenção de problemas e as contingências relativas a estes estratos sociais.

Ao estabelecer a relação entre a Teoria dos Sistemas de Luhmann e o objeto de análise desta obra, interpreto a presença dos libertos de Pitangui frente ao tribunal, mesmo como réus nas ações, como uma forma de internalização do próprio sistema jurídico em seus cotidianos. Diante das petições em que foram chamados, os alforriados comportaram-se de duas maneiras: assumiram o que era posto ou pedido pelo suplicante, o que ocorreu de modo geral, ou não assumiram e, a partir disso, construíram narrativas sobre seu direito, por meio de argumentações para suas defesas junto a seus advogados.

As argumentações, baseadas nos textos jurídicos e nas Ordenações, visavam diferentes interpretações sobre o mesmo problema, a fim de convencer os juízes e reverter a situação ao réu. Assim, os argumentos dos advogados se configuram como *comunicações* dentro do próprio sistema jurídico, fundamentados nas razões, comprovadas e amadurecidas por meio das próprias leis e dos numerosos casos judicializados e sentenciados, construindo um modelo recursivo de dados e informações disponíveis ao jurista.

Também verifiquei a tentativa dos cativos, dos manumitidos e de seus advogados afirmarem e demonstrarem que não tinham interesse em contrapor às leis e às normas sociais, pelo contrário, desejam seguir a mesma legislação, mas com interpretações diferentes sobre os conflitos que enfrentavam. Além disso, frente aos juízes, parte dos escravos e os libertos que protagonizaram as ações tentaram deixar claro que também se inseriam nas Ordenações do Reino, e que a essas leis eles também poderiam recorrer para solicitarem suas demandas e garantirem "a justiça e direito", expressão comumente encontrada em suas falas durante as petições.

Por fim, observei que o sistema do direito e a sociedade mantinham uma relação dinâmica e interdependente e, por isso, o sistema abria-se para incluir as demandas dos escravizados e dos manumitidos, assim como para produzir leis para controlá-los e administrá-los, mas fechava-se para manter o seu funcionamento, estabilidade e autoridade. Portanto, a atuação e permanência dos africanos e seus descendentes na vila de Pitangui e na América Portuguesa contribuíram para a aplicação e reconfiguração do sistema jurídico luso.

FONTES

Impressas

ANTONIL, André João. **Cultura e opulência do Brasil por suas drogas e minas.** (org.). SILVA, Andrée Mansuy Diniz. EDUSP, 2008.

BLUTEAU, Raphael. **Vocabulario portuguez, e latino, aulico, anatomico, architectonico, bellico, botanico autorizado com exemplos dos melhores escritores portuguezes e latinos e offerecido a El Rey de Portugal D. João V.** Coimbra: Collegio das Artes da Companhia de Jesus, 1712-1728. Disponível em: https://www.bbm.usp.br/pt-br/dicionarios/vocabulario-portuguez-latino-aulico-anatomico-architectonico/. Acesso em: 11 abr. 2022.

Ordenações Filipinas, Ordenações e Leis do Reino de Portugal recopiladas por mandato D'el Rei D. Felipe, o primeiro, editado por Cândido H. Mendes de Almeida. Disponível em: http://www1.ci.uc.pt/ihti/proj/filipinas/ordenacoes.htm. Acesso em: 11 abr. 2022.

SILVA, Antonio Moraes. **Diccionario da língua portugueza Lisboa:** Typographia Lacerdina, 1813. Disponível em: https://www.bbm.usp.br/pt-br/dicionarios/diccionario-da-lingua-portugueza-recompilado-dos-vocabularios-impressos-ate-agora-e-nesta-segunda-edi%C3%A7%C3%A3o-novamente-emendado-e-muito-acrescentado-por-antonio-de-moraes-silva/. Acesso em: 11 abr. 2022.

Manuscritas

Arquivo Histórico Ultramarino

Projeto Resgate. Requerimento dos crioulos pretos e mestiços forros moradores em Minas pedindo ao Rei a concessão de privilégios vários, dentre eles de poderem ser arregimentados e gozarem do tratamento e honra de que gozam os homens pretos de Pernambuco, Bahia e São Tomé. 1946, AHU_ACL_CU_011, Cx. 69\Doc. 5 (1).

Projeto Resgate - Minas Gerais (1680-1832). Requerimento da Câmara da vila de Pitangui ao rei, expondo os prejuízos que sofriam os moradores da dita vila, em virtude de as ações judiciais correrem na Vila Real de Sabará. 1749, Cx 50/Dc 53, p. 1-2.

Projeto Resgate. Alvará de 3 de outubro de 1758.

Projeto Resgate. Aviso de 2 de janeiro de 1767.

Projeto Resgate. Aviso de 22 de fevereiro de 1776.

Arquivo Público Mineiro

Arquivo Público Mineiro. Seção colonial, n.º 20. dc. 137.

Arquivo Histórico de Pitangui

Referência	Tipologia	Autor(a)	Réu (ré)	Ano
CX 183/015	Agravo	Anastácia Maria da Conceição (quartada)	Domingos Ferreira de Macedo	1779
CX 183/036	Agravo	Alferes Manoel Gonçalves Reguengo	Gil Machado (preto livre)	1795
CX 189/015	Alma	Ana Leite da Silva (crioula forra)	José de Aquino Calaça	1772
CX 187/054	Alma	Lourenço Pereira Barros	Ana Leite da Silva (crioula forra)	1762
CX 190/077	Alma	Francisco Pereira de Araújo	Ana Maria (preta forra)	1788
CX 186/011	Alma	Joseph Vieira Fernandes	Ana Maria de Jesus (preta forra)	1751
CX 186/010	Alma	Manoel Pinto Barbosa	Ana Maria de Jesus (preta forra)	1751
CX 185/020	Alma	Crispim dos Santos	Ana Maria Teresa (preta forra)	1741
CX 188/039	Alma	João da Silva	Antônio Barbosa Fiuza (preto forro)	1767
CX 188/008	Alma	Manoel Gonçalves Reguengo	Antonio Fernandes (preto forro)	1766
CX 186/033	Alma	João Ferreira do Vale	Antonio Ferraz (crioulo forro)	1752
CX 187/063	Alma	Manoel Pereira Vale	Antonio Luiz Duarte (pardo forro)	1763

Referência	Tipologia	Autor(a)	Réu (ré)	Ano
CX 188/022	Alma	Antonio Vaz da Silva	Antonio Martins (crioulo forro)	1767
CX 187/071	Alma	Joaquim dos Santos	Bernardino Simões (pardo forro)	1763
CX 181/084	Alma	Eugenio da Fonseca Leal	Clemente Ferreira (crioulo forro)	1796
CX 190/071	Alma	André Dias Soares	Clemente Ferreira (crioulo forro)	1787
CX1901/080	Alma	João da Costa Leite	Escolástica de Oliveira (crioula forra)	1796
CX 188/076	Alma	Luis de Souza Barreto	Eusébio Monteiro (crioulo forro)	1769
CX 189/067	Alma	Alferes Luiz Ferreira da Silva	Francisca Ferreira do Vale (preta forra)	1777
CX 189/022	Alma	Antonio Nunes da Silva	Francisco Ferreira (preto forro)	1773
CX 189/056	Alma	Manoel Pereira de Araújo	Francisco Rodrigues Nogueira (pardo forro)	1775
CX 188/091	Alma	José Alves Pereira	Germana (crioula forra)	1770
CX 187/069	Alma	Escolástica de Campos	Gracia Conga (preta forra)	1763
CX 231/008	Alma	Antonio Esteves Lima	Ignácia de Campos (parda forra)	1772
CX 189/097	Alma	João Ferreira da Costa	Ignácia Gomes (crioula forra)	1782
CX 186/071	Alma	José de Vasconcelos	Joana Dias (preta forra)	1753
CX 186/064	Alma	Padre Caetano Mendes da Proença	Joanico (pardo forro)	1753
CX 188/074	Alma	João de Souza Macedo	João Abreu (preto forro)	1769
CX 188/046	Alma	José Vaz da Cunha	João de Abreu (crioulo forro)	1761

Referência	Tipologia	Autor(a)	Réu (ré)	Ano
CX 190/034	Alma	Jacinto Borges da Costa	João Abreu (crioulo forro)	1785
CX 190/009	Alma	João José da Silva	João de Abreu (crioulo forro)	1783
CX 188/097	Alma	Antonio Luiz de Queiros	João Pinto (crioulo forro)	1770
CX 190/023	Alma	Domingos Pinto Coelho	Joaquim da Costa Coura (preto forro)	1784
Cx 189/086	Alma	João Antonio de Aguiar	Joaquim da Costa (preto forro)	1781
CX 189/027	Alma	Manoel Francisco Rodrigues	Joaquim Machado (crioulo forro)	1774
CX 188/088	Alma	Luis de Sousa Barreto	José Coelho - preto escravo	1770
CX 187/029	Alma	Licenciado Manoel de Souza Silva (boticário)	José da Costa – preto forro	1761
CX 190/014	Alma	José da Silveira (preto forro)	João Gomes	1784
CX 187/081	Alma	João Baptista Ferraz	Josefa dos Santos (crioula forra)	1765
CX 187/039	Alma	Thomas Marques Ferreira	Josefa Ferreira (Preta forra)	1761
CX 186/0657	Alma	Manoel Luis Pereira Viana	Joseph da Silva (pardo forro)	1753
CX 189/011	Alma	Manoel Alves da Costa	José Veloso (crioulo escravo)	1771
CX 188/069	Alma	José Fernandes Valadares	José Veloso de Carvalho (crioulo forro)	1769
CX 188/075	Alma	José Vaz de Carvalho	José Veloso de Carvalho (crioulo forro)	1769
CX 187/065	Alma	Manoel Ribeiro de Araújo	Luiza da Mota (parda forra)	1763

Referência	Tipologia	Autor(a)	Réu (ré)	Ano
CX 189/005	Alma	Manoel Ribeiro de Araújo	Luiza Nunes (preta forra)	1771
CX 187/078	Alma	Luiza Nunes (preta forra)	José Pacheco Correa	1764
CX 187/018	Alma	Manoel Gonçalves Reguengo	Luiza Pinto (preta)	1759
CX 137/070	Alma	João Batista Ferraz	Luiza Pinto (preta forra)	1763
CX 191/062	Alma	Domingos de Souza Azevedo	Luis Leite de Brito (pardo)	1795
CX 188/087	Alma	Manoel de Souza (preto forro)	João de Abreu (crioulo forro)	1770
Cx 188/042	Alma	Antonio Barbosa Sandoval	Marcelino Sutil de Oliveira (crioulo forro)	1768
CX 186/032	Alma	Francisco Rebelo Leite	Margarida de Oliveira (preta forra)	1752
CX 186/005	Alma	José de Abreu Lima	Maria Caetana (parda forra – solteira)	1751
Cx 188/086	Alma	Antonio Luiz de Queirós	Maria da Costa	1770
CX 190/017	Alma	Bernardo Ferreira da Silva	Maria da Silva (preta forra)	1784
CX 231/019	Alma	Joao Francisco Lopes	Maria de Morais (preta forra)	1775
Cx 188/059	Alma	João do Rego Vale	Maria Madalena Velosa (preta forra)	1768
CX 187/061	Alma	José Vaz Pinheiro	Maria Ribeira (preta forra)	1762
Cx 189/012	Alma	Antonio Esteves Lima	Miguel Rodrigues velho (crioulo forro)	1772
Cx 188/005	Alma	Antonio Esteves Lima	Paolo Barbosa (preto forro)	1766
CX 189/078	Alma	José de Souza Ferreira	Paulo Veloso Ferreira (crioulo forro)	1779

Referência	Tipologia	Autor(a)	Réu (ré)	Ano
CX 186/072	Alma	José Cabo Verde (preto forro)	Rosa Maria Velosa (preta forra)	1753
CX 189/035	Alma	José Vaz da Cunha	Sebastião Sutil (crioulo forro)	1774
CX 191/069	Alma	Domingos da Mota Teive	Suzana de Souza Pontes (preta forra)	1795
CX 188/029	Alma	Francisco Rodrigues Pereira	Suzana de Souza Pontes (preta forra)	1767
CX 188/033	Alma	Antonio Vaz Moutinho	Ventura da Rocha (crioulo forro)	1767
Cx 223/054	Crédito	Capitão José Fernandes Valadares	Ana de Sousa (parda forra)	1788
CX 209/028	Crédito	João Ferreira da Costa	Ana Leite da Silva (preta forra)	1754
CX 210/060	Crédito	Alferes Luiz Leite de Brito	Ana Maria de Jesus (preta forra)	1756
CX 223/054	Crédito	Capitão José Fernandes Valadares	Ana de Sousa (parda forra)	1788
CX 217/028	Crédito	Manoel Gonçalves Reguengo	Antonio Barbosa Fiuza moço (crioulo forro)	1773
Cx 216/037	Crédito	Antonio Barbosa Sandoval	Antonio Barbosa Fiuza (preto forro)	1771
Cx 209/040	Crédito	Sargento-mor João Fernandes Lobato	Antonio da Rocha (preto forro)	1754
Cx 209/014	Crédito	Francisco Borges Vieira	Antonio da Rocha (preto forro)	1753
Cx 208/056	Crédito	Antonio Francisco Gomeiro	Antonio da Rocha (preto forro)	1753
Cx 214/051	Crédito	Adriano Luiz Carneiro	Domingos da Silva Fonseca (crioulo forro)	1767
Cx 217/005	Crédito	Juiz e oficiais da Irmandade de N. S. do Rosário	Domingos Pinto (preto forro)	1772

Referência	Tipologia	Autor(a)	Réu (ré)	Ano
CX 216/046	Crédito	Ignácio Antonio Ferreira	Eusébio Monteiro (preto forro)	1771
Cx 223/074	Crédito	Alferes Manoel de Souza Macedo	Faustino Gomes da Mota (crioulo forro)	1789
CX 214/048	Crédito	Ignácio Antonio Ferreira	Manoel Francisco Rodrigues (preto Angola)	1767
Cx 210/037	Crédito	João Moreira Nogueira	Joana Dias Correa (preta forra)	1755
Cx 225/057	Crédito	Domingos de Souza de Azevedo	João da Silva Mota (preto forro)	1796
Cx 214/049	Crédito	Pedro da Fonseca Leal	José da Costa Mendes (preto forro)	1767
Cx 209/015	Crédito	José de Resende	José da Costa (preto forro)	1753
CX 216/056	Crédito	José Antonio de Sousa	João de Abreu e sua mãe	1771
CX 207/019	Crédito	Santos Ferreira Guimarães	José Gomes da Silva (preto forro)	1750
Cx 213/035	Crédito	Domingos Pereira Alves	José Pires Pencas (preto forro)	1768
Cx 217/025	Crédito	João Barbosa da Silva	José Veloso de Carvalho (crioulo forro)	1772
Cx 212/001	Crédito	Antonio Marques do Couto	Josefa Vaz Pinto (preta forra)	1760
Cx 217/026	Crédito	Lucas Ferreira dos Santos (crioulo forro)	Vitorino Rodrigues Velho (pardo forro)	1772
Cx 215/049	Crédito	Manoel José Pereira	Luiz Alves Gomes (pardo forro)	1769
Cx 216/029	Crédito	Antonio Vaz Moutinho	Manoel Ferreira da Costa (crioulo forro)	1771
Cx 216/062	Crédito	Antônio Pereira de Abreu	Manoel Ferreira da Costa (crioulo forro)	1772

Referência	Tipologia	Autor(a)	Réu (ré)	Ano
Cx 215/050	Crédito	Antônio Marques do Couto	Manoel Ferreira da Costa (preto forro)	1770
Cx 214/050	Crédito	Silvestre da Costa Courá	Marcelino Sutil (crioulo forro)	1767
Cx 209/011	Crédito	João Pinto Coelho	Marcelino Sutil de Oliveira (preto forro)	1753
Cx 209/016	Crédito	Tomás de Aquino Cezar Azevedo	Marcelino Sutil (preto forro)	1753
Cx 217/029	Crédito	Antonio Campos Lopes Couto	Maria Alves (preta forra)	1773
Cx 209/029	Crédito	Maria de Andrade (preta forra)	Joana Dias Correa (preta forra)	1754
Cx 207/039	Crédito	Antonio de Souza Ferreira	Maria da Costa – preta forra e marido José da Costa forro	1751
Cx 215/011	Crédito	Raimundo Rodrigues de Paiva	Maria de Souza Pontes (preta forra)	1768
CX 214/055	Crédito	José Pereira da Silva Lobo	Maria Madalena Veloso (preta forra)	1768
Cx 207/016	Crédito	Miguel Caetano Congo	Licenciado Domingos Maciel Aranha	1749
Cx 217/013	Crédito	Sebastião Sutil (forro)	Pedro de Fonseca Leal (pardo)	1772
Cx 207/015	Crédito	Pedro José Ribeiro	Pedro de Brito Pereira (preto forro)	1749
Cx 208/029	Crédito	João Manoel Barbosa	Pedro Gomes (pardo forro)	1753
Cx 214/054	Crédito	Perpétua Rodrigues (preta forra)	José Veloso de Carvalho (preto forro)	1768
Cx 222/002	Crédito	Guarda-mor Jerônimo Antonio Rebelo	Quitéria Ferreira da Silva (crioula)	1784
Cx 223/038	Crédito	Nicolau de Morais Simões	Rosa Ferreira da Silva	1788

ESCRAVIDÃO E DIREITO CÍVEL EM PITANGUI COLONIAL (1740 – 1799):
UM ESTUDO À LUZ DA TEORIA DOS SISTEMAS DE NIKLAS LUHMANN

Referência	Tipologia	Autor(a)	Réu (ré)	Ano
Cx 206/056	Crédito	Manoel Rodrigues da Silva	Rosa (preta forra)	1748
Cx 216/011	Crédito	juiz mais oficiais da Irmandade de N. S. Rosário	Theodozia Maria (crioula forra) e Paulo Veloso	1770
Cx 212/067	Crédito	Reverendo Padre Bernardo Rabelo	Thomé da Rocha (crioulo forro)	1761
Cx 216/057	Crédito	Antônio Barbosa Fiuza (crioulo forro)	Ventura de Abreu (preto forro)	1771
Cx 216/060	Crédito	José Pereira da Silva Lobo	Ventura de Abreu (preto forro)	1772
Cx 212/002	Crédito	João Antônio da Silva	Ventura da Rocha (crioulo forro)	1760
Cx 233/001	Depósito	Antonia Ganguela (escrava)	Manoel Rodrigues Vale	1772
Cx 240/004	Embargo	Ana (crioula)	Potenciana Leite da Silva	1745
Cx 241/012	Embargo	Francisco Mendes de Carvalho	Anna Maria Lopes (preta forra)	1784
CX 240/005	Embargo	Miguel de Souza Ferreira	Ana Maria de Souza (parda)	1749
CX 240/027	Embargo	Roberto Alves de Araújo e Dona Maria Teresa Joaquina	Eusébio Monteiro (crioulo forro)	1771
Cx 241/014	Embargo	Sebastião Rodrigues de Campos	Joaquim José (pardo)	1786
CX 240/114	Embargo	Páscoa de Magalhães (preta forra)	Miguel de Souza Ferreira	1764
CX 241/007	Embargo	Pedro Antonio dos Santos (preto forro)	Antônio Carvalho da Silva	1781
CX 105/009	Execução	João Gonçalves Paredes e David de Magalhães Coelho	Manoel Luis Coimbra (crioulo)	1771

Referência	Tipologia	Autor(a)	Réu (ré)	Ano
CX 110/008	Força Nova	Miguel de Souza Ferreira	Páscoa de Magalhães (preta forra)	1764
CX 120/027	Justificação	Ana Preta Angola escrava	Pedro de Souza Ferreira	1795
CX 119/046	Justificação	Bonifácia crioula (escrava)	José Francisco Rodrigues	1770
Cx 120/032	Justificação	Francisco José (cabra forro)	Manoel da Silva Ribeiro	1787
Cx 120/030	Justificação	Joaquim Pereira da Silva (índio escravizado)		1785
CX 120/022	Justificação	Antônio Pereira de Abreu	José Luis Couto (pardo)	1782
Cx 119/030	Justificação	José Ribeiro Lima	Manoel Vieira Barbosa (pardo forro)	1767
Cx 131/027	Libelo Cível	Irmandade do Rosário dos pretos	Ana Maria (parda)	1774
Cx 136/010	Libelo Cível	Capitão José Antonio Souza Carneiro	Ana Maria dos Santos	1796
Cx 136/003	Libelo Cível	Ana Teixeira de Jesus (forra solteira)	Alferes José dos Santos Silva	1795
Cx 127/024	Libelo Cível	Capitão Manoel de Santos Lisboa	Atanásio Alves do Lago (crioulo forro)	1761
Cx 128/021	Libelo Cível	Domingas crioula e seu filho Vitoriano crioulo	Raimundo Rodrigues de Paiva	1764
Cx 134/042	Libelo Cível	Alferes Manoel Gonçalves Reguengo	Gil Machado (filho de Maria Machada forra)	1788
Cx 130/036	Libelo Cível	Joana (escrava Angola)	Manoel Francisco Soares	1770
Cx 126/016	Libelo Cível	Manuel Ferreira Paços	José da Costa e sua mulher Maria da Costa (pretos forros)	1758
CX ?	Libelo Cível	Pedro Rodrigues Velho	José Vieira (pardo forro)	1773

Referência	Tipologia	Autor(a)	Réu (ré)	Ano
Cx 133/018	Libelo Cível	Luis Leite de Brito (pardo forro)	Licenciado Manoel de Sousa Silva	1779
Cx 128/006	Libelo Cível	Domingos Pereira Alves	Luiza Maria de Almeida (parda forra)	1762
Cx 127/022	Libelo Cível	José da Costa - preto forro e sua mulher	Maria Leite (crioula forra)	1761
Cx 131/022	Libelo Cível	Pedro de Souza	Maria Madalena (preta forra)	1773
Cx 127/034	Libelo Cível	José Vaz Pinheiro	Maria Ribeira (parda forra)	1762
CX 125/001	Libelo Cível	João Antônio da Silva	Maurícia Gonçalves (preta forra)	1769
CX 125/009	Libelo Cível	Maurícia Gonçalves (preta forra)	Lourenço Pereira de Barros	1753
Cx 128/011	Libelo Cível	Rita de Assunção (parda)	Francisco de Souza Ferreira	1763
CX 131/026	Libelo Cível	Capitão João Gonçalves Paredes	Salvador Veloso (preto forro)	1774
CX 140/007	Libelo Crime	Quitéria Maria da Silva (preta forra)	Francisca (preta forra)	1768
CX 140/001	Libelo Crime	Paulo Rodrigues (pardo)	Cipriano Coelho	1747
CX 146/049	Notificação	Alferes Manoel Mateus de Souza Soares	Antonio Machado e sua mulher Josefa da Silveira (pretos forros)	1794
CX 146/014	Notificação	Antônio de Souza (preto forro)	Maria Cordeiro de Oliveira e Reverendo Miguel de Albuquerque	1784
CX 144/005	Notificação	Florência de Aguiar (crioula forra)	Francisca de Freitas (preta forra)	1743
CX 145/007	Notificação	José de Barcelos Machado, por seu escravo Ignácio crioulo	Manoel Gonçalves Lobo	1766

Referência	Tipologia	Autor(a)	Réu (ré)	Ano
CX 145/013	Notificação	Theodozia Maria (crioula forra)		1767
Cx 159/003	Requerimento e vistoria	Páscoa de Magalhães (preta forra)	Miguel de Souza Ferreira	1764
Cx 159/017	Requerimento e vistoria	Joaquim Alves da Cruz e outros herdeiros de Ana (preta forra)	Rosa Pereira da Silva	1792
CX 163/001	Sentença cível	Joseph Pires de Carvalho	Páscoa da Costa (parda forra)	1728
CX 173/009	Testamentária	Francisca (cabra)	João Barbosa Rego - testamenteiro de Manoel Tavares de Araújo	1799
Cx 170/005	Testamentária	José Pereira Soares preto testamenteiro marido de Madalena (preta forra)	Magdalena (preta forra)	1766
CX 170/003	Testamentária	Alferes José Ribeiro Domingues testamenteiro	Rosa Ferreira da Costa (preta forra)	1765
CX 172/019	Testamentária	Joao Henriques Lopes testamenteiro	Rosa Ferreira da Silva (preta forra)	1793
Sem referência	Testamentária	Sargento-mor João Cordeiro	Rosa Pereira da Costa (preta forra)	1748

BIBLIOGRAFIA

ANDRADE, Francisco Eduardo de. **A invenção das Minas Gerais:** empresas, descobrimentos e entrada nos sertões do ouro da América portuguesa. Belo Horizonte: Autêntica Editora, 2008. (Coleção Historiografia de Minas Gerais. Série Universidade).

ANDRADE, Francisco Eduardo. A vila na rota do sertão: Pitangui, século XVIII. CHAVES, Cláudia Maria das Graças; GONÇALVES, Andréa Lisly; VENÂNCIO, Renato Pinto. **Administrando impérios:** Portugal e Brasil nos séculos XVIII e XIX. Editora UFOP, Ouro Preto, 2010.

ANDRADE, Francisco Eduardo de. Fronteira e instituição de capelas nas Minas: América Portuguesa. *In:* **Revista América Latina en la Historia Económica**, n. 35, México, jan./jun. 2011, p. 151-166.

AMANTINO, Márcia. **O mundo das feras: os moradores do sertão oeste de Minas Gerais** – século XVIII. 2001. Tese (Doutorado em História) – Universidade Federal do Rio de Janeiro, Rio de Janeiro, 2001.

ANASTASIA, Carla. **Vassalos Rebeldes:** violência coletiva nas Minas na primeira metade do século XVIII. Belo Horizonte: Editora C/ Arte, 1998.

ANASTASIA, Carla. Colonos de inaudita pretensão: os motins de Pitangui. **Pitangui Colonial:** história e memória. Org. CATÃO, Leandro Pena – Belo Horizonte: Crisálida, 2011.

ANTUNES, Álvaro de Araújo; SILVEIRA, Marco Antônio. Reparação e desamparo: o exercício da justiça através das notificações (Mariana, Minas Gerais, 1711-1888). **Topoi**, v. 13, n. 25, jul./dez. 2012.

BARBOSA, Faber Clayton. **Pitangui entre Impérios: Conquistas e partidos de poder nos sertões Oeste das Minas Gerais**, 1720-1765. 2015. (Mestrado em História) – Universidade Federal de Ouro Preto, Ouro Preto, 2015.

BARTH, Fredrik. **Process and form in social life.** Londres: Routlege & Kegan Paul, 1981.

BERGAD, Laird W. **Escravidão e História Econômica:** demografia de Minas Gerais, 1720-1880. Tradução de Beatriz Sidou. Bauru, São Paulo: EDUSC, 2004.

BICALHO, Maria F. As Câmaras Municipais no Império Português: o exemplo do Rio de Janeiro. **Revista Brasileira de História**. São Paulo, v. 18, n. 36, 1998.

BICALHO, Maria Fernanda. Sertão de estrelas: a delimitação das latitudes e das fronteiras na América Portuguesa. **Varia História**, Vol. 15, n. 21, jul,1999.

BICALHO, Maria F. PIRES, Maria do Carmo. MAGALHÃES, Sônia Maria de. Câmara Municipal: um pequeno histórico. *In:* CHAVES, Cláudia Maria das Graças; PIRES, Maria do Carmo; MAGALHÃES, Sônia Maria de. **Casa de Vereança de Mariana:** 300 anos de História da Câmara Municipal. Editora UFOP, Ouro Preto, 2012, p. 251-280.

BICALHO, Maria Fernanda; ASSIS, Virgínia Maria Amoêdo; MELLO, Isabele de Matos Pereira (org.). **Justiça no Brasil colonial:** agentes e práticas. 1. ed. São Paulo: Alameda, 2017.

BORGES, Célia Maia. **Escravos e libertos nas Irmandades do Rosário:** devoção e solidariedade em Minas Gerais: séculos XVIII e XIX. Editora UFJF: Juiz de Fora, 2005.

BOSCHI, Caio César. **Os leigos e o poder:** irmandades leigas e política colonizadora em Minas Gerais. São Paulo: Editora Ática, 1986.

BOURDIEU, Pierre. **O poder simbólico.** Tradução de Fernando Tomaz. Editora Bertrand Brasil. 1989.

BOXER, Charles. **Portuguese society in the tropics.** Madison: The University of Wisconsin Press, 1965.

BOXER, Charles R. **A idade do ouro no Brasil:** dores de crescimento de uma sociedade colonial. Tradução de Nair Lacerda, 3. ed. Rio de Janeiro: Nova Fronteira, 2000.

CAMARINHAS, Nuno. **O aparelho judicial ultramarino português.** O caso do Brasil (1620-1800). Brasília: Almanack Braziliense, n. 9, maio 2009.

CARDOSO, Fernando Henrique. **Autoritarismo e Democratização.** 2.ed. Rio de Janeiro: Paz e Terra, 1975.

CATÃO, Leandro Pena. **Pitangui colonial: história e memória.** Belo Horizonte: Editora Crisálida, 2011.

CERRUTI, Simona. "Processo e experiência: indivíduos, grupos e identidades em Turim no século XVII". *In:* **Jogos de Escalas: a experiência da microanálise,** org. REVEL, Jacques. 173-202. Rio de Janeiro: Editora da FGV, 1998.

CHAVES, Cláudia Maria das Graças. **Perfeitos negociantes:** mercadores das Minas Setecentistas. São Paulo: Annablume, 1999.

CHAVES, Cláudia Maria das Graças; PIRES, Maria do Carmo; MAGALHÃES, Sônia Maria de. **Casa de Vereança de Mariana:** 300 anos de História da Câmara Municipal. Ouro Preto: Editora UFOP, 2012.

CHAVES, Edneila Rodrigues. Criação de vilas em Minas Gerais no início do regime monárquico a região Norte. **Varia História,** Belo Horizonte, v. 29, n. 51, p. 817-845, set./dez. 2013.

CHALHOUB, Sidney. **Visões da liberdade:** uma história das últimas décadas da escravidão nacorte. São Paulo: Companhia das Letras, 1990.

CHALHOUB, Sidney. "Costumes senhoriais: escravização ilegal e precarização da liberdade no Brasil império". *In:* AZEVEDO, Elciene; CANO, Jefferson; CUNHA, Maria Clementina Pereira; CHALHOUB, Sidney (orgs.). **Trabalhadores na cidade.** Cotidiano e cultura no Rio de Janeiro e em São Paulo, séculos XIX e XX. Campinas: Editora da Unicamp, 2009, p. 23-62.

CHALHOUB, Sidney. Precariedade estrutural: o problema da liberdade no Brasil escravista (século XIX). **Revista História Social,** Dossiê Racismo, História e Historiografia, Campinas, n. 19, 2010, p. 33-62.

CHALHOUB, Sidney. **A Força da Escravidão.** Ilegalidade e costume no Brasil oitocentista. São Paulo: Companhia das Letras, 2012.

COSTA, Manuela Pinto da. Glossário de termos têxteis e afins. **Revista da Faculdade de Letras.** Ciências técnicas e do patrimônio. Porto, 2004.

COSTA, Wellington Júnio Guimarães da. **As tramas do poder: as notificações e a prática da justiça nas Minas setecentistas.** 2011. Dissertação (Mestrado em História) — Universidade Federal de Ouro Preto, Mariana, 2011.

CUNHA, Vagner da Silva. **A "Rochela" das Minas do Ouro?** Paulistas na Vila de Pitangui (1709-1721). 2009. Dissertação (Mestrado em História) – Universidade Federal de Minas Gerais, Minas Gerais, 2009.

CUNHA, Vagner da Silva. As sedições de Pitangui (1709-1721). **Pitangui Colonial:** história e memória. Org. CATÃO, Leandro Pena. – Belo Horizonte: Crisálida, 2011.

CARRARA, Ângelo Alves. **Currais e Minas**: produção rural e mercado interno em Minas Gerais (1674-1807). Juiz de Fora: Editora UFJF, 2007.

DAVIS, N. Z., & GARRAYO, M. F. (1991). Las formas de la historia social. **Historia Social**, N°. 10, Dos Décadas de Historia Social (Spring - Summer, 1991), p. 177–182.

DINIZ, Sílvio Gabriel. **Pesquisando a história de Pitangui**. Belo Horizonte: [s.n.]. 1965.

DIÓRIO, Renata Romualdo. **Os libertos e a construção da cidadania em Mariana, 1780-1840**. 2013. Tese (Doutorado em História Social) – Universidade de São Paulo, São Paulo, 2013.

DO ESPÍRITO SANTO, Cláudia Coimbra. Crédito e Economia Cotidiana: a participação feminina nas demandas judiciais em Vila Rica – 1730/1770. **Anais do XIII Encontro Nacional de Estudos Populacionais**, 2002.

ELLIS JÚNIOR, Alfredo. **O bandeirantismo paulista e o recuo do meridiano**. 3. ed. São Paulo: Editora Nacional, 1938.

FERREIRA, André Luís Bezerra. **Nas malhas das liberdades:** o Tribunal da Junta das Missões e o governo dos índios na Capitania do Maranhão (1720-1757). 2017. Dissertação (Mestrado em História) – Universidade Federal do Pará, 2017.

FIGUEIREDO e MAGALDI, FIGUEIREDO, L.; MAGALDI, A. M. Quitutes e quitandas: um estudo sobre rebeldia e transgressão femininas numa sociedade colonial. **Cadernos de Pesquisa**, n° 54, São Paulo, 1985.

FIGUEIREDO, Luciano. **Revoltas, fiscalidade e identidade colonial na América Portuguesa:** Rio de Janeiro, Bahia e Minas Gerais. 1996. Tese (Doutorado em História) – Faculdade de Filosofia, Letras e Ciências Humanas, USP, São Paulo, 1996.

FILHO, Geraldo Silva. **Constituição, Estrutura e Atuação dos Poderes locais na Comarca de Vila Rica.** 1711-1750. 2009. Tese (Doutorado em História) –. Universidade de São Paulo, São Paulo, 2009.

FONSECA, Cláudia Damasceno. **Arraiais e vilas d'el rei:** espaço e poder nas Minas setecentistas. Tradução de Maria Juliana Gambogi Teixeira. Belo Horizonte: Editora UFMG, 2011.

FRAGOSO, João. Poderes e mercês nas conquistas americanas de Portugal (séculos XVII e XVIII): apontamentos sobre as relações centro e periferia na monarquia pluricontinental lusa. *In*: FRAGOSO, João; MONTEIRO, Nuno Gonçalo. **Um reino e suas repúblicas no Atlântico:** Comunicações políticas entre Portugal, Brasil e Angola nos séculos XVII e XVIII. 1.ed. Civilização Brasileira, 2017, p. 49-100.

FRAGOSO, João. Elite das senzalas e nobreza da terra numa sociedade rural do Antigo Regime nos trópicos: Campo Grande (Rio de Janeiro), 1704-1741. *In:* FRAGOSO, João Luís Ribeiro; GOUVÊA, Maria de Fátima. (org.). **O Brasil colonial, volume 3** (ca.1720-1821). 2.ed. Rio de Janeiro: Civilização Brasileira, 2017, p. 241-305.

FREYRE, Gilberto. **Casa-grande & senzala:** formação da família brasileira sob o regime de economia patriarcal. 51. ed. São Paulo: Global, 2006.

GONÇALVES, André Lisly. **As margens da liberdade:** estudo sobre a prática de alforrias em Minas Gerais colonial e provincial. Belo Horizonte: Fino Traço, 2011.

GONÇALVES, Jener Cristiano. **Justiça e direitos costumeiros:** apelos judiciais de escravos, forros e livres em Minas Gerais (1716-1815). 2006. Dissertação (Mestrado em História) – Universidade Federal de Minas Gerais, Belo Horizonte, 2006.

GOUVÊA, Maria de Fátima; FRAZÃO, Gabriel Almeida; SANTOS, Marília Nogueira dos. Redes de poder e conhecimento na governação do Império Português (1688-1735). **Revista Topoi**, v. 5, n. 8, jan.-jun. 2004.

COUVÊA, Maria de Fátima. "Diálogos historiográficos e cultura política na formação da América Ibérica". *In:* SOIHET, Raquel, BICALHO, Maria Fernanda B. e GOUVÊA, Maria de Fátima (orgs.). **Culturas políticas:** ensaios de história cultural, história política e ensino de história. Rio de Janeiro: Mauad, 2005, p. 79.

GRINBERG, Keila. **Liberata: a lei da ambiguidade:** as ações de liberdade da Corte de Apelação do Rio de Janeiro no século XIX. Rio de Janeiro: Relume Dumará, 1994.

GRINBERG, Keila. "Reescravização, direitos e justiças no Brasil do século XIX." *In:* LARA, Silva Hunold; MENDONÇA, Joseli Maria (org.). **Direitos e Justiças no Brasil:** Ensaios de História Social. Campinas: Editora da Unicamp, 2006, p. 101-128.

GRINBERG, Keila. "Senhores sem escravos: a propósito das ações de escravidão no Brasil Imperial". **Almanack Braziliense,** n. 6, São Paulo, 2007.

GUEDES, Roberto. **Egressos do Cativeiro:** trabalho, família e mobilidade social (Porto Feliz, São Paulo, c.1798 - c.1850). Rio de Janeiro: Mauad X/FAPERJ, 2008.

HESPANHA, António Manuel. **História das Instituições: épocas medieval e moderna.** Coimbra: Editora Almedina, 1982.

HESPANHA, António Manuel. Justiça e Administração entre o Antigo Regime e a Revolução *In:* HESPANHA, António Manuel. (org.). **Justiça e Litigiosidade:** história e Prospectiva. Lisboa: Fundação Calouste Gulbenkian, 1993, p. 381-468.

HESPANHA, António Manuel. **As vésperas do Leviathan:** Instituições e poder político. Portugal – séc. XVII. Coimbra. Editora Almedina. 1994.

HESPANHA, António Manuel. A constituição do Império Português. Revisão de alguns enviesamentos correntes. *In:* FRAGOSO, João; BICALHO, Maria Fernanda Baptista; GOUVÊA, Maria de Fátima Silva. **O Antigo Regime nos trópicos:** a dinâmica imperial portuguesa (séculos XVI-XVIII). Rio de Janeiro: Civilização Brasileira, 2001, p. 163-188.

HESPANHA, António Manuel. Luís de Molina e a escravização dos negros. **Análise Social,** v. 35, n. 157, 2001.

HESPANHA, António Manuel. **O direito dos letrados no Império Português.** Florianópolis: Fundação Boiteux, 2006.

HESPANHA, António Manuel; XAVIER, Ângela Barreto. As redes clientelares. (coord.). MATTOSO, José. História de Portugal: **o Antigo Regime (1620-1807).** v. IV, Lisboa: Editorial Estampa.

HESPANHA, António Manuel. Prefácio. *In:* FRAGOSO, João; MONTEIRO, Nuno Gonçalo. **Um reino e suas repúblicas no Atlântico:** Comunicações políticas entre Portugal, Brasil e Angola nos séculos XVII e XVIII. 1.ed. Civilização Brasileira, 2017, p. 9-11.

HESPANHA, António Manuel. **Cultura jurídica europeia:** síntese de um milênio. São Paulo: Editora Almedina, 2020. [2018].

JUNIOR, Caio Prado. **Formação do Brasil contemporâneo.** 13. ed. São Paulo: Editora Brasiliense, 1973.

JUNIOR, Waldomiro Lourenço da Silva. **História, direito e escravidão:** a legislação escravista no Antigo Regime Ibero-Americano. São Paulo: Annablume; Fapesp, 2013.

OLIVEIRA, Laizeline Aragão de. **Nos domínios de Dona Joaquina do Pompéu:** negócios, famílias e elites locais (1764-1824). 2012. Dissertação (Mestrado em História) – Universidade Federal de Ouro Preto, Ouro Preto, 2012.

LARA, Silvia. **Campos da violência:** escravos e senhores na capitania do Rio de Janeiro, 1750-1808. Rio de Janeiro: Paz e Terra, 1988.

LARA, Silvia Hunould. Legislação sobre escravos africanos na América portuguesa. José Andrés-Gallego (coord.). **Nuevas Aportaciones a la Historia Jurídica de Iberoamérica,** Colección Proyectos Históricos Tavera, Madrid, 2000.

LARA, Silvia Hunold. **Fragmentos Setecentistas:** escravidão, cultura e poder na América portuguesa. São Paulo: Companhia das Letras, 2007.

LARA, Silvia H. E MENDONÇA, Joseli Maria Nunes (orgs.). Apresentação. *In:* **Direitos e justiças no Brasil:** ensaios de história social. Campinas: Editora da UNICAMP, 2006.

LUHMANN. Niklas. **Sociologia do Direito I.** Tradução de Gustavo Bayer. Rio de Janeiro. Editora Tempo Brasileiro, 1983.

LUHMANN, Niklas. **Theory of Society. (Vol. 1).** Stanford: Stanford University. 2012.

LUHMANN, Niklas. **O Direito da Sociedade.** Tradução de Saulo Krieger. São Paulo: Editora Martins Fontes, 2016.

LUHMANN, Niklas. **Sistemas sociais:** esboço de uma teoria geral. Tradução de Antonio C. Luz Costa, Roberto Dutra Torres Junior e Marco Antonio dos Santos Casanova. Petrópolis: Editora Vozes, 2016.

LUNA, Francisco Vidal. **Minas Gerais: escravos e senhores.** Análise da estrutura populacional e econômica de alguns núcleos mineratórios (1718-1804). São Paulo: FEA-USP, 1980.

MACHADO, Cacilda. As muitas faces do compadrio de escravos: o caso da Freguesia de São José dos Pinhais (PR), na passagem do século XVIII para o XIX. **Revista Brasileira de História**, v. 26, n. 52, São Paulo. Dec. 2006.

MAGALHÃES, Beatriz Ricardina de. A Demanda do Trivial: vestuário, alimentação e habitação. **Revista Brasileira de Estudos Políticos.** Belo Horizonte/UFMG, n. 65, p. 153-199, jul. 1997.

MAIA, Moacir Rodrigo de Castro. Tecer redes, proteger relações: portugueses e africanos na vivência do compadrio (Minas Gerais, 1720-1750). **Topoi**, v. 11, n. 20, jan./jun. 2010.

MAIA, Moacir Rodrigo de Castro. **De reino traficante a povo traficado:** A diáspora dos courás do Golfo do Benim para as minas de ouro da América Portuguesa (1715-1760). 2013. Tese (Doutorado em História Social) – Universidade Federal do Rio de Janeiro, Rio de Janeiro, 2013.

MARCOS, Rui de Figueiredo; MATHIAS, Carlos Fernando; NORONHA, Ibsen. **História do Direito Brasileiro**. 3a impressão. Rio de Janeiro: Forense, 2018.

MATEUS, Elias Theodoro. **O perdão de parte entre a dinâmica judicial e a vida comunitária nas Minas setecentistas** (Mariana, 1711-1821). 2017. Dissertação (Mestrado em História) – Instituto de Ciências Humanas e Sociais, Universidade Federal de Ouro Preto, Mariana, 2017.

MATTOSO, Katia M. de Queirós. **Ser escravo no Brasil**. São Paulo: Brasiliense, 1982.

MELLO, Isabele de Matos P. de. Instâncias de poder & justiça: os primeiros tribunais da Relação (Bahia, Rio de Janeiro e Maranhão). **Tempo**. Revista do Departamento de História da UFF, v. 24, p. 91-92.

MELLO, Isabele de Matos P. Os ministros da justiça na América Portuguesa: ouvidores-gerais e juízes de fora na administração colonial. **Revista de História:** São Paulo, n. 171, p. 351-381, jul.-dez., 2014.

MESGRAVIS, Laima. **História do Brasil colônia**. 1. ed. São Paulo: Editora Contexto, 2015. (Coleção História na Universidade).

MILAGRE, Marcela Soares. **Entre a bolsa e o púlpito**: eclesiásticos e homens do século nas Minas de Pitangui (1745-1793). 2011. Dissertação (Mestrado em História) – Universidade Federal de São João Del – Rei, Minas Gerais, 2011.

MIRANDA, Ana Caroline Carvalho Miranda. O perfil socioeconômico das mulheres forras da vila de Pitangui (1750-1820). **Temporalidades - Revista de História**, 21. ed., v. 8, n. 2, maio/ago. 2016.

MIRANDA, Ana Caroline Carvalho. As últimas vontades: considerações sobre o testamento de Maria Machado Pereira, preta forra – Vila de Pitangui (1777). **Revista de Fontes** – UNIFESP, n. 4, 2016.

MIRANDA, Ana Caroline Carvalho. **Sociabilidade e relações econômicas de mulheres forras na vila de Pitangui** (1750-1820). 2017. Dissertação (Mestrado em História) – UFOP, Mariana, 2017.

MIRANDA, Ana Caroline Carvalho. Entre rés e suplicantes: as libertas e as demandas judiciais na vila de Pitangui (1751-1792). **Revista Tempos Históricos**, PPGH Unioeste: v. 22, n. 1, 2018.

MIRANDA, Ana Caroline Carvalho. Para o trabalho, descanso e abrigo: as casas das libertas da vila de Pitangui (1750-1820). **Revista Nordestina de História do Brasil**, Cachoeira, v. 1, n. 2, jan./jun. 2019.

MÓL, Cláudia Cristina. **Mulheres forras:** cotidiano e cultura – Material em Vila Rica (1750-1800). 2002. Dissertação (Mestrado em História) – Universidade Federal de Minas Gerais, Minas Gerais, 2002.

MÓL, Cláudia Cristina. Lar doce lar: o significado da casa para a mulher liberta de Vila Rica no Séc. XVIII. *In:* **Anais da 5ª Jornada Setecentista,** Curitiba, 2003, p. 213-224.

MONTEIRO, Nuno. Os concelhos e as comunidades. In HESPANHA, António Manuel. (coord.). MATTOSO, José. **História de Portugal: o Antigo Regime (1620-1807).** v. IV, Lisboa: Editorial Estampa.

OLIVEIRA, Mariana de. **Administração local e comunicação política nas Minas setecentistas:** a câmara da Vila do Sabará (1711 1760). 2016. Dissertação (Mestrado em História) – Universidade Federal de Juiz de Fora, Juiz de Fora, 2016.

PAIVA, Eduardo França. **Escravos e Libertos nas Minas Gerais do século XVIII** –Estratégias de resistência através de testamentos. São Paulo: Annablume, 1995.

PANTOJA, Selma Alves. A dimensão atlântica das quitandeiras. *In:* **Diálogos oceânicos:** Minas Gerais as abordagens para uma história do Império Ultramarino português. Belo Horizonte: Editora UFMG, 2001, p. 45-67.

PANTOJA, Selma Alves. Conexões e identidades de gênero no caso Brasil e Angola, Sécs. XVIII-XIX. *In:* **Anais do X Congresso Internacional Cultura, Poder e Tecnologia:** África e Ásia face à Globalização, Salvador, 2001, p. 76-87.

PATTERSON, Orlando. **Escravidão e morte social:** um estudo comparativo. Tradução de Fábio Duarte Joly. São Paulo: Edusp, 2008.

PINHEIRO, Fernanda Aparecida Domingos. **Em defesa da liberdade:** Libertos e livres de cor nos tribunais do Antigo Regime português (Mariana e Lisboa, 1720-1819). 2013. Tese (Doutorado em História), Universidade Estadual de Campinas – Unicamp, Campinas, 2013.

PRIMO, Bárbara Deslandes. **Aspectos culturais e ascensão econômica de mulheres forras em São João Del Rey:** séculos XVIII e XIX. 2010. Dissertação (Mestrado em História) – Universidade Federal Fluminense, Niterói. 2010.

QUEIROZ, Mamede Dias. **Imperador ou tirano:** comunicação e formas sociopolíticas sob(re) o Principado de Domiciano (81-96). 2019. Tese (Doutorado em História) – Universidade Federal de Ouro Preto, Minas Gerais, 2019.

RIBEIRO, Silvia Lara. Do mouro cativo ao escravo negro: continuidade ou ruptura? **Anais do Museu Paulista, XXX,** 1980/81: 375-398.

ROCHA, José Joaquim da. **Geografia histórica da capitania de Minas Gerais:** descrição geográfica, topográfica, histórica e política da capitania de Minas Gerais. Memória histórica da capitania de Minas Gerais. Belo Horizonte: Centro de Estudos Históricos e Culturais Fundação João Pinheiro, 1995.

RODRIGUES, Nina. As Raças Humanas e a responsabilidade penal no Brasil. Rio de Janeiro: Editora Guanabara, 1894. VIANA, Oliveira. **Populações Meridionais do Brasil.** Edições do Senado Federal, v. 27. Brasília, 2005.

ROMEIRO, Adriana. Pitangui em chamas: rebeldia e cultura política no século XVIII. **Pitangui Colonial: história e memória.** Org. CATÃO, Leandro Pena. Belo Horizonte: Crisálida, 2011.

ROMEIRO, Adriana; BOTELHO, Angela Vianna. **Dicionário histórico das Minas Gerais: período colonial.** 3. ed. rev. ampl. Belo Horizonte: Autêntica Editora, 2013.

ROMEIRO, Adriana. **Corrupção e Poder no Brasil:** uma História, Séculos XVI a XVIII. Belo Horizonte: Autêntica, 2017.

RUSSEL-WOOD, J. Centro e Periferia no mundo lusobrasileiro, 1500-1808. **Revista Brasileira de História,** v. 18, n. 36, 1998.

RUSSELL-WOOD, Anthony John R. **Escravos e libertos no Brasil colonial.** Rio de Janeiro: Civilização Brasileira, 2005.

SALES, Izabella Fátima Oliveira de. **Gente intratável ou fiéis vassalos do rei**: poder, motins e armas em Pitangui (1715-1760). 2017. Tese (Doutorado em História) – UFJF, Juiz de Fora, 2017.

SANTOS, Raphael Freitas. **Devo que pagarei:** sociedade, mercado e práticas creditícias na comarca do rio das Velhas, 1713-1773. 2005. Dissertação (Mestrado em História) – Universidade Federal de Minas Gerais, Minas Gerais, 2005.

SANTOS, Raphael Freitas. Vendas fiadas e outras práticas creditícias na economia colonial – Minas Gerais, século XVIII. **Revista Angelus Novus**, n. 4, dez. 2012.

SCHEFFER, Rafael da Cunha. **Comércio de escravos do Sul para o Sudeste,** 1850-1888: economias microregionais, redes de negociantes e experiência cativa. Tese (Doutorado em História) – Universidade Estadual de Campinas (Unicamp), Campinas, 2012.

SCHWARTZ, Stuart B. **Burocracia e sociedade no Brasil Colonial:** o Tribunal Superior da Bahia e seus desembargadores, 1609-1751. São Paulo: Editora Perspectiva, 1979.

COUVÊA, Maria de Fátima. Diálogos historiográficos e cultura política na formação da América Ibérica. *In:* SOIHET, Raquel, BICALHO, Maria Fernanda B. e GOUVÊA, Maria de Fátima (orgs.). **Culturas políticas:** ensaios de história cultural, história política e ensino de história. Rio de Janeiro: Mauad, 2005, p. 79.

SILVA, Marcus Flávio da. **Subsistência e Poder:** a política do abastecimento alimentar nas Minas setecentistas. Belo Horizonte: Editora UFMG, 2008.

SILVA, Daniel B. Domingues da Silva. Brasil e Portugal no comércio atlântico de escravos: um balanço histórico e estatístico. *In:* GUEDES, Roberto. **África:** brasileiros e portugueses – século XVI-XIX. Rio de Janeiro: Mauad X, 2013, p. 49-66.

SILVA, De Plácido e. **Vocabulário Jurídico.** Atualização de Nagib Slaibi Filho e Priscila Pereira Vasques Gomes. 31. ed. Rio de Janeiro: Forense, 2014.

SILVA, Valquíria Ferreira da. **De cabeça de porco à bebida de negro:** um estudo sobre a produção e o consumo da aguardente nas Minas Gerais no século XVIII. 2015. Dissertação (Mestrado em História) – UFMG, Minas Gerais, 2015.

SILVEIRA, Marco Antônio. Soberania e luta social: negros e mestiços libertos na Capitania de Minas Gerais (1709-1763). *In:* SILVEIRA, Marco Antônio; CHAVES, Cláudia Maria das Graças. (org.). **Território, conflito e identidade.** Belo Horizonte: Argvmentvm, 2007, p. 25-47.

SIMÕES. Mariane Alves. **A Câmara de Vila do Carmo e seus juízes ordinários (1711- 1731)**. 2015. Dissertação (Mestrado em História) – UFJF, Juiz de Fora, 2015.

SOARES, Anny Chirley Silva. **Liberdades condicionadas, preços negociados: as cartas de alforrias e as escrituras de compra e venda de escravos na Vila do Espírito Santo de Morada Nova (1975-1879)**. 2008. Monografia (Graduação em História) – Universidade Estadual do Ceará, Limoeiro do Norte, 2008.

SOARES, Carlos Eugênio Líbano. Comércio, Nação e Gênero: as negras minas quitandeiras no Rio de Janeiro. 1835-1900. *In:* SILVA, Francisco Carlos Teixeira; MATTOS, Hebe Maria; FRAGOSO, João. **Escritos sobre História e Educação: Homenagem a Maria Yeda Leite Linhares**. Rio de Janeiro: MAUAD/FAPERJ, 2001, p. 55-78.

SOARES, Márcio. **A Remissão do Cativeiro:** a dádiva da alforria e o governo dos escravos nos Campos dos Goitacases, c.1750 – c.1830. Rio de Janeiro: Apicuri, 2009.

SOARES, Márcio de Souza. Para nunca mais ser chamado ao cativeiro: escravidão, desonra e poder no ato da alforria. **Anais do 4º Encontro de Escravidão e liberdade no Brasil Meridional**. Curitiba. 2009.

SOARES, Mariza Carvalho de. **Devotos da cor:** Identidade étnica, religiosidade e escravidão no Rio de Janeiro: Civilização Brasileira, 2000.

SOUZA, Laura de Mello e. **Desclassificados do ouro:** a pobreza mineira no século XVIII. Rio de Janeiro: Graal, 1982.

SOUZA. Maria Eliza de Campos. Os inventários de dementes: os processos de curadoria e a relação da justiça régia com a loucura nas Minas Gerais do século XVIII. **Revista de História**. São Paulo, n. 176, 2017.

SUBTIL, José. Os poderes do Centro. (coord.). HESPANHA, António Manuel. (coord.). MATTOSO, José. **História de Portugal:** o Antigo Regime (1620-1807). Vol. IV, Lisboa: Editorial Estampa, 1998.

TANNENBAUM, Frank. **Slave and Citizen**. New York: Alfred A. Knopf, 1946.

THOMPSON, E.P. **A miséria da teoria ou um planetário de erros:** uma crítica ao pensamento de Althusser. Rio de Janeiro: Zahar, 1981.

VALIM, Patrícia. O Tribunal da Relação da Bahia no final do século XVIII: politização da justiça e cultura jurídica na Conjuração Baiana de 1798. **Revista Tempo**.

Dossiê: O governo da Justiça e os magistrados no mundo luso-brasileiro, v. 24 n. 1- jan./abr., 2018.

VASCONCELOS, Diogo. **História Média de Minas Gerais**. Belo Horizonte: Itatiaia, 1974.

VESTING, Thomas. **Teoria do Direito**: uma introdução. Série IDP – linha direito comparado. São Paulo: Saraiva, 2015.

WEHLING, Arno; WEHLING, Maria José. O escravo na justiça do Antigo Regime: o Tribunal da Relação do Rio de Janeiro. **Revista da Universidade dos Açores**, ARQ - História, 2ª série, Vol 03, 1999.

WEHLING, Maria José e Maria José. **Direito e justiça no Brasil colonial:** o tribunal da Relação do Rio de Janeiro (1751-1808). Rio de Janeiro: Renovar, 2004.

XAVIER, Ângela Barreto; HESPANHA, António Manuel. A representação da sociedade e do poder. In HESPANHA, António Manuel. (coord.). MATTOSO, José. **História de Portugal:** o Antigo Regime (1620-1807). v. IV, Lisboa: Editorial Estampa, 1998.